BH 청와대 그 마지막 15일

북악에서 용산으로

BH 청와대 그 마지막 15일

북악에서 용산으로

초판 1쇄 발행 2022년 6월 10일

지은이   남궁창성
펴낸이   윤관백
펴낸곳   ☒선인
등 록   제5-77호(1998.11.4)
주 소   서울특별시 양천구 남부순환로48길 1 1층
전 화   02)718-6252/6257
팩 스   02)718-6253
E-mail   sunin72@chol.com

정가 23,000원
ISBN 979-11-6068-717-0 03340

BH 청와대 그 마지막 15일

남궁창성

선인

책을 내면서

이 책은 문재인 대통령이 퇴임을 앞둔 2022년 4월 25일부터 윤석열 당선인이 제20대 대통령에 취임한 5월 10일까지, 청와대 마지막 15일과 용산 대통령실 하루의 기록이다.

두 사람은 현직 대통령과 차기 대통령으로서 청와대 상춘재에서 상견례를 갖고 손을 잡았지만 보름 동안 처음부터 끝까지 신경전과 대립, 그리고 충돌을 반복했다.

민간정부에서 민간정부로의 정권교체였지만 군사정권에서 민간정부로의 정권교체만큼 불편하고 불안한 동거였다.

문재인 대통령은 문재인 정부의 검찰총장 출신으로 제1야당 대권 주자인 윤석열 후보를 마땅치 않아 했고, 불편해 하는 것처럼 느껴졌다. 청와대와 여권은 그를 불신했고 불안해 했다.

윤석열 후보와 야권은 문 대통령과 여권을 헌법적 가치인 자유민주적 기본 질서와 자유시장경제 원칙에서 일탈한 집권세력으로 규정하고 있는 것처럼 보였다.

양측이 명운을 걸었던 지난 3월 대선에서 5년 전 탄핵정당이 소위 촛불혁명정부를 50년도 아니고, 20년도 아니며, 5년 만에 선거로 탄핵하고 나서자 양측 간 냉전은 열전으로 치달았다.

2017년 대선 여론조작 사건을 비롯해 울산시장 선거개입 의혹, 원전 경제성 조작 논란, 성남 대장동 투기의혹 등이 검찰의 수사 대상에 오를 것이라는 추정은 청와대와 여권을 불안에 떨게 만들었다.

윤석열 당선인이 제1기 내각을 구성하며 법무부 장관에 측근인 한동훈 전 대검 반부패강력부장을 발탁하자 여권은 경악하며 거세게 반발했다.

문재인 정부 5년 내내 논란이 됐던 정치 스캔들은 퇴임후 문재인 대통령의 안위와 이재명 전 대선후보의 정치생명과도 직결된다는 점에서 여권은 분주하게 움직였다.

그 결과가 민주당이 청와대 마지막 15일 동안 일사천리로 밀어 붙이고 문재인 대통령이 퇴임직전 부랴부랴 마지막 국무회의에서 공포한 '검수완박' 입법화다.

이런 와중에 윤석열 당선인의 직무수행 긍정 평가는 45% 안팎을 오르 내리며 지지부진했다. 국민들은 공론화 과정이 생략된채 불도저식으로 밀어 붙이는 대통령실 용산 이전에 등을 돌리고 있었다.

반면 퇴임을 앞둔 문재인 대통령의 국정수행 긍정 평가는 40% 초반을 보이며 역대 최고치를 기록하는 역전현상이 나타났다.

샤덴프로이데(Schadenfreude), 대선 패배의 열패감에 젖어 있던 여권은 속으로 쾌재를 불렀다.

탁현민 청와대 의전비서관은 퇴임후 문재인 대통령을 비판하면 물어 버리겠다고 윽박질렀다. 노영민 전 청와대 비서실장은 윤석열 당선인을 0.73%포인트 당선인이라고 저격했다. 송영길 전 민주당 대표는 5년뒤 대통령 집무실을 다시 청와대로 옮기겠다고 거품을 물었다.

한 발 더 나가 5년전 문재인 대통령이 약속했던 '광화문 대통령' 시즌2인 윤석열 당선인의 대통령실 용산 이전을 정면으로 공격하며 양측 간 갈등은 4월 29일 결국 폭발했다.

대통령직인수위원회는 "청와대가 독재와 권위주의 권력의 상징이라던 문 대통령은 그 독재와 권위주의 권력의 마지막 대통령으로서 남은 임기 동안 국민께 예의를 지키라"고 반격했다.

또 취임식 외빈만찬이 '호화판'이라는 여권과 친여 언론의 무차별 비판에 대해 "거짓 선동정치를 즉각 중단하라"고 촉구했다.

윤석열 정부의 국정철학을 대변하는 책사는 "문재인 대통령 자문위원회 인사들은 새 정부의 자유민주주의와 자유시장경제 철학을 모르니 나가라"고 인적 개편을 예고했다.

마스크 착용의무 해제와 윤석열 당선인 지역 행보를 둘러싼 선거중립 논란도 대치전선에서 불꽃이 튀어 올랐다.

대립과 충돌 그리고 비방전이 난무했던 '청와대, 그 마지막 15일'은 청와대 62년 역사가 막을 내리는 시간이기도 했다.

청와대는 1960년 4.19혁명이후 윤보선 대통령이 집무 및 관저공간으로 활용하며 그 이름을 얻었다. 이전에는 일제기 조선총독 관저와 이승만 대통령의 경무대로 쓰였다.

구중궁궐, 구중심처라는 비판 속에 현직 대통령이 암살로 죽어 나가거나 퇴임후 스스로 목숨을 끊는 일도 있었다. 또 탄핵으로 대통령직에서 물러나야 했고 아니면 임기후 옥고를 치러야 하는 일이 반복됐다.

역대 정부마다 공과는 있을 수 있지만 그래도 청와대는 대통령을 정점으로 당대 최고의 인재들이 근대화, 산업화, 민주화, 그리고 국제화를 설계하고 추진하며 대한민국을 재건한 상징적 공간이었다.

이제 역사적 소명을 다하고 국민들의 품으로 돌아가 휴식공간이자, '현대사 역사기행 1번지'로 거듭 태어나고 있다.

필자는 2008년 7월부터 기자의 신분으로 청와대를 출입하기 시작했다. 그뒤 이명박, 박근혜, 문재인 대통령의 14년 국정을 기록했다.

그리고 2022년 5월 9일 오후 6시, 청와대의 마지막 순간을 지켜봤다.

대통령실이 북악에서 용산으로 옮겨가는 시간과 동행하며 신구 정권의 갈등과 충돌이 우리에게 준 교훈을 기록하고 싶었다. 또 흑백 영화의 마지막 장면처럼 순간순간 빠르게 사라져 가는 청와대 모습과 그 사람들을 기억하고 싶었다.

이 책이 그 소산이다.

열아홉 청년에게 장학금을 마련해 배움의 길을 열어주고 역사(歷史)라는 학문을 통해 기록의 중요성을 깨우쳐 주신 최영희, 길현모, 이기백, 노명식, 고병익 선생님에게 감사드린다.

언론(言論)이 무엇이고, 언론인의 길이 어떠해야 하는지 서릿발 같은 글과 실천으로 비판의 엄중함을 일러주신 김중배, 김중석 선배님에게도 인사드린다.

기록해야 한다는 소명의식과 책임감에 넘쳐 내놓은 이 책이 선생님들과 선배님들의 이름에 누가되지 않기를 바랄뿐이다.

끝으로

1991년 문을 연 청와대 춘추관을 31년 넘게 지켜내며 국정을 기록하고 비판해온 수많은 선후배, 동료 기자들에게 존경을 보낸다.

2022년 5월 10일

남궁 창성 (南宮 昌星) 기자 씀

목차

청와대 D-14일
(4월 25일)

문재인 대통령이 25일 청와대 녹지원에서 출입기자 고별 간담회를 갖고 있다.

일일 뉴스

│ 김정숙 여사의 마지막 부부동반 외출 │

25일 아침 청와대 뒷편 북악산 하늘은 잔뜩 흐렸다.

세종대로 프레스센터를 나와 광화문사거리를 지나 경복궁 동쪽 담장을 따라 청와대로 가는 내내 찬 기운이 옷깃을 파고 들었다.

맞은편 국립 현대미술관 지붕과 키를 다투는 비술나무들이 오늘따라 봄샘바람에 추워보였다.

15년 가까이 이어졌던 춘추관 가는 길도 이제 끝나가고 있다.

춘추문 앞 경호관에게 신분을 확인받고, 춘추관 안내창구에서 출입증을 수령한후 등록기에 "삐이익~" 태그한후 기자실에 앉았다.

썰렁하다.

반복되던 일상과 눈에 익은 청와대 마크가 선명한 춘추관 1층 브리핑 연단도 이제는 그리운 추억으로 남으리라.

　　"붕~~, 붕~~"

부르르 떠는 핸드폰 진동음에, 잠시 감상에 빠졌던 몸과 마음이 빠르게 일상으로 되돌아 온다.

임기를 며칠 남겨두지 않은 문재인 대통령은 오늘도 오전과 오후 공식 일정이 빡빡하게 짜여져 있다.

문 대통령은 25일 오전 종로구보건소를 찾아 코로나19 백신 4차 예방접종을 하는 것으로 이날 일정을 시작했다.

오랜만에 김정숙 여사와 부부동반 외출이다.

문 대통령과 김정숙 여사는 오전 8시 56분 종로구보건소에 도착했다. 이날 문 대통령은 짙은 남색정장에 하늘색 셔츠를 입었다. 김정숙 여사는 검정색 반팔 티셔츠에 검정색 정장, 검정색 구두를 신었다.

김 여사는 의상비와 특수활동비 논란이후 오랜만의 외출이어서 긴장한 모습이 엿보였다. 취재진 카메라도 문 대통령과 함께 김 여사에게도 자주 렌즈를 맞췄다.

문 대통령 내외는 종로구보건소 입구에서 이화선 건강증진과장과 인사 했다. 손 소독제를 바르고 2층 접수처에 도착해 예진표를 받았다. 그리고 의사에게 예진표를 내고 건강상태를 확인받았다.

문 대통령은 백신 예방접종 장소로 이동했다. 정장 상의를 벗어 왼쪽 소매를 걷고 왼쪽 손으로 오른쪽 팔을 잡았다.

예방접종 간호사는 잔뜩 긴장한 문 대통령에게 "힘 빼세요!"라고 했다. 화이자 백신 접종후 문 대통령은 간호사로부터 주의사항이 적힌 안내문을 받았다.

"나가셔서 15분 동안 휴식을 취하고 가셔야 되는데 중간에 쉬면서 읽어 보세요"
"주의사항들이 적혀 있는 거예요?"
"네, 이상 반응에 대한 내용이 적혀 있거든요."

김정숙 여사도 곧바로 백신접종을 받았다.
문 대통령과 이화선 건강증진과장의 대화가 이어졌다.

"5세부터 11세 접종은 좀 지지부진하죠?"
"시작하는 중이니까요. 반응이…. 부담감들이 많으신 것 같아요."
"4차 접종도 좀 더 많이 호응하셔야 될 텐데."
"앞으로 그럴 것이라고 생각하고 있습니다."

그 사이 김정숙 여사의 백신접종이 완료됐다.

문 대통령은 "네, 수고하셨습니다. 고맙습니다."라고 인사후 대기실로 이동했다 20분후 청와대로 복귀했다.

이날 예방접종에는 청와대에서 문 대통령을 항상 수행하는 유연상 경호처장을 비롯해 탁현민 의전·신지연 제1부속·최상영 제2부속비서관 그리고 박경미 대변인이 동행했다.

퇴임을 15일 앞둔, 4월 25일 문 대통령의 공식일정은 이렇게 시작되고 있었다.

| 문재인 대통령 침묵의 마지막 수보회의 |

문재인 대통령은 이날 오후 2시 청와대 여민1관 3층 영상회의실에서 임기 5년 내내 월요일마다 주재했던 수석보좌관회의를 마지막으로 가졌다.

영상회의실 백드롭에 '위기에 강한 나라 든든한 대한민국'이라고 적혀 있었다. 오후 1시 47분 박수현 국민소통수석이 제일 먼저 입장 후 자리에 앉았다. 이어 이철희 정무수석이 입장 후 박수현 수석과 인사 후 착석했다. 외부 참석자인 이우일 한국과학기술단체총연합회장과 이상률 한국항공우주연구원장이 오후 1시 50분 나란히 입장 후 정해진 자리에 앉았다.

이어 박경미 대변인과 김정원 디지털혁신비서관, 박수경 과학기술보좌관, 임서정 일자리수석, 박원주 경제수석, 이태한 사회수석이 회의장에 들어왔다.

서훈 국가안보실장, 유연상 경호처장, 서주석 국가안보실 1차장, 김형진 국가안보실 2차장, 김외숙 인사수석이 입장하고 뒤이어 유영민 비서실장이 들어와 이우일 회장, 이상률 원장과 인사했다.

문재인 대통령은 회의개시 직전인 오후 1시 59분 노타이 차림에 마스크를 착용하고 회의실에 들어와 좌중을 향해 인사 후 바로 자리에 앉았다.

마스크를 벗고 문 대통령의 모두발언이 이어졌다.

"오늘 회의에는 외부 전문가로 이우일 한국과학기술단체총연합회장님, 그리고 이상률 한국항공우주연구원장님이 함께해 주셨습니다. 발제는 우리 과기보좌관께서 해 주시고 우리 이우일 회장님과 이상률 원장님은 토론의 격을 높여 주실 것으로 기대합니다. 박수로 환영해 주시기 바랍니다. (일동 박수)"

문 대통령 발언이 다시 이어졌다.

"오늘은 앞으로 특별한 일이 없다면 마지막 수보회의가 될지도 모르겠습니다. 오늘 229회 수석 보좌관 회의. 마지막이 될지도 모르는데 갖게 되어서 감회가 깊습니다. 오늘은 특별히 모두 인사말씀은 드리지 않고 바로 의안에 대해서 논의하도록 하겠습니다. 시작하시죠."

청와대 출입 취재기자들도 문 대통령의 발언을 끝으로 오후 2시 3분, 회의 시작 3분만에 회의실을 나섰다.

이날 마지막 수석 보좌관 회의에는 유영민 비서실장, 서훈 국가안보실장, 이호승 정책실장, 유연상 경호처장, 이철희 정무·박수현 국민소통·김영식 민정·방정균 시민사회·김외숙 인사수석, 박수경 과학기술보좌관, 임서정 일자리·박원주 경제·이태한 사회수석, 서주석 국가안보실 1차장, 김형진 국가안보실 2차장, 남영숙 경제보좌관, 이정도 총무·신지연 1부속·오종식 기획·신동호 연설·김한규 정무·김정원 디지털혁신·이승복 교육·박성민 청년·이호준 산업정책비서관, 이진석 국정상황실장, 박경미 대변인 등이 참석했다.

▎62년 역사 청와대 고별 기자간담회 ▎

25일 오후 코로나로 2년 넘게 이뤄지지 못했던 문재인 대통령과 출입기자단 만남이 퇴임을 15일 앞두고 성사됐다.

하지만 간담회 개최는 우여곡절이 있었다.

청와대가 출입기자단을 패싱하고 퇴임을 앞둔 문 대통령과 jtbc 손석희 전 앵커의 인터뷰를 진행한 것이다. 출입기자들은 2022년 신년 기자회견도 하지 않은 청와대가 출입기자들을 무시했다며 반발했다.

더구나 당초 기자간담회는 28일 혹은 29일이 거론됐다. jtbc 방송 후 일정을 잡자 기자단은 간담회 보이콧과 공식 항의를 논의했다. 하지만 기자들 사이에 퇴임을 앞둔 대통령과 각을 세울 필요가 없다며 일정 조정만을 요구했고, jtbc 인터뷰 방송에 앞서 25일 오후4시 청와대 녹지원에서 출입기자단 간담회가 성사됐다.

기자들은 앞서 분야별 현안에 대한 질문을 사전에 준비해 문 대통령에게 묻기로 했다. 하지만 퇴임을 앞두고 마련된 자리이자 정권 재창출에 실패한 대통령에 대한 인기는 예전만 못했다.

날씨는 쾌청했다.

출입기자단은 오후 4시 행사에 앞서 오후 2시부터 청와대 경내를 오랜만에 돌아봤다. 대부분의 출입기자들은 청와대 경내를 둘러본 경험이 있지만 코로나 상황이 2년 넘게 지속되면서 새로 출입한 기자들에게는 처음이자 마지막 청와대 경내 방문이었다.

기자들은 취재공간인 춘추관을 나서 춘추관 앞마당과 청와대 본관을 연결하는 일반 관람객 출입구에서 검색을 받았다. 40~50명씩 그룹별로 명찰을 패용하고 청와대에 들어갔다.

북악산 비둘기바위가 눈에 들어오는 가운데 4월 청와대는 연녹색 신록이 깊어가고 있었다. 헬기장 푸른 잔디는 어젯밤 봄비에 흠뻑 적어 더욱 싱그러웠다.

녹지원은 행사 준비에 분주했다.

청와대 본관으로 향하는 기자들은 삼삼오오 핸드폰으로 사진을 촬영하며 '청와대 시대' 마감을 아쉬워 했다. 청와대 본관에 들어가 1층 충무실과 인왕실을 둘러봤다.

대정원 아래에서 검은색 승용차가 본관을 향해 올라왔다. 박수현 국민소통수석이 차에서 내려 출입기자들과 합류했다.

늘 붙임성 있는 그는 환한 얼굴로 기자들과 악수하며, 마스크를 벗고 기자단의 촬영 요청에 흔쾌히 응했다. 좌우를 살펴 옆에 있는 기자들에게도 빨리 오라고 했다.

봄빛에 푸른 기와가 반짝이는 가운데 청와대 본관 앞에 나란히 선 기자들이 연거푸 사진을 찍으며 62년간 영욕을 반복한 '청와대 시대' 마감을 기록했다.

시계는 벌써 간담회 시간을 향해 빠르게 돌아가고 있었다.

오후 3시 30분 녹지원은 재경 전국지, 방송통신사, 전국 지역지, 뉴미디어 분야 기자, 영상과 사진기자 등 200여 명으로 가득했다.

행사장에는 어느 여가수가 부르는 조용필의 '바람의 노래'가 울려퍼지고 있었다.

"살면서 듣게 될까 언젠가는 바람의 노래를 / 세월가면 그때는 알게 될까 꽃이 지는 이유를 / 나를 떠난 사람들과 만나게 될 또 다른 사람들 / 스쳐가는 인연과 그리움은 어느 곳으로 가는가 / 나의 작은 지혜로는 알 수가 없네 / 내가 아는 건 살아가는 방법뿐이야 / 보다 많은 실패와 고뇌의 시간이 / 비켜갈 수 없다는걸 우린 깨달았네 / 이제 그 해답이 사랑이라면 나는 이 세상 모든 것들을 사랑하겠네 / 나를 떠난 사람들과 만나게 될 또 다른 사람들 / 스쳐가는 인연과 그리움은 어느 곳으로 가는가 / 나의 작은 지혜로는 알 수가 없네 / 내가 아는 건 살아가는 방법뿐이야 / 보다 많은 실패와 고뇌의 시간이 / 비켜갈 수 없다는걸 우린 깨달았네 / 이제 그 해답이 사랑이라면 / 나는 이 세상 모든 것들을 사랑하겠네 / 보다 많은 실패와 고뇌의 시간이 / 비켜갈 수 없다는걸 우린 깨달았네 / 이제 그 해답이 사랑이라면 / 나는 이 세상 모든 것들을 사랑하겠네 / 나는 이 세상 모든 것들을 사랑하겠네 / 이 세상 모든 것들을 사랑하겠네."

기자들은 원형 테이블에 빙 둘러서서 스피커를 통해 흘러 나오는 노래 가사를 음미하며 순간 순간을 기억하려 했다.

문 대통령이 행사를 4분여 앞두고 오후 3시 56분 하늘색 셔츠에 노타이, 흰색 마스크를 착용하고 집무실이 있는 여민관에서 나와 녹지원으로 걸어 들어왔다. 좌우에 유영민 비서실장과 문 대통령의 분신인 탁현민 의전비서관이 수행했다.

기자들은 박수로 문 대통령의 등장을 반겼고, 문 대통령은 헤드테이블에 자리해 기자단 박수에 웃으며 박수로 화답했다.

사회를 맡은 박수현 국민소통수석의 인사가 시작됐다.

"감사합니다. 기자 여러분. 다시 한번 진심으로 환영한다는 말씀을 드립니다. 이런 자리가 있을 때마다 늘 드리고 싶은 말씀은 이상하게 죄송합니다. 청와대 출입기자님이시면서 사실은 우리가 춘추관 출입기자 아니냐라고 하는 말씀들을 전설처럼 하시는데, 오늘 이렇게 임기가 이제 끝나가는 시점에 청와대 출입기자로서 녹지원에 모셨습니다. 짧은 시간이겠지만 오늘 그래도 격의없는 소통의 장이 마음껏 만들어서 우리 모두가 즐겼으면 좋겠습니다. 그러면 지금부터 대통령과 우리 출입기자단의 격의없는 소통의 장, 간담회를 시작하도록 하겠습니다. 박수로 열어 주시기 바랍니다. (박수) 먼저 대통령께서 인사말씀을 해 주시겠습니다."

문 대통령의 인사말이 이어졌다.

"춘추관 기자 여러분, 그리고 언론인 여러분, 이렇게 많은 분들과 함께하는 시간을 보내게 되어서 아주 기쁘고 또 반갑습니다. 사실 오늘 이런 자리는 그전에도 몇 번 시도가 됐었습니다. 2020년도에도, 2021년도에도 간사단과 일정 조율까지도 하고 했었는데 그때마다 코로나 상황들이 나빠지면서 함께하는 시간을 갖지 못했습니다. 올해 신년 기자회견도 오미크론이 확산되면서 예정했던 기자회견을 미루게 되기도 했고요. 북악산 전면 개방할 때 우리 기자님들과 함께 산행하는 그런 기회도 갖고 싶었는데 그것도 하지 못했습니다.

그런 말로 다 면피가 되는 것은 아니겠지만 어쨌든 오미크론, 코로나 이런 상황 때문에 더더욱 우리 기자님들과 만날 수 있는 기회, 그리고 또 소통, 이런 것이 부족했다는 점에 대해서 미안하게 생각하고, 또 한편으로 양해의 말씀을 드립니다.

오늘 이 행사 시작이전부터 먼저 오셔서 아마 청와대도 둘러보시고 하신 것으로 아는데 나중에 행사 후에도 좀 더 살펴보시고 사진도 많이 찍으시고 하시기 바랍니다.

아마 앞으로 '청와대 시대'라는 그런 말이 남을 것이라고 생각합니다. 여러분은 '청와대 시대' 마지막을 지켜보는 그런 증인들이십니다. 아마 춘추관 기자라는 말도 이제는 마지막이 될지 모르겠습니다.

청와대 시대가 끝난다. 이렇게 생각하는 약간의 소회가 있는데 혹시라도 이 청와대 시대를 끝내는 것이 그동안의 우리 역사 또는 청와대의 역사에 대한 어떤 부정적인 평가 때문에 뭔가 청산한다는 의미로 청와대 시간을 끝낸다. 그러면 저는 그것은 조금 다분히 우리 역사를 왜곡하고 우리의 성취를 부인하는 것이라고 그렇게 생각합니다.

초대 이승만 대통령으로부터 곧 떠날 저에 이르기까지 역대 대통령마다 공과 과가 있습니다. 어떤 대통령은 과가 더 많아 보이기도 하고 또 사법적으로나 역사적으로 심판을 받았던 그런 대통령들도 계십니다.

그러나 이승만 대통령으로부터 지금에까지 우리 역사를 총체적으로 평가한다면 2차 세계대전 이후에 가장 성공한 나라가 대한민국이다. 그렇게 평가받고 있습니다. 이것은 국제적인, 객관적이고 엄연한 그런 평가입니다. 지금까지 대한민국의 역사를 말하자면 뭔가 청산하고 바꿔야 된다는 대상으로 여긴다면 저는 그것은 맞지 않다고 생각하고, 오히려 성공한 역사를 더욱 축적해 나가는 그런 것이 매우 중요하다고 생각합니다.

한편으로는 청와대는 한때 '구중궁궐' 그런 말을 들었을 때도 있었지만, 그러나 전체적으로는 역시 계속해서 개방을 확대하고 열린 청와대로 나아가는 그런 과정이었다고 봅니다.

우리 정부에서만 해도 우선 청와대 앞길이 전면 개방되었고 인왕산, 북악산이 또 전면 개방되었고, 청와대 경내 관람도 크게 늘어서 코로나 상황 속에서도 연간 20만 명의 국민들이 청와대를 관람했습니다. 아마 코로나 상황이 없었다면 훨씬 많은 분들이 또 훨씬 더 개방된 그런 공간을 즐길 수 있었을 것이라고 생각합니다.

그렇게 청와대가 개방돼 나가고, 또 열려 나가는 그런 가운데 우리는 정말 세계적으로 대격변의 시대를 겪었습니다. 그 격변의 시대 속에서 그래도 우리나라가 성공적으로 그 격변을 이겨내면서 그것을 오히려 기회를 삼아 말하자면 더 선도국가로 이렇게 나아갈 수 있었습니다. 그런 격변의 현장을 여러분께서 늘 생생하게 국민들께 잘 전달해 주시고, 또 기록해 주신 것에 대해서 감사 말씀을 드립니다.

우리 정부와 언론은 서로 맡은 역할은 다르지만 대한민국의 발전이라는 이런 같은 방향을 바라보면서 나아가는 같은 배를 탄 사이라고 생각을 합니다. 우리가 가끔은 역할의 차이 때문에 그 사실을 잊어버립니다. 정부는 언론이 좀 사실과 다르게, 또는 너무 과하게 비판한다고 섭섭해하기도 하고, 언론은 정부가 또는 청와대가 언론과 더 소통하지 않는다고 이렇게 지적을 합니다. 그러나 그 역시 지금 와서 크게 넓게 보면 우리가 지난 5년간 어쨌든 대한민국을 훌쩍 성장시키지 않았습니까. 그 속에 정부와 청와대가 고생했던 만큼 우리 언론인 여러분도 정말로 많은 수고를 해 주셨다고 생각합니다. 감사합니다.

앞으로 다음 정부에서도 그처럼 정부와 함께 대한민국을 발전시켜가는 그런 역할을 계속해 주시기를 바라고요. 저는 이제 곧 끝납니다만 끝나면 그냥 평범한 국민, 평범한 시민으로 그렇게 살아갈 생각입니다. 오며가며 혹시 또 우연히 이렇게 보게 되면 서로 반갑게 인사를 나눌 수 있기를 바라겠습니다. 혹시 제가 못 알아보거든 (일동 웃음) 청와대 시대 마지막 (웃음) 출입기자였다고 소개를 해 주시기 바랍니다. 오늘 좋은 소통 시간되길 바라겠습니다. 감사합니다. (박수)"

다시 박수현 국민소통수석이 마이크를 받았다.

"대통령님, 귀한 말씀 감사합니다. 아마 길에서 만나시면 대통령께서는 틀림없이 여러분을 알아보실 것이라고 믿습니다. (웃음) 다음에 여러분을 대표해서 출입기자단의 대표간사를 맡고 있는 SBS 문준모 기자님께서 답사의 말씀을 하시겠습니다."

문준모 기자의 답사가 이어졌다.

"존경하는 대통령님과 임기 만료를 함께 앞두고 있는 총간사 문준모입니다. 먼저 지난 5년간 이렇게 무겁고 외로운 자리를 지키고 맡아 주신 대통령께 정말 존경과 함께 수고하셨다는 말씀드리고 싶습니다. 그리고 여기 계신 대통령과 기자들과의 어떤 가교역할을 해 주신 비서 실장 이하 참모분들께도 정말 이 자리를 빌려 감사하다는 말씀드리고 싶습니다.

말씀하셨던 것처럼 저희 기자들은 마지막 청와대 출입기자가 됐습니다. 그리고 동시에 정치인 문재인의 마지막 마크맨이라고 할 수 있습니다. 돌이켜보면 사실 가족들과 함께 있었던 시간을 빼놓고는 항상 대통령님 생각을 했던 것 같습니다. 무슨 고백은 아닌데요. 대통령께서 어떤 생각을 하실지, 또 어떤 결정을 내리실지, 어떤 걱정을 하고 계실 지, 그것을 항상 묻고 고민하고 토론하고 이것이 저희 일의 전부였던 것 같습니다. 그런 의미에서 오늘 이 마지막, 저희가 대통령께 질문을 드릴 수 있는 그리고 답변을 들을 수 있는 이 자리는 저희한테 너무 소중한 시간입니다.

오늘 오전에 백신을 맞으시고 또 이렇게 선 채로 사실 답변을 하신다는 것이 마음에 많이 걸립니다. 하지만 오늘이 마지막인 만큼 저희가 대통령님의 말씀을 한 말씀이라도 더 얻고 갈 수 있도록 간곡히 부탁을 드립니다. 그리고 기자분들도 질문을 간결하게 해 주셔서 대통령께 조금 더 많은 시간을 드릴 수 있었으면 좋겠습니다.

하여튼 이 자리를 빌려 어려운 상황 속에서 이 자리를 마련해 주신 청와대와 참모분들께 다시 감사하다는 말씀드리겠습니다. 감사합니다. (박수)"

다시 박수현 국민소통수석의 발언이다.

"감사합니다. 우리 문준모 대표 간사는 대통령 인사하실 때 무슨 말씀하셨는지 전혀 안 들은 것 같습니다. 자기 할말만 잘 기억했던 것 같습니다. (좌중 웃음) 그러나 늘 대통령님만 생각했다는 말씀과 정치인 문재인의 마지막 마크맨이라는 말씀이 가슴에 탁 와닿는 그런 말씀을 해 주셔서 감사합니다. 그러면 지금부터 기자 여러분과 대통령께서 질문하시고 답변하시는 그런 시간을 가져볼까 합니다. 딱딱한 질의응답 시간이지만 가슴속에는 대통령 입장하시기 전에 틀어드렸던 '바람의 노래'입니까? 이 멜로디가 가슴속에 울리면서 질의응답을 가졌으면 좋겠습니다.

질문 순서는 다 드릴 수 없기 때문에 사전에 간사단과 협의해서 정해진 순서임을 아시겠지만 미리 말씀을 드리겠습니다. 제일 먼저 뉴시스의 김태규 기자가 질문하겠습니다."

문 대통령이 갑자기 마이크를 들어 진행을 막았다.

"우리 박 수석님! 잠시만, 질문받는데 그래도 우리 다과도 있고 막걸리도 있고 하니까, 마스크를 벗으려면 그래도 한잔씩은 따르고 해야 시작이 되지 않을까 싶습니다. (웃음)"

"대통령님, 용서해 주십시오. 제가 잘못했습니다. 그것을 했어야 되는데 (웃음) 기자 여러분, 마스크를 살짝 벗으시고 양 옆에 늘 함께하시는 기자님들이 서로 막걸리를 권해 주시기 바랍니다. 오늘 막걸리는 세 종류가 있습니다. 우리 이호승 정책실장님 자리가 역시 제일 조용합니다. 역시. (웃음) (좌중 웃음)"

문 대통령이 헤드테이블에 자리한 기자들에게 막걸리 한 잔씩을 따라주고 웃음을 나누는 모습이 카메라에 잡혔다.
다시 박수현 국민소통수석이 말을 이었다.

"옆에 다들 따르셨으면 비서실장님께서도 도와주십시오. 여러분, 테이블 단위로 따지면 방역수칙이 잘 지켜지고 있는 것 같습니다. 마스크를 자유롭게 해 주시고요. 그러면 건배는 있다가 예정되어 있습니다만 기왕에 잔을 따르셨으니까요. 대통령님, 질의응답이 끝나고 건배를 하시게 되어 있습니만 분위기상 지금 먼저 건배를 한번 하고 질의응답을 하시는 것이 맞겠습니다. 여러분, 잔을 다 들어 주시고요. 대통령께서 건배사를 간단하게 하시면서, 안 하시겠습니까. (웃음) 그러면 제가 할까요? 자 여러분, 녹지원에 오신 것을 환영합니다. 입으로는 아주 맛있는 막걸리가 이렇게 들어가지만 가슴속에는 아까 말씀드린 '바람의 노래'가 울려퍼지기를 바랍니다. 여러분, 건배. (일동 건배)"

문 대통령이 양 옆에 자리한 기자들과 막걸리잔을 들고 건배했다. 이어서 문 대통령과 기자단의 질의 응답이 이어졌다. 시계는 오후 4시 12분을 지나고 있었다.
다시 박수현 국민소통수석이 사회자로서 제몫을 시작했다.

"그러면 박수 보내주시기 바랍니다. (박수) 김태규 기자가 1번으로 질문을 하겠습니다만 대통령님, 기억하시려나 모르겠습니다. 작년 1월 신년 기자회견 때 대통령께 기자로서 질문하다가 수첩을 잘못드는 바람에 굉장히 곤욕을 치렀던 기자입니다. 용기내 질문해 주시기 바랍니다."

김태규 기자가 첫 질문을 시작했다.

"퇴임전 오해를 불식시켜 드릴 기회를 마련해 주신 것 같아서 먼저 감사의 말씀드립니다. 아무래도 2주 뒤에 대통령의 삶은 어떤가, 이게 모든 국민들의 가장 큰 관심사일 것 같습니다. 대통령께서는 방금 전 모두말씀에서도 평범한 시민의 삶을 살겠다고 말씀해 주셨었는데 우리 문 대통령을 원하는 분들이 많은 것을 감안했을 때 어떤 형식으로든, 대통령을 찾는 목소리들이 이어질 것으로 예상됩니다. 향후 지방선거, 총선, 대선까지의 과정에서 대통령을 찾는 목소리들이 많을 것으로 예상되는데 그 과정에서 어떤 행보나 메시지나 이런 것을 일절 관여하지 않으실 것인지 궁금하고요.

예전에 노무현 대통령께서 만드셨던 민주주의 2.0과 같은 이러한 다른 형태의 구상을 혹시 갖고 계신지 궁금합니다.

아울러 허용이 된다면 한 가지 더 여쭤보고 싶은데요. 김정은 위원장과의 친서에서 얼마 전에 '한반도 평화를 위해 마음으로 함께하겠다'는 말씀을 주셨었는데, 그것을 보고 많은 사람들은 예전에 지미 카터 전 미국 대통령이 북핵 위기를 극복했듯이 대통령께서도 상황이 주어진다면 대북 관계, 남북미 관계 개선을 위한 역할을 하시지 않을까 하는 기대감이 있는 것 같습니다. 이 부분에 대한 구상도 함께 들려 주실 수 있으시면 감사하겠습니다."

문 대통령의 답변이 이어졌다.

"예, 우리 아까 박수현 수석이 말씀하셨던 지난 이야기, 저는 전혀 기억하지 못합니다. 우선은 지금쯤이면 마지막 날 일정을 우리가 간접적으로 말씀을 드려왔었지만 분명하게 말씀을 드리는 것이 좋을 것 같습니다. 저는 5월 9일 18시, 업무 마치는 퇴근시간에 청와대에서 퇴근할 계획입니다. 그리고 하룻밤을 청와대 바깥에서 보내고, 그리고 다음 날 새 대통령의 취임식에 참석한 이후에 KTX로 지방으로 내려갈 계획입니다.

마지막 날 밤을 청와대에서 보내지 않는 것이 전혀 불편하지 않습니다. 그날 밤 12시까지는 우리 정부의 책임이기 때문에 우리 청와대의 야간당직 근무자들이 근무를 하면 되고, 저는 여러 가지 업무 연락망을 잘 유지하면 됩니다. 그런 부분을 조금이라도 신구 정권 간의 무슨 갈등, 그렇게 표현하지 말아 주시기를 당부드립니다. 저는 언론이 왜 '갈등'이라는 말을 좋아하는지 잘 모르겠어요.

과거에 노무현 대통령은 새 대통령이 취임하는 날 아침까지 여기 청와대에 계시다가 취임식에 참석하러 나가는 것이 떠나는 것이었는데, 그것은 마지막 날 밤 청와대에 있는 것이 좋아서 그랬던 것이 아닙니다. 그때는 이미 짐들은 다 이사 가고 사람만 남는 상황이기 때문에 상당히, 말하자면 어수선하고 불편한 그런 상황입니다. 그럼에도 불구하고 새 정부의 임기가 00시부터 시작이 되지만 현실적으로는 새 대통령과 새 대통령의 참모진들은 취임식을 마치고 카퍼레이드 같은 것을 통해서 청와대로 처음 출근하게 됩니다. 청와대에 새 대통령의 팀들이 입성할 때까지는 현실적으로 몇 시간의 공백이 있는 거예요. 말하자면 노 대통령님은 초과 근무로 (웃음) 그 시간까지 책임지겠다는 생각으로 계셨던 것이고, 지금은 또 다른 곳에 가서 직무를 할 계획이고, 바로 또 그날부터 개방을 한다고 하는 것이기 때문에 굳이 제가 그렇게 하지 않아도 문제가 없는 것이죠. 그렇게 좀 담담하게 이것을 봐

주시기를 당부드리고요.

　퇴임하면 제가 잊혀진 삶을 살고 싶다 그렇게 말씀을 드렸는데 특별히 무슨 은둔생활을 하겠다, 그런 뜻은 전혀 아닙니다. 다만 현실 정치에 관여하지 않고 특별히 주목을 끄는 그런 삶을 살고 싶지 않다, 그런 뜻입니다. 그냥 평범한 시민, 평범한 국민으로서 가고 싶은 데 가보고, 먹고 싶은 거 있으면 찾아가서 먹기도 하고, 여행도 다니고 여러 가지 그냥 보통 사람처럼 살 겁니다. 그렇게 하면 오며가며 또 자연스럽게 우리 국민들을 만날 수도 있을 테지요. 과거 노무현 대통령은 하루에 한 번씩은 시골까지 찾아온 분들이 고마워서 그 분들과 인사하는 그런 시간을 가졌었는데, 저는 그렇게는 안 할 생각입니다. 그냥 자연스럽게 우연히 만날 수는 있지만 특별히 일부러 그런 시간을, 일정을 잡지는 않겠습니다. 그밖에는 지금으로서는 아무런 계획을 하고 있지 않습니다. 지금은 계획을 할 수 있는 단계도 아니고, 그래서 아무런 계획을 하지 말자는 것이 지금 저의 계획이라는 그런 말씀을 드리겠습니다.

　그리고 마지막 친서 부분은, 그냥 마지막까지 말하자면, 다음 정부가 출범하는 그 순간까지 평화, 한반도의 평화, 그리고 한반도의 대화 분위기, 이런 것이 계속되고 다음 정부로 이어지게끔 하기 위한 그런 차원의 노력으로 봐 주시기 바랍니다."

박수현 국민소통수석이 다시 마이크를 건네 받았다.

"네, 감사합니다. 이제 두 번째 질문은, 빨리 속도를 내보겠습니다. 두 번째는 매일경제 임성현 기자가 질문을 준비했습니다."

임성현 기자의 질문이 이어졌다.

"대통령님. 지난 5년간 고생 정말 많이 하셨고요. 저는 조금은 무거운 사면 관련 질문을 드리겠습니다. 다음 달 석가탄신일을 앞두고 지금 다시 사면론이 제기되고 있는데 대통령 임기 중에 마지막 사면을 하실 생각이 있으신지 궁금하고요. 만약에 그렇지 않으시다면 그에 대한 설명도 부탁드립니다. 특히 이명박 전 대통령과 김경수 전 경남지사에 대한 국민적 관심이 높은데 그에 대한 검토를 하고 계신지 궁금하고요.

아울러 이재용 삼성전자 부회장, 신동빈 롯데 회장과 같은 경제인들과 그 다음에 정경심 교수나 이석기 전 의원에 대한 각계의 사면 요청이 있거든요. 거기에 대한 입장도 부탁드립니다. 감사합니다."

문 대통령의 답변이다.

"질문하신 대로 그분들에 대한 사면요청이 각계에서 있는 것은 사실입니다. 사면은 대통령의 고유 권한이라고 합니다. 그러나 대통령이 마음대로 할 수 있는 권한이라고 생각하지 않습니다. 사면은 사법 정의와 부딪칠 수 있기 때문에 사법정의를, 말하자면 보완하는 그런 차원에서만 행사되어야 한다고 생각을 합니다. 결코 대통령의 특권일 수는 없습니다. 사법정의를 보완할 수 있을지, 그 분들에 대한 사면이, 또는 사법정의에 부딪칠지라는 것에 대한 판단은 전적으로 국민들의 몫이라고 생각합니다. 말하자면 국민들의 지지 또는 공감대 여부가 여전히 우리가 따라야 할 판단 기준이라고 생각합니다. 오늘은 이렇게 원론적으로만 답변드릴 수 없다는 점을 양해해 주시기 바랍니다."

다시 박수현 수석의 진행발언이다.

"네, 감사합니다. 다음 세 번째 질문은 전자신문의 안영국 기자가 질문이 준비돼 있습니다. 어디 계신가요?"

안영국 기자의 질문이다.

"여기에 있습니다. 속도를 올려서 검수완박 질문드리겠습니다. 검찰이 집단 사표를 내면서 반발하고 있습니다. 국민의힘도 합의를 뒤집고 재논의를 시작한다고 하고요.

첫 번째 질문 드리겠습니다. 대통령과 이재명 후보를 지키기 위해 임기 내 검수완박을 해야 한다는 민주당 주장에 동의하시는지 궁금합니다.

두 번째는 민주당이 원안이나 국회의장 중재안을 강행처리 한다면 거부권을 행사하실지 궁금합니다.

그리고 마지막으로 김오수 검찰총장 사표, 처리하실 것인지 답변 부탁드립니다."

얼굴이 상기된 문 대통령이 답변을 했다.

"수사권과 기소권이 분리되는 것이 바람직하다라는 저의 입장은 잘 아실 것이고요. 그런 방향으로 우리 정부가 노력을 해왔습니다. 다만 또 바람직한 방향이라 하더라도 그것을 추진하는, 그 어떤 방법이나 또는 과정에 있어서는 역시 국민들의 공감과 지지를 받을 수 있어야 한다고 생각합니다. 국회에서도 논의가 필요하고 가능하면 합의 하에 처리가 되면 더 좋고, 또 검찰과 경찰 간에도 협의들이 필요하고요. 그런 점에서 이번에 박병석 국회의장의 중재로 이뤄진 양당 간의 합의가 저는 잘 되었다고 생각합니다. 수사권, 기소권이 당장 완전히 분리돼야

된다고 생각하는 분들로서는 끝까지 다 가지 못한 것이기 때문에 불만스러울 수 있고, 반대로 또 수사권과 기소권의 분리에 반대하는 분들은 그 방향으로 한 걸음 더 나간 것이 불만일 수 있겠습니다. 그러나 서로 조금씩 불만스럽더라도 또 한 걸음씩 양보하면서 서로 합의할 수 있다면 그것이야말로 우리 의회주의에도, 의회민주주의에도 맞는 것이고 또 나아가서는 앞으로 계속해 나가야 될 협치의 기반이 될 수도 있다고 생각합니다.

검찰의 내부 반발에 대해서는 저는 충분히 이해할 수 있다고 생각합니다. 어쨌든 가지고 있던 권한이 축소되는 것이기 때문에 그에 대한 불만도 있을 수 있고, 또 그런 현상이 여러 가지 국민들에게 주는 불편이나 이런 점들을 걱정할 수도 있다고 생각합니다. 다만, 이번 합의안에 따르더라도 검찰이 그동안 아주 장점을 보여왔던 부패수사나 경제수사 부분은 직접 수사권을 보유하게 되고, 또 직접 수사권이 없는 부분도 좀 중요한 사안들은 영장이 청구되거나 기소까지 가게 되기 때문에 영장을 검토하는 과정, 또 기소 여부를 검토하는 과정에서 검찰이 보완수사 요구를 할 수 있게 됩니다. 오히려 검찰이 잘하는 일에 더 집중할 수 있는, 그리고 중요한 일에 더 집중하고 보다 가벼운 사건들은 경찰에 넘겨서 빠르게 처리할 수 있게 하는 그런 방안이 될 수도 있다고 생각합니다. 검찰이 가지고 있는 여러 가지 수사능력 부분은 앞으로 이번 합의안에 담긴 대로 중대범죄수사청 같은 것들이 만약에 만들어진다면 거기에 수사검사와 수사관들의, 검찰 수사관들의 수사능력, 그리고 또 검찰의 일부 특수수사 능력, 이런 부분들이 충분히 활용될 수 있을 것이라고 봅니다. 뿐만 아니라 좀 다소 불만스러운 점이 있다 하더라도 앞으로도 후속 절차 과정에서 얼마든지 보완될 수 있는 것이고, 결국 수사권, 기소권 분리의 문제는 검찰과 경찰이 얼마나 협력해서 국민들을 위한 수사효율을 높이고 공정한 수사를 이루게 하느냐 거기에 달려 있다고 생각합니다. 그런 방향으로 검찰이 더 노력해 주기를 바라마지 않습니다."

뒤이어 박수현 국민소통수석이 말을 이었다.

"자. 이제 마지막 질문 순서로 들어가야 될 것 같습니다. 한국일보 정지용 기자의 질문을 마지막으로 하겠습니다."

이 발언이 나오자 녹지원 중앙에 있던 지역기자단이 술렁였다. 지역 관련 질문을 준비했는데 시간 문제로 빠지느냐는 반응이 나왔고, 청와 대 직원들이 이런 분위기를 박수현 수석에게 긴급하게 전달했다. 그리 고 진행 과정의 실수라며 당초 예정대로 질의응답이 있을 것이라는 답 변이 지역기자단에 전달됐다.
정지용 기자의 질문이다.

"질문드리겠습니다. 대통령께서는 지난 5년간 많은 결단과 선택의 시간을 보내셨는데, 특히 조국 법무부 장관과 윤석열 검찰총장 임명을 두고는 사회적 진통과 논란이 적지 않았습니다. 혹시 그때 결정을 좀 후회하시는지, 만약 그 당시로 돌아가신다면 다른 결정을 내리고 싶으 실지 궁금하고, 마지막으로 조국 법무부 장관에 대해서는 마음의 빚이 있다고 표현을 하셨는데 그게 어떤 의미이고, 지금도 같은 입장을 가 지고 계신지 여쭤보고 싶습니다."

문 대통령의 답변이다.

"이미 여러 차례 드렸던 말씀이고요. 공개적으로 드렸던 것 외에 추가할 이야기가 있다면 그것은 나중에 회고록에서나 (웃음) (일동 웃음) 해야 되는 것 아닌지 모르겠습니다. 어쨌든 우리 인사에 있어서 때때로 국민들의 눈높이에 맞지 않았다. 그런, 말하자면 평가를 받고 또 그것이 이번 선거 과정에서도 부담으로 작용하기도 했던 점. 이런 점에 대해서는 여러 가지 국민들께 송구스럽게 생각하고요. 그게. 아까. 더 깊은 이야기들은 뭐, 지금 이 자리에서 당장 대답하는 것은 그렇고, 다음으로 미루어두고 싶습니다. 괜찮겠습니까?"

박수현 수석이 마이크를 다시 받아 진행 발언을 이어갔다.

"대통령께서 답변을 짧게 해 주셔서. 이 자리에 많은 지역언론 기자님들이 오셨는데, 하나만 마지막으로 받겠습니다. 강원일보 이무헌 기자님."

곧바로 질문이 이어졌다.

"문 대통령님께서는 재임 중 균형발전과 지방자치를 핵심 국정과제의 하나로 두고 추진을 해 왔는데, 최근 조사에 따르면 30년 후에는 지방 읍면동의 40%가 소멸할 것이라는 암울한 전망이 나온 상태입니다. 이는 정부주도의 획일적인 저출산 극복대책이나 균형발전 대책이 이미 한계에 봉착한 것이 아니냐는 분석으로 이어지고 있는데요. 그래서 이 해결 방안으로 공공기관과 기업의 지방이전을 보다 획기적으로 추진하고 지역의 정주여건 개선을 주민 스스로 이끌어낼 수 있도록 강력한 자치법과 지방재정권을 부여해야 한다는 요구가 나오고 있는데, 이에 대한 대통령님의 생각과 차기 정부에서 이뤄내야 될 과제가 무엇이 있을지 등에 대해서 듣고 싶습니다."

문 대통령의 마지막 답변이 이어졌다.

"지금 지방의 소멸을 걱정할 정도로 지방은 쇠퇴하고 반면에 수도
권은 과밀로 고통받고 이런 현상에 대해서 말씀하신 바에 전적으로 동
의합니다. 뿐만 아니라 우리 정부가 국가의 균형발전을 위해서 지방자
치법을 전면 개정해서 자치분권을 대폭 강화하고, 또 지방일괄이양법
을 통해서 국가 사무의 상당 부분을 지방으로 한꺼번에 일괄 이양하기
도 하고, 또 재정분권 확대를 통해서 지방재정을 강화하기도 하고, 많
은 노력을 기울였지만 그것이 수도권 집중의 속도를 조금 늦추었을지
는 몰라도 수도권으로 집중되는 여러 가지 흐름을, 말하자면 되돌리지
는 못했다라는 점에 공감을 합니다. 그래서 그 점에 대해서 다음 정부
에서는 더 인제, 특단의 노력이 필요하다고 생각합니다.

우리 정부로서 생각하면, 퇴임하는 대통령이 지방으로 내려가는 것
도 말하자면 지방을 살려야 한다는 그런 뜻도 좀 담겨있는 것으로 그
렇게 이해해 주시기 바라고요.

우리 정부가 마지막으로 생각했던 해법은 결국 문제는 수도권은 서
울·경기·인천, 이게 완전히 광역교통망으로 단일 경제권을 형성하면
서 도대체 지방이 그 경쟁력으로 당해낼 수가 없는 것입니다. 그러니
돈도, 사람도 모든 것이 다 수도권으로 가게 되는데, 그것을 막기 위해
서는 지방에서도 수도권과 경쟁할 수 있는 그런 광역의 단일 경제권을
만들어서 대한민국을 다극화해야겠다, 그것이 이제 말하자면 초광역
협력이라고 부르기도 하고, 우리가 메가시티라고 부르기도 했던 그 구
상입니다. 다행스럽게 우리 정부 임기 내에 부산·울산·경남이 부·울·
경 특별자치권을 형성하기로 합의를 했고요. 그러니까 이른바 부·울·
경 메가시티의 동의가 된 것이죠. 또 그에 대해서 차기 정부에서도 강
력하게 뒷받침하겠다고 공약을 한 바가 있어서 빠르게 발전되어 나가

기를 바라고 있습니다.

　뿐만 아니라 그것이 부·울·경에 그치지 않고 똑같은 모델이 대구·경북 간에, 또 광주·전남 간에 이렇게 넓어지기를 바랍니다. 그 경우에 강원도나 전라북도나 제주도는 말하자면 초광역 협력을 할 수 있는 그런 여건이 되지 않는데 어떻게 할 것이냐. 그 부분은 또 강원도에 특화된, 예를 들면 강원도를 평화특별자치도로 만든다든가, 전라북도는 새만금을 중심으로 서해안 시대의 중심 경제권역으로 만든다거나, 제주도는 화석연료를 전혀 사용하지 않는 말하자면 완전히 신재생에너지로만 운영하는 그런 특별자치도를 만든다거나, 이런 특화된 노력들이 더해져야 한다고 생각합니다. 아마 다음 정부도 지역균형발전에는 많은 노력을 기울여 줄 것이라고 저는 기대합니다."

　마지막 청와대 대통령과 마지막 청와대 출입기자 사이의 기자 간담회가 이렇게 끝나가고 있었다.
　사회자 박수현 국민소통수석이 말을 이었다.

　"대통령님, 감사합니다. 그리고 질문해 주신 기자단 여러분께도 감사드립니다. 오늘 기자단 취재는 여기까지 하겠습니다. 사진과 촬영 취재도 여기까지임을 공지합니다. MBN 송주영 기자님과 미디어펜의 김소정 기자님, 양해해 주셔서 감사드립니다. 그리고 오늘 엠바고는 약속대로 저녁 7시까지임을 다시 한번 공지합니다."

　이렇게 오후 4시 34분쯤 공식행사는 마무리됐다.
　테이블별로 청와대 출입기자들과 청와대 참모들의 막걸리 잔 교환이 이어졌다. 막걸리는 부산 금정막걸리, 제주 감귤막걸리 등이 선보였고 청와대는 봉황 마크에 '대통령 문재인'을 황금색으로 쓴 하얀색

플라스틱 막걸리잔을 내놓았다.

문 대통령은 테이블을 돌며 기자들과 마지막으로 기념 촬영을 했다. 그리고 문 대통령은 외부에서 다과를 준비하기 위해 청와대를 찾은 행사 지원팀에게도 다가가 기념촬영을 했다.

기자들과 행사팀은 테이블을 찾은 문 대통령을 박수로 환영하며 가운데 모셔 기념촬영을 했다. 하지만 이 과정에서 있을 수 없는 사건이 발생했다. 문 대통령의 공식행사를 촬영하는 사진팀이 사진 메모리 칩 작동을 깜빡한 것이다. 문 대통령은 이 사실을 웃음으로 전하며, 다시 한번 테이블을 돌며 사진촬영에 응했다. 대통령과 기자단 모두 이별이 아쉬운 듯 했다.

이날 행사장에 자리를 같이 한 방정균 시민사회수석은 5월 9일이후 청와대를 떠나면 원래 있던 원주 상지대로 돌아가 강의를 할 예정이라고 퇴임후 계획을 밝혔다.

김형진 국가안보실 2차장은 휴식후 대학에서 강의할 계획을 전하면서 주벨기에 유럽연합(EU) 대사시절 경험을 살려 EU에 대한 저술 구상을 소개했다.

청와대는 이날 문 대통령과 기자단의 송별 만남을 기념해 춘추관 행정요원들을 통해 출입기자단에게 문 대통령 이름이 새겨진 시계와 필기구 등을 선물했다.

평소 막걸리를 즐겨 마시는 기자들에게 이날 인기를 끈 비공식 선물은 청와대가 행사장 테이블에 올려놨던 봉황 마크와 문재인 대통령 이름이 황금색으로 새겨진 막걸리 잔이었다.

이날 간담회에는 청와대에서 유영민 비서실장, 서훈 국가안보실장, 이호승 정책실장, 이철희 정무수석, 박수현 국민소통수석, 방정균 시민사회수석, 임서정 일자리수석, 박원주 경제수석, 서주석 국가안보실 1차장, 김형진 국가안보실 2차장, 남영숙 경제보좌관, 박수경 과학기술보좌관, 박경미 대변인, 김재준 춘추관장, 고주희 디지털소통센터장 등이 자리를 같이 했다.

유영민 비서실장과 서훈 국가안보실장은 기자단 테이블을 돌며 아쉬움을 달랬으나 기자들의 권유에도 술은 삼갔다.

┃ 윤석열 "검수완박이 국민의 삶을 지켜줄까?" ┃

25일 아침.

문재인 대통령과 김정숙 여사가 나란히 종로보건소를 찾아 코로나 예방 제4차 백신 접종을 받던 그 시각.

윤석열 대통령 당선인은 서울 서초 사저에서 정국 최대 현안으로 급부상한 '검수완박', 즉 검찰 수사권을 완전히 박탈하는, 검수완박 중재안에 그냥 침묵만할 수 없다는 결심을 했다.

그렇다고 검찰총장 출신 대통령 당선인으로서 직접 언급하는 것은 삼가는 게 좋겠다는 판단이 섰다.

가까운 참모들과 논의를 거쳐 배현진 당선인 대변인을 통해 간접적으로 입장을 전하는 것으로 정리했다.

배현진 당선인 대변인이 이날 오전 9시 서울 통의동 대통령직인수위원회 기자회견장에 들어서자 기자들이 몰려왔다.

"검수완박에 대한 윤 당선인 입장이 무엇인가요?"

배현진 대변인이 입을 열었다.

"여야가 합의한 '검수완박' 중재안에 대해 정치권 전체가 헌법가치

수호와 국민 삶을 지키는 정답이 무엇인가, 깊이 고민하고 중지를 모아달라는게 당선인의 입장입니다."

"여야 합의안을 받아들이기 어렵다는 입장으로 해석해도 되나."

"국회 논의사항에 대해서는 일단 지켜보고 계신다. 더불어민주당 또한 국민 대다수가 이 검수완박에 대해 깊은 우려를 하고, 말씀을 주시는 것을 잘 알고 있으리라 본다."

배현진 대변인의 답변이 길어졌다.

"국민을 이기는 정치는 없다. 거대 여당이 국민이 걱정하는 가운데 입법독주를 강행하지 않을 것이라 보고 있다"

그는 윤 당선인이 여야 합의안에 부정적인 입장을 보였다는 일부 언론보도에 대해서는 "언제, 누구를 통해 그런 말이 전언이 된 게 사실인지 확인할 수 없다"고 했다.

배 대변인은 또한 박병석 국회의장 중재안을 수용한 국민의힘 권성동 원내대표와 윤 당선인 사이의 사전 교감여부에 대해서는 "두 분 간의 긴밀한 대화를 일일이 확인할 수 없다"고 했다.

배 대변인은 민주당 주장처럼 법안처리 합의 파기로 인사청문회가 파행될 수 있다는 전망에 대해 "발목잡기식으로 청문회를 보이콧하는 것은 국회가 스스로 국민의 대표임을 포기하는 것과 같다"고 했다.

검수완박을 둘러싼 민주당과 국민의힘, 청와대와 인수위 양측 간 갈등이 점점 고조되고 있었다.

대통령직인수위원회는 앞서 4월 19일 "민주당은 위헌적이며 국민적 피해를 초래할 검수완박 입법 폭주를 즉각 중단하라"고 했다.

대통령직인수위 정무사법행정분과 인수위원들은 이날 오후 서울 통의동 인수위 기자회견장에서 "국민적 반대에도 불구하고 민주당이 밀어 붙이는 소위 검수완박에 대해 다시 한 번 깊은 우려를 표명하며 즉각 중단을 요구한다"고 했다.

인수위는 "검수완박법은 사법부조차 처음 들어봤다고 말할 정도의 위헌적 법안으로, 정당성도 정합성도 없을 뿐만 아니라 피해는 힘없는 국민에게 오롯이 돌아갈 것"이라며 "사법부조차 검수완박법이라 불리는 형사소송법 개정안 13개 조항에 대해 검토 내지는 보완이 필요하다는 의견으로, 사실상 반대 입장을 피력했다"고 했다.

이어 "법원행정처는 사법 경찰관의 부실수사 내지 소극 수사를 시정할 아무런 방법이 없다는 점, 인권침해를 방지할 방법이 없다는 점, 범죄에 신속하고 적정한 대응을 할 수 없다는 점 등을 지적하면서 우려하고 있는 점을 인수위는 예의주시하고 있다"며 "법원조차도 이례적으로 의견을 표명한 것이 어떠한 의미인지 무겁게 새길 필요가 있다"고 했다.

인수위는 이어 "의석수가 많다고 70년 넘게 유지되어온 형사사법체계의 근간을 순식간에 무너뜨리는 것은 국민의 인권보장과 정의실현의 기반을 송두리째 무너뜨리는 것이자 권력분립의 한계를 벗어나는 것으로 입법·행정·사법이 견제와 균형을 이뤄야 할 민주주의에 대한 중대한 위협"이라고 했다.

인수위 유상범 정무사법행정분과 인수위원은 "차기 정부에 국정을 온전히 인계해야 할 책무가 있는 민주당 정권의 입법 폭주는 이사를 앞두고 대들보를 훼손하는 것과 다름 없는 것으로 새 정부 국정운영을 방해하는 행위"라며 "우리 인수위원들은 사법부조차 반대하는 검수완박법 처리 시도를 즉각 중단할 것을 재차 강력하게 촉구한다"고 했다.

ㅣ 트로이목마 검수완박 중재안 ㅣ

국민의힘 이준석 대표도 이날 윤석열 대통령 당선인 측과 같은 톤의 발언을 이어가며 검수완박 중재안 수용이 불러온 후폭풍 진화에 나섰다.

'트로이목마'의 실체가 드러나고 중재안 파기를 명분으로 거대 여당이 입법 질주에 나설 태세를 보이자 꼬마 야당은 당랑거철(螳螂拒轍) 신세로 전락했다.

이준석 대표는 이날 오전 국회에서 열린 최고위원회의에서 "대한민국 형사 사법체계의 근간을 뒤흔드는 제도를 이렇게 밀어 붙이기에 적절한 시기인지 민주당에게 되물을 수밖에 없다"고 했다.

또 "부패한 공직자에 대한 수사나 선거 관련 수사권을 검찰에게서 박탈하는 것에 대해 국민 우려가 매우 크다. 국회는 더 신중하게 이 문제를 다뤄야 한다"고 했다.

4월 22일 박병석 국회의장이 내놓은 검수완박 중재안을 권성동 원내대표가 민주당과 합의한후 이 대표가 뒤늦게 반대 의견을 표명하며 제동을 건 것이다.

이 대표는 "국민이 바라는 입법을 하기 위해서는 시한을 정해놓고 상대를 강박하는 상태에서 협상하도록 진행하는 방식보다는 최대한 많은 정보를 국민에게 제공하고 논의할 수 있도록 해야 한다"며 입법 공청회를 제안했다.

그러면서 "또 주무장관 지명자인 한동훈 법무장관 후보자의 생각이 입법부와 다르다면 적용 단계에서부터 혼란을 방지하기 위해서라도 한 후보자에 대한 (인사) 청문회 등에서 이 문제를 더 구체적으로 논의하는 것이 옳다"고 했다.

이 대표는 "공청회나 법무부 장관 후보자 인사청문회를 통해 검수완박 법안에 대한 국민적인 우려가 불식되고, 지지 여론이 생긴다면 국민의힘도 입법과정에서 매우 흔쾌히 동의할 수 있을 것"이라고 했다.

'트로이목마'를 받아든 국민의힘이 뒤늦게 국면 전환을 시도했지만 거대 여당의 질주는 멈출줄 몰랐다.

| 윤석열 당선인 SK 백신개발 현장 방문 |

윤석열 대통령 당선인은 25일 경기 성남에 있는 코로나19 백신 개발회사인 SK바이오사이언스를 찾아 현장 간담회를 주재했다.

의사이자 과학자인 안철수 대통령직인수위원장이 동행했다. 최태원 SK그룹 회장이 나와 윤 당선인과 안 위원장을 안내했다.

윤 당선인과 최 회장은 3월 21일 경제 6단체장 간담회에서 만났다. 4월 22일 부산상공회의소에서 열린 2030 부산세계박람회 유치기원 대회에서도 인사했다.

경제계는 윤 당선인의 경제현장 방문과, 경제인과의 만남이 잦아지며 새 정부의 경제정책에 많은 기대감을 표시했다.

윤석열 당선인은 이날 SK바이오사이언스 현장 간담회에서 "박정희 대통령 등 과거 대통령들이 국가 경제발전을 위해 헬멧을 쓰고 중화학 공업 대형 공장, 건설 현장을 많이 다니셨다. 이제 저희는 우리 성장의 핵심이 들어있는 연구소를 많이 다녀야 할 것 같다"고 했다.

또한 "(백신) 연구실에 엄청난 국가 잠재력과 우리 국민의 먹거리, 우리나라 경제·보건·안보가 다 담겨 있다. 앞으로 저도 공부를 더 많이 하겠다"고 밝혔다.

윤 당선인은 이 자리에서 지난해 9월 대선 과정에서 SK바이오사이언스 안동 공장을 방문했던 일을 언급하며 "그때 백신이 빨리 개발되면 좋겠다는 희망을 말씀드렸는데 언제 될까 싶었지만 1년도 안 돼서 밝은 소식을 접하게 돼 연구개발진 노고에 국민 한사람으로서 감사와 경의를 표한다"고 했다.

SK바이오사이언스는 이날 코로나19 백신으로 개발 중인 후보 물질 'GBP10'이 임상 3상 실험에서 아스트라제네카 등 대조 백신보다 우수한 면역반응을 보이는 성공적 결과를 냈다고 발표했다.

윤 당선인은 "제가 정부를 맡게 되면 SK바이오사이언스를 비롯한 팬데믹에 백신과 치료제를 개발하는 기업에 대해 정부가 할 수 있는 모든 지원을 아끼지 않겠다"고 했다.

이어 "공무원들이 잘 모르는 부분에 있어 기업하는 분들께서 '이런 규제가 사업과 국가 경쟁력 확보에 지장이 많으니 풀어달라' 얘기해 주시면 적극 검토해서 불편이 없도록 하겠다"고도 약속했다.

다음으로 안철수 대통령직인수위원장이 마이크를 받았다.

안 위원장은 "코로나19를 극복한다 할지라도 또 새로운 바이러스로 새로운 팬데믹이 침범할 가능성이 굉장히 많다. 미리 방역시스템을 갖추고 있어야 국민 생명과 안전을 보호할 뿐만 아니라 우리나라 경제를 보호해 세계 경제 10대 강국을 넘는 5대 강국이 될 수 있는 기회를 가질 것"이라고 했다.

또한 "방역 시스템이 정말 중요한 새 정부 과제로, 바이오 산업을 미래 먹거리로 삼고 새로운 팬데믹에 가장 빨리 대응해서 우리나라가 앞서 나가는 계기로 삼자"고 제안했다.

안 위원장은 "새 정부에서 제대로 투자해 우리나라가 백신 개발 역량을 가진 백신 주권 국가가 되는 것이 아주 중요한 목표다. 인수위에서 현장 목소리를 반영하겠다"고 약속했다.

배현진 당선인 대변인은 이날 SK바이오사이언스는 국산 1호 코로나19 백신을 개발한 회사로, 윤 당선인은 백신 개발에 박차를 가하고 있는 현장을 둘러보고 백신 주권 의지를 강조했다고 전했다.

청와대 D-13일
(4월 26일)

문재인 대통령이 26일 청와대 본관에서 주한대사 신임장을 제정받고 있다.

일일 뉴스

| 춘추관 기자식당 폐점(閉店) 예고 |

26일 오전 8시 46분.

청와대는 문재인 대통령의 26일 일정을 출입기자 단톡방에 공지하는 것으로 하루를 시작했다.

얼마후 행정요원들은 청와대 시대 마감을 앞두고 춘추관 구내식당 폐점 안내공지를 올렸다.

'춘추관 구내식당은 5월 4일까지 운영합니다. 충전카드를 사용중이신 기자분께서는 4월 28일이전 현금반환이 가능하시니 이용에 참고하시기 바랍니다. * 5.4(수) 운영 마감일까지 충전금 및 현금이용 가능.'

춘추관 구내식당은 출입기자들이 주고객이다. 2층에 원탁과 직사각형 테이블 13개가 놓여 있다. 아침과 중식이 제공되며 한끼당 3,000원이다. 기자들 만족도가 높았다. 요일마다 다른 반찬의 건강식단이 제공됐으며 양식, 중식, 한식 그리고 금요일에는 떡볶기와 돈가스 등 분식이 제공돼 가격대비 가성비가 최고였다.

여름철 복날을 비롯해 명절 전후 그리고 대통령이나 여사 생일에는 삼계탕, 떡국이나 만두국, 미역국, 소갈비 등이 특식으로 제공됐다.

이명박 박근혜 청와대 시절에는 기자들이 후배 기자나 지인들을 청와대 춘추관 구내식당으로 초청해 식사를 대접하면 외부 손님들의 만족도가 높았다.

1991년부터 청와대 춘추관에서 기자들에게 건강식을 제공했던 구내식당도 청와대 시대 마감을 앞두고 하나 둘 정리에 들어갔다.

| 청와대 "가덕도 신공항 새 정부의 몫" |

청와대는 이날 오전 11시 앞서 열린 국무회의에서 의결된 가덕도 신공항 추진 계획에 대한 문재인 대통령의 발언을 박경미 청와대 대변인이 서면 브리핑 형식으로 공개했다.

문재인 대통령은 이날 "동남권 지역주민들의 숙원이었던 가덕도 신공항 건설이 사전타당성 조사를 마치고 오늘 국무회의에서 추진 계획을 의결, 예비타당성 조사를 면제할 수 있게 되어 매우 뜻깊게 생각한다"고 했다.

이어 "부산·울산·경남 지역민들의 간절한 열망에 국가균형발전을 위한 정부의 노력이 더해졌기에 가능한 일이었고, 국회도 여야를 막론하고 특별법 제정 등으로 적극적으로 협력해 주었다"고 평가했다.

문 대통령은 이어 "사전타당성 조사에서 당초 예상보다 사업비와 사업기간이 늘어난 점에 대한 우려도 있다. 사전타당성 조사 결과를 최대한 존중하면서도 사업비 절감과 사업기간을 단축할 수 있는 다각적인 방안을 모색할 필요가 있다"고 했다.

문 대통령은 아울러 "가덕도 신공항은 부울경 초광역 협력의 핵심 기반시설로서 동북아 8대 메가시티로 도약하기 위한 물류와 교통망의 핵심인 만큼, 다음 정부의 역할이 크다"면서 "국가균형발전과 부울경 지역의 도약에 필수적인 가덕도 신공항의 조기 개항을 위해 다음 정부가 최선을 다해 줄 것으로 기대한다"고 밝혔다.

청와대 출입기자들은 이 서면 브리핑이 나온뒤 윤석열 정부의 정치적 부담이 커졌다고 평가했다. 부산, 울산, 경남의 정치적 무게 등을 감안할 때 문재인 정부가 남겨준 과제가 새 정부에서 정치적 자산이 아니라 부담으로 남을 것이라는 반응을 보였다.

| 문재인 대통령 SK 백신개발 환영 논평 |

윤석열 대통령 당선인이 SK 백신개발 현장을 찾은 다음날인 이날 문재인 대통령도 오후 1시 40분 코로나19 백신 임상 3상 관련해 청와대 대변인 명의의 서면 브리핑을 냈다.

문재인 대통령은 이날 SK바이오사이언스가 코로나19 백신 임상 3상에서 성공적인 결과를 확인한 것과 관련 "SK바이오사이언스 관계자들의 부단한 노력과 의지가 결실을 맺게 되어 기쁘다"면서 "비교임상이 가능하도록 많은 노력을 기울여준 식약처, 복지부, 질병청 등의 역할과 노력을 치하한다"고 했다.

또 "SK바이오사이언스에서 개발한 백신은 독감 백신 등을 통해 검증되어온 전통적인 합성항원방식으로 mRNA에 비해 안전성이 높다는 장점이 있다"면서 "SK바이오사이언스가 허가신청을 하면 식약처는 안전성에 대한 철저한 검증을 신속하게 진행하고 국내뿐 아니라 해외에서도 활용될 수 있도록 노력해 달라"고 했다.

| 청와대 "윤석열 국민청원 수사중 답변못해" |

청와대는 이날 오후 2시 '윤석열 대통령 당선인 관련 진상조사 요청'과 '대구 동구 선거관리 부실'과 관련한 국민청원 2건에 대한 답변을 내놨다.

청와대는 '윤석열 당선인 관련 진상조사 요청'에 대한 답변에서 "청원인께서는 국민과 나라를 위해 일할 지도자라면 당선인 신분에도 확실한 검증이 필요하다며 윤석열 당선자의 부산저축은행 부실수사 의혹과 김건희 씨의 주가조작 의혹에 대한 철저한 검증을 요구하셨고 해당 청원에는 54만 8천여 명의 국민께서 동의해 주셨다"고 했다.

이어 "청와대는 지금까지 수사 중이거나 재판이 진행 중인 사안에 대해서는 삼권분립의 원칙에 따라 답변을 하지 않았다"며 "이번 청원도 마찬가지로 원칙에 따라 답변드리기 어려운 점 양해해 주시기 바란다"고 밝혔다.

청와대는 이어 '대구 동구 선거관리 부실 관련' 국민청원에 대한 답변에서 "청원인께서는 지난 대선 당시 대구 동구에서 사전투표를 한 후 본투표를 한 유권자 2인이 적발된 사건을 언급하며 해당 투표함 무효 및 다른 모든 투표함 전면 확인, 선거관리 부실로 인한 재투표 등을 요구하셨다"면서 "이 청원에는 26만 5천여 명의 국민께서 동의해 주셨다"고 했다.

이어 "대통령 선거는 공정한 관리를 위해 헌법상 독립기구인 선거관리위원회에서 수행하고 있고 코로나19가 확산되는 상황에서 선거를 치르면서 일부 지역에서 선거관리에 미흡했던 점이 드러난 것에 대해 선관위에서도 이를 인정하고 국민 여러분께 사과드린 바 있다"면서 "한 치의 오차도 큰 오해를 불러올 수 있는 업무에서 준비의 소홀함으로 인한 논란이 발생한 것에 대해 유감스럽게 생각한다"고 했다.

청와대는 "다만, 재선거는 공직선거법에 따라 법원의 선거 전부무효 판결 등이 있을 때 실시되는 것으로, 재선거에 대한 언급은 부적절해 보인다"면서 "위법사항에 대해서는 선관위의 고발이 이뤄져 현재 경찰 수사 중"이라고 했다. 그러면서 "코로나19 상황에서도 선거를 연기하거나 중단되는 사태 없이 안정적으로 선거를 치러낼 수 있었던 것은 국민 여러분의 성숙한 시민의식이 있었기 때문"이라며 "국민들의 모범적인 선거 참여로 인해 우리의 민주주의가 한 단계 더 발전하는 계기가 되었다고 생각하며 선거관리도 국민들의 수준에 맞춰 발전해 나갈 수 있기를 바란다"고 밝혔다.

| 주한대사 신임장 마지막 제정 |

문재인 대통령은 이날 오후 3시 청와대 본관 충무실에서 임기중 마지막으로 주한대사 신임장 제정식을 가졌다.

이날 주한대사 신임장 제정식에는 알루 완유 외젠 비티(Allou Wanyou Eugene Biti) 주한 코트디부아르 대사, 모하메드 벤사브리(Mohammed Bensabri) 주한 알제리 대사, 간디 슬리스티얀토 소에헤르만(Gandi Sulistiyanto Soeherman) 주한 인도네시아 대사, 마크 플레처(Mark Fletcher) 주한 캐나다 대사, 칼리드 압델라흐만 하싼 압델라흐만(Khaled Abdelrahman Hassan Abdelrahman) 주한 이집트 대사, 네마냐 그르비치(Nemanja Grbic) 주한 세르비아 대사, 콜린 크룩스(Colin Crooks) 주한 영국 대사, 수자나 바즈 파투(Susana Vaz Patto) 주한 포르투갈 대사, 드미트로 포노마렌코(Dmytro Ponomarenko) 주한 우크라이나 대사, 압두 살람 디알로(Abdou Salam Diallo) 주한 세네갈 대사, 나빌 무니르(Nabeel Munir) 주한 파키스탄 대사, 아살 알-탈(Asal Al-Tal) 주한 요르단 대사, 아이다 이스마일로바(Aida Ismailova) 주한 키르기즈 대사, 윗추 웨차치와(Witchu Vejjajiva) 주한 태국 대사가 참석했다.

청와대에서는 정의용 외교부 장관, 서훈 국가안보실장, 김형진 국가안보실 2차장, 김용현 외교정책비서관, 박경미 대변인, 탁현민 의전비서관, 신지연 1부속비서관 등이 배석했다.

주한 대사들은 오후 2시 40분 행사를 20여 분 앞두고 미리 도착해 삼삼오오 우리 측 인사들과 환담했다. 김형진 국가안보실 2차장이 입장해 신임 대사들과 인사 후 대화했고, 박경미 대변인은 입장 후 옆쪽 벽면에 서서 대기했다. 이어 정의용 외교부 장관이 충무실에 입장해 신임 대사들과 인사를 나눴다.

문 대통령이 행사를 1분 앞두고 오후 2시 59분 정의용 외교부 장관, 서훈 국가안보실장과 함께 입장했다.

이날 사회는 외교부 의전장이 맡았다.

"지금부터 주한대사 신임장 제정식을 거행하겠습니다. 오늘 대상은 총 14명입니다. 먼저 코트디부아르 대사가 대통령께 신임장을 제정하 겠습니다."

이후 알제리, 인도네시아, 캐나다, 이집트, 세르비아, 영국, 포르투 갈, 우크라이나, 세네갈, 파키스탄, 요르단, 키르기즈, 태국 순으로 제 정식이 진행됐고, 각 나라의 신임 대사들은 영어로 감사 발언 후 문 대 통령에게 신임장을 전달했다. 문 대통령은 목례로 화답했다.

뒤이어 기념촬영이 이어져 문 대통령이 가운데 서고 각 신임 대사들 은 문 대통령 기준 오른편에 서서 단독 촬영을 진행했다. 문 대통령 왼 편에는 정의용 외교부 장관이 자리했다. 그리고 코트디부아르부터 신 임장 전달 순과 동일하게 기념촬영이 이어졌다.

이날 신임장 제정식이 종료된후 문 대통령이 선두에 서고 신임 대사 들이 뒤따라서 접견장인 인왕실로 이동했다.

문 대통령은 환담하는 자리에서 "대사들이 재임 기간 중 대한민국과 연대와 협력을 통해 의미있는 성과를 만들어갈 것으로 기대한다"며 신 임 대사들의 부임을 환영했다.

문 대통령은 특히 러시아의 침략전쟁으로 우크라이나가 겪고 있는 고난에 대해 특별히 우크라이나 대사에게 위로를 전하고 조속한 평화를 기원한다며 인사말을 시작했다.

문 대통령은 이어 "대통령으로서 마지막으로 신임장을 제정받는 날이라 감회가 남다르다"면서 "우리 정부는 역대 어느 정부보다 외교에 주력했는데 외교의 범주가 정치, 안보에 머물지 않고 경제, 공급망, 방역, 기후위기 대응으로 확대되었고 국제사회에서 한국의 위상이 높아져 국제적으로 협력할 사안도 많아졌기 때문"이라고 했다.

이어 "각국의 국정에서 외교가 차지하는 비중이 늘어가는 것은 세계적 현상으로, 외교의 역할이 커진 만큼 각국을 대표하는 대사들의 역할도 더욱 중요해졌다"면서 "전 세계가 포용적이고 지속가능한 회복을 이룰 수 있도록 함께 노력해야 한다"고 했다.

문 대통령은 이 자리에서 한반도 평화 정착을 위한 우리 정부의 노력을 지지해 준 데 대해 감사의 인사를 전하며 "한반도뿐만 아니라 세계 각 곳에서 벌어지고 있는 전통적 안보문제, 그리고 전염병, 환경문제와 같은 비전통적 안보문제 모두 연대와 협력을 통해 해결해야만 근본적이고 지속가능한 평화와 번영을 이룰 수 있다"고 했다.

콜린 제임스 크룩스 주한 영국 대사는 주한 대사관에 두 번, 주북한 대사관에 두 번을 합쳐 한반도에 네 번째 근무한다며 평양주재 영국대사관이 재개될 수 있도록 노력하겠다고 말했다.

그는 한국어로 발언을 해서 박수를 받았다. 크룩스 대사는 문 대통령이 영국에 두 번 방문하며 존슨 총리와 한-영 프레임워크, 탄소중립, FTA 협상 재개 등을 논의하며 관계의 새로운 모멘텀이 생겼고, 영국과 한국은 민주주의, 인권, 자유무역, 친환경 등 공통의 가치를 추구하고 있다며 기후위기와 팬데믹 등에 함께 협력하여 대응하기를 바란다고 했다.

드미트로 포노마렌코 주한 우크라이나 대사는 문 대통령이 모두 발언에서 우크라이나를 언급한 점과 그간 한국 정부가 우크라이나의 주권과 영토 보전을 일관되게 지지하고 우크라이나에 보여준 온정과 인도주의적 지원에 감사를 표했다. 포노마렌코 대사는 한국 어린이가 우크라이나 지원의 상징으로 자신의 재킷에 달아준 배지를 보여주며 항상 패용한다면서 한국 국민들의 지원에 특별히 감사하고 지원이 지속·확대되기를 바란다고 했다.

간디 술리스티얀토 소에헤르만 주한 인도네시아 대사는 2017년 문 대통령의 인도네시아 방문 시 신남방 정책을 발표했고 양국의 대통령이 우산을 쓰고 나무를 심으면서 우의를 다진 '우산외교'를 펼친 것을 상기하면서 2017년 양국 관계가 '특별 전략적 동반자 관계'로 격상되고 인도네시아에 많은 투자가 이뤄진 점에 대해 감사의 뜻을 표하고 양국 간 협력이 더욱 활발해지기를 기대한다고 희망했다.

청와대 박경미 대변인은 이날 춘추관 서면 브리핑에서 "오늘 신임장 제정에 참석한 대사들은 공통적으로 문 대통령이 한반도 평화를 위해 노력하고, 이를 통해 전 세계의 평화와 번영에 기여한 점을 높이 평가했으며, 각국에 대한 한국의 투자나 공적개발원조(ODA) 사업에 대해 사의를 표하고 한국과의 협력이 더욱 활발해지기를 기대한다고 말했다"고 소개했다.

그는 이어 "특히 윗추 웨차치 주한 태국 대사는 주한 인도네시아 대사와 더불어 문재인 정부의 신남방 정책에 대해, 아이다 이스마일로바 주한 키르기스스탄 대사는 신북방 정책에 대해 언급하며 신남방·신북방 정책의 기여를 높이 평가했다"고 기자단에 전했다.

∣ 파리와 마닐라에 보낸 SNS 메시지 ∣

주한 대사 신임장 제정에 이어 문재인 대통령은 이날 오후 4시 10분 프랑스와 필리핀에 SNS 메시지를 보냈다.

프랑스는 앞서 대통령 선거가 끝났고, 필리핀은 태풍으로 인명피해가 컸다는 보고가 들어왔다.

먼저 프랑스 대통령 선거에서 재선한 에마뉘엘 마크롱 대통령에게 축하인사를 전했다.

문 대통령은 SNS 메시지에서 '프랑스 공화국 대통령 선거에서 재선에 성공한 것을 진심으로 축하하며 대통령 님의 리더십으로 프랑스 공화국이 계속해서 발전해 나갈 것으로 기대합니다. 대통령께서 프랑스 공화국 현직 대통령으로서 20년 만에 재선에 성공함으로써 프랑스 공화국 국민들의 폭넓은 지지와 성원이 재확인된 것으로 평가합니다.

대한민국과 프랑스 공화국은 한 세기가 넘는 기간 동안 어려움을 함께 극복하며 정무, 경제, 문화 등 다양한 분야에서 협력을 심화시켜 왔습니다. 특히 나의 2018년 프랑스 국빈방문을 계기로 양국 간 '21세기 포괄적 동반자 관계'를 재확인한 것을 기쁘게 생각합니다. 대통령 님 재임 기간 중 양국 관계가 더욱 견실해질 것으로 기대하며 대통령 님의 건안과 프랑스 공화국의 무궁한 발전을 기원합니다.'

문 대통령은 이어 이날 오후 5시 50분 SNS 메시지를 내고 필리핀을 강타한 태풍으로 인한 피해에 대해 로드리고 두테르테 대통령에게 위로를 표시했다.

문 대통령 위로 메시지에서 '최근 필리핀을 강타한 태풍 '메기'로 인해 많은 필리핀 국민이 희생되었다는 소식을 접하고 안타까운 마음을 금할 길이 없습니다. 슬픔과 고통을 겪고 있을 유가족에게 대한민국

정부와 국민을 대표해 애도의 뜻을 표합니다. 예기치 못한 재난으로 삶의 터전을 잃은 이재민과 아픔을 나누고 있을 필리핀 국민들에게도 위로의 말씀을 전합니다. 대통령님의 지도력 하에 생존자 구조 및 피해 복구 작업이 순조롭게 진행되어 필리핀 국민들이 평온한 일상으로 조속히 돌아갈 수 있기를 기원합니다.'

청와대 D-12일
(4월 27일)

청와대 춘추관이 27일 용산 이전을 앞두고 로비에 쓰레기 수거용 포대가 여기저기 놓여 어수선하다.

일일 뉴스

07:00   쌀쌀한 출근길 중국발 황사에 미세먼지 나쁨

09:30   신규 확진 7만 6,787명, 위중증 546명, 62일만에 500명대

10:30   尹 당선인, 검수완박법 공방에 "黨에서 알아서 할 것"

11:30   인수위, 한달 내 '실외 마스크 해제' 선언 검토

15:30   尹 당선인 측, 검수완박 국민투표 제안

17:10   '검수완박법 논의' 국회 본회의 개의

17:30   尹 당선인 "바이든 대통령 방한 한미동맹 포괄적 강화 기회"

19:00   與野 국회서 검수완박 정면충돌 필리버스터 대치

21:20   오후9시 현재 5만 6,015명 확진 어제보다 1만 9,308명 감소

|"오늘은 춘추관장 티-타임 없습니다"|

27일 아침 김재준 춘추관장의 출입기자단 티타임은 없었다.

티타임은 그날 그날 문재인 대통령 공식 일정에 대한 소개 자리라는 점에서 '티타임 없음'은 청와대 시대 마감, 문재인 시대 종료를 예고하는 것이었다.

문재인 대통령은 이날 한-타지키스탄 수교 30주년을 맞아 '에모말리 라흐몬' 타지키스탄 대통령과 축하 서한을 교환했다.

문 대통령은 서한에서 '1992년 수교 이래 한국과 타지키스탄 공화국과의 관계가 정치, 경제, 문화, 인적교류 등 다양한 분야에서 꾸준히 발전을 이뤄 왔으며 특히 지난해 주타지키스탄 대한민국 대사관이 개설되어 양국협력 강화를 위한 기반이 마련된 것을 기쁘게 생각한다'고 했다.

문 대통령은 이어 '수교 30주년을 계기로 양국 간 실질협력이 보다 확대되고 양 국민 간 상호이해와 우의가 더욱 깊어지기를 기대한다'고 밝혔다.

라흐몬 대통령은 '수교이후 양국이 우호적이고 호혜적인 협력관계를 발전시켜 온 것을 기쁘게 생각한다'며 '새로운 동력창출 등을 통한 다양한 분야에서의 양국관계 확대를 위해 함께 노력해 나가기를 바란다'고 희망했다.

청와대 박경미 대변인은 서면 브리핑에서 "다수의 고려인 동포들이 거주하며 많은 발전 잠재력을 지니고 있는 중앙아시아 지역에 위치한 타지키스탄은 신북방정책 주요 협력 대상국 중 하나"라며 "이번 정상 간 축하서한 교환은 양국 수교 30주년의 의미를 되새기고 더 나은 미래를 향한 협력을 계속 증진하기 위한 공동의 의지를 확인하기 위해 이뤄졌다"고 평가했다.

| 김병준 "문재인 정부 자유민주주의 탈선" |

청와대 출입 지역신문 기자들은 이날 오전 10시 제20대 대통령직인 수위원회 지역균형발전특별위원회(위원장 김병준)가 서울 통의동 인수위 기자회견장에서 발표한 윤석열 정부의 지역균형발전 비전에 주목했다.

이어 오전 11시 서울 삼청동 인수위 회의실에서 김병준 위원장과 간담회를 갖고 한시간여 동안 윤석열 정부의 자치분권과 균형발전 등을 주제로 환담했다.

기자들은 지속 가능한 균형발전 정책, 역대 정부의 균형발전과 자치분권 정책의 계승, 대통령소속 자문위원회의 전문화 및 비정치화, 자치분권과 균형발전 추진체계의 유지 등을 제안했다.

김병준 위원장은 이 자리에서 윤석열 정부의 자유민주주의와 자유시장경제에 기초를 둔 균형과 자율을 소개하며, 시장 왜곡이 키운 배분의 왜곡현상을 국가가 개입해 개선하겠다고 했다.

그러면서 국가 주도의 분산위주 정책보다 인센티브와 세제 혜택 제공을 통한 기업 이전으로 양질의 일자리를 지역에 제공하겠다고 했다.

이 자리에는 김병준 위원장과 하영제(국회의원), 이인선(전 경북도 경제부지사) 지역균형발전특위 위원들이 참석했다.

이날 김병준 지역균형발전특별위원장의 발언은 윤석열 정부의 지역발전정책 구상의 밑그림이라는 점에서 언론의 주목을 받았다.

김병준 위원장은 간담회에 앞서 모두발언을 먼저 했다.

"내일부터 대전 세종을 시작으로 9일까지 지역을 돌려고 한다. 인수위원회가 마지막이 되니까 돈도 여기저기 다 쓰고 별로 없을 텐데 그래도 예산을 좀 달라고 요청을 했다. 별 무리 없이 나오지 않을까 생각하고 있다. 지역을 돌게 되는데 노파심에서 이야기 드립니다만 (6월 지방선거를 앞두고) 정치적 의도는 전혀 없다. 왜냐하면 다 시도에서 온 공무원들과 같이 (지역발전 구상을) 디자인 했고 여야 모두가 오는 자리다. 그렇기 때문에 정치적 의도와 전혀 관계없이 지역을 돌고 특히 이번에는 저희들이 지역 가는 이유가 지역주민을 만나봐야 얼마나 만나겠습니까. 결국 지역언론이 보도를 해주셔야 저희가 지역균형발전에 대해 신경을 쓰고 있다는 사실이라도 알릴 수 있다. 많은 협조를 부탁드린다. 감사합니다. 균형발전에 관한 것도 당연하고, 다른 질문도 해주시면 제가 아는 한에서는 대답을 드리겠습니다."

이어서 질의응답이 이어졌다.
첫 번째로 경남일보 이홍구 서울 취재본부장이 질문을 시작했다.

"우주항공청 관련 진주 사천에서 관심이 많은데 이 부분이 현재 어떻게 진행되고 있고 어떤 식으로 생각하고 계시는지. 동남권 메가시티 관련해서 서부 경남 진주 특히 이 부분에 대해선 메가시티 관련 부분들이 너무 부산울산경남 등 동남쪽으로만 치중되어 있는 것 아니냐. 이런 와중에 소외될 것이라는 우려도 많다."

김병준 위원장이 답했다.

"우주청의 구체적인 사안을 가지고 깊이 논의한다거나 그런 일은 저희가 없었습니다만 저희들 기조가 단순히 균형위의 기조가 아니라 당선인을 비롯해서 새로 출발할 정부의 기조가 어찌됐든 간에 당선인께서 후보 시절에 공약한 것은 최대한 지켜야 한다는 입장이다. 그래서 공약이 여러 종류가 있다. 문서로 7대 공약이다 뭐다 아예 공약집에 들어가거나 이런 것들이 있고 현장에서 당선인이 가셨을 때 소위 말해 애드립으로, 여기저기서 질문하니까 검토해보겠다 한 것들은 사실은 잘 검토가 되지 않은 상태에서 나간 것들이 있어서 흔들릴 가능성이 있습니다만 공약집에 있다거나 스피치를 하면서 들어간 것들은 사실상 검토를 상당히 거친 공약들이고 그것들은 더욱 지켜야 한다고 생각한다.

그런 차원에서 말씀드린다. 경남에서 따로 말씀드릴 일이 있겠습니다만 지금 현재로서는 당선인이 한 약속은 지켜 나가야 한다는 말씀드린다. 메가시티와 관련해선 이게 아무리 메가시티를 가지고 이렇게 저렇게 그려도 메가시티의 가장자리에 있는 지역은 아차 하면 혜택을 못 보거나 그렇게 된다. 그런 지역은 또 다른 차원에서 인근 지역과 협력체계들을 강구해 나간다든가 그런 노력들을 많이 하셔야될 것이다. 물론 기존의 메가시티에서 소외되지 않고 같은 이익을 보도록 노력해야 하지만 또다른, 단위를 달리하는 여러 협력체제를 갖추면서 협력기제를 강화해서 자기 지역의 특성과 장점을 살려가는 노력이 필요하다고 생각한다."

이어 중도일보 강제일 부장이 마이크를 잡았다.

"대통령 세종집무실 설치가 국정과제에 포함됐다. 구체적인 로드맵은 언제쯤 나올까."

김병준 위원장의 답변이 이어졌다.

"제2집무실 문제는 저희들만이 이야기해서 될 문제가 아니라 당선인 비서실이나 청와대 이전팀들과 같이 이야기를 해서 정리해야 될 문제인데, 세종TF 류제화 변호사께서 검토했으니 이야기를 해주시죠."

배석했던 류제화 변호사가 답을 했다.

"세종 TF 류제화 변호사입니다. 세종 제2집무실 설치는 일단 당선인의 중앙 공약이기도 하고 또 세종시 7대 공약 중에 하나입니다. 그런데 다만, 이제 세종 제2집무실 설치는 방금 위원장님께서 말씀하셨다시피 세종 TF 내에서만 이렇게 할 일이 아니고 당선인 비서실 그리고 인수위 내 다른 여러 가지 기관들과 협의하면서 진행해야 될 문제고, 또 공약 이행방안을 마련하기 위해서는 행정안전부라든가 행복청 등과 협의해서 해야 될 문제입니다. 그래서 인수위 기간 동안 행안부, 행정복합도시건설청 등과 협의를 해왔는데요. 간단하게 지금 저희 지역균형특위 차원에서 검토된 내용을 위주로 말씀을 드리겠습니다.

먼저 세종 제2집무실을 설치하기 위해서는 관련 법률인 행복도시법이 있습니다. 그 이름은 간략하게 행복도시법이라고, 우리가 부르는 게 있는데 그 법이 개정돼야 합니다. 현재 여야 모두에서 집무실 설치를 담은 행복도시법 개정안이 발의된 상태고 지난 4월 25일 국회 국토교통위원회에 그 법안이 상정된 상태입니다. 개정안이 만약에 국회에서 무난하게 처리가 되면 먼저 시기적으로 봤을 때 한 세 부분으로 나눠서 말씀을 드릴 수 있을 것 같아요. 저희가 검토하고 있는 건 먼저 정부 세종청사 1동에 이미 마련된 국무회의장과 직무 공간이 있습니다. 그 공간을 활용하는 방법을 먼저 생각해 볼 수 있습니다. 이 공간들은 국무회의를 개최하고 간단한 직무를 보는 용도로 즉시 활용 가능하다는 장점이 있는데 반면 일반 업무시설이기 때문에 협소하고 보안과 경호에 취약하다는 그런 한계도 있습니다. 어쨌든 가장 즉시 활용한다는 점에서 한번 고려해 볼 수 있다. 이렇게 말씀을 드리고요 중기적으로는 지금 건설 중인 정부세종 신청사 중앙동 공간을 활용하는 방법을 생각해 볼 수 있습니다. 이 경우에 현재 저희가 내부적으로 생각하기로는 2022년 올해 말부터 대통령 집무실로 사용이 가능할 수도 있겠다. 이제 그렇게 지금 관련 부처에서 얘기를 하고 있습니다. 그리고 장기적으로는 균형발전의 상징성을 감안해서 세종시 안에 별도의 집무실을 신규 건립하는 방법도 검토하고 있습니다. 이 경우에는 보안과 경호에 유리하고 넓은 부지 확보를 통해서 대통령의 다양한 일정수행을 뒷받침하는 시설들을 건립하기에 용이합니다. 독립청사를 건립하는데는 지금 현재 추산하기로 대략 4년 정도의 기간이 소요될 것으로 예상됩니다. 당선인은 세종시가 실질적인 행정수도로 완성될 수 있도록 하기 위해서 대통령 세종 제2집무실 설치 공약을 내걸었고 그 공약은 이행될 겁니다. 다만, 구체적인 이행방안은 일단 행복도시법 개정안이 국회를 통과하면 앞서 말씀드린 내용들을 토대로 관련 부처들과 더욱 긴밀히 협의해서 마련해 가도록 하겠습니다. 이상입니다."

유 변호사 답변에 이어 직사각형 형태로 구성된 테이블 중앙에 위치한 김병준 위원장의 맞은편에 있던 강원도민일보 남궁창성 서울본부장의 정책제안이 나왔다.

"이명박, 박근혜, 문재인 정부의 균형발전과 자치분권 정책을 지켜보고 기록했다. 지난 14~15년 동안 이를 통해 느낀 것 중 세가지 정도 말씀을 드리겠다.
그동안 균형발전정책은 5년마다 정권 색에 맞게 채색이 되다보니 정책의 지속성 등이 단절된 느낌이 들었다. 임기말 문재인 정부가 관심을 갖고 추진중인 초광역 협력도 MB정부에서 추진했던 5+2 광역경제권 사업과 유사한데 그동안 중단됐다 10여 년 만에 다시 추진되고 있다. 그런 점에서 윤석열 정부는 지역균형 발전정책을 장기적인 안목에서 끌고 가기를 바라고, 전 정부에서 했던 정책 중에서도 계승 발전시킬 것들은 이어 나가 주시기를 부탁드린다. 이 부분은 아마 윤석열 대통령 당선인도 말씀을 하셔서 걱정을 크게 하지 않지만 이번에 지역균형발전특위에 들어와 계신 학자분들 면면을 봤을 때 전 정부하고 차별화라는 측면에서 또 퇴보할 수 있는 그런 걱정이 있어서 말씀을 드린다.

또 하나는 지금 대통령 직속이나 소속 등의 자문위원회에 대한 구조조정이 논의되고 있는 걸로 알고 있다. 그러나 지역 관련 위원회는 잘 아시겠지만 자치분권위원회와 국가균형발전위원회가 있는데 두 위원회는 개별 특별법에 근거를 두고 운영되고 있다. 성격이라든지 법 제정의 취지나 목적이 다르기 때문에 저희들 입장에서는 자치분권이라는 시스템, 균형발전이라는 지역발전에 대한 정책이 유지될 수 있도록 위원회가 독립적으로 운영해 줬으면 하는 말씀을 드리겠습니다.

마지막 하나는, 제가 문재인 정부에서 느꼈던 국가균형발전위원회의 가장 큰 문제점 중 하나는 위원회의 정치화였습니다. 잘 아시겠지만 청와대에 못 들어가는 일부 스탭들이 대통령직속 국가균형발전위원회에 와서 그 명함으로 자기 정치에 활용한 측면이 굉장히 많았습니다. 그 부분은 최재형 감사원장이 일부 감사를 통해서 드러나기도 하고 관련해서 언론에서 보도된 바가 있습니다. 따라서 윤석열 정부에서는 지역균형 관련 위원회가 정치화되지 않도록 우리 위원장님을 비롯해서 대통령 당선인께서 각별히 관심을 갖고, 정치권에 있던 사람들이 그냥 자기 명함을 차지하기 위해서 움직이는 위원회가 아니고 전문가들이, 진짜 지역발전이라든지 균형발전을 위해서 일할 수 있는 그런 분위기를 유지해 주시기를 간절히 부탁드립니다."

이 발언을 긴장해 경청하고 있던 김병준 위원장이 마이크를 잡아 답변을 내놨다.

"좋은 말씀이고 또 좋은 제언으로 저희들이 받겠습니다. 사실 균형발전이라고 하는 것이 엄청난 일입니다. 엄청난 일이고 앞서 제가 잠깐 전 오전 10시에 통의동에서 말씀을 드렸습니다만 이것은 우리 국가의, 어떤 국토라는 그런 차원에서 새롭게 정의를 확립하고 공정을 확립하고 또 상식을 확립하는 중요한 일인데 이런 것이 정치화된다거나 그렇지 않으면 어떤 정치적인 이유에 의해서 단절되거나 또 지속되지 못하고 이런 것들은 참 불행한, 그러다 보니까 이렇게 됐는데 제가 첨가해서 이 이야기만 드리겠다.

균형발전을 논의하는 기구 자체가 이렇게 다른 방식, 이렇게 이야기를 드리죠. 왜 균형발전이 안 되느냐. 균형발전을 우리 사회에서의 소위 이제 균형발전을 향해서 가는 세력이나 어떤 힘이 있고, 그 다음에 수도권 집중을 향한 힘이 있는데, 이 힘의 균형이 안 맞는 겁니다. 힘의 균형이 안 맞는 게, 애초부터 힘의 균형이 맞을 수가 없는 게, 앞서도 제가 이야기를 드렸습니다마는 연방제 국가는 대체로 권력이 분산돼 있으니까 당연히 그 권력을 따라서 지역균형발전도 비교적 잘 되거든요. 그런데 단일형 국가에서는 특히 행정권이 강하면 강할수록 그 행정권이 소재한 지역을 중심으로 해가지고 집중현상이 나타나게 됩니다. 우리는 행정권이 강했던 만큼 또 집중현상이 일어났고 그 집중현상 속에서 다시 거대한 하나의 경제의 핵이 쫙 수도권에 들어서면서 이게 보다시피 이렇게 됐다는 거죠.

그런데 지방은 점점 이제 뺏기기만 하고 그러다가 지금은 어떻게 됐냐, 국회의원 숫자도 이제는 수도권 출신이 더 많아졌어요. 수도권을 대표하는 국회의원 숫자가 더 많아진 게 비례대표까지 합치면 훨씬 더 많죠. 공무원도 어떻게 되느냐 지방 출신, 옛날 우리만 하더라도 지방에서 살고 지방에서 대학까지 나오고 서울에 와서 공무원이 됐는데 지금 공무원들은 서울에서 태어나서 서울에서 공부하고 공직에 들어와 간부가 되는 사람들의 숫자가 점점 더 많아졌습니다. 이들은 지방을 잘 모릅니다.

언론도 소위 메이저 언론들이, 중앙언론들이 이게 중앙 정치권이나 중앙 행정권의 권력이 크다 보니까, 그것을 주로 다루는 중앙언론들이 힘이 더 크고 지방언론은 굉장히 약화돼 있는 상황입니다.

그러니까 전체적으로 봐서 지방의 힘이 약하거든, 힘을 어떻게 재편하느냐. 그래서 아까 제가 말씀드린 게 그 힘을 재편하는 가장 좋은 방법이 뭔가 하면은 지금 현재로서는 대통령이 의지를 가지는 수밖에 없어요.

우리 국회 구성을 바꿀 수도, 갑자기 언론사의 힘을 갖다 바꿀 수도 없고, 대통령의 의지를 갖고 기존의 세력들과 좀 이렇게 맞서주는 이런 형태가 돼야지만 된다. 이렇게 생각을 하고 있는데 그런 점에서 여러 가지 고민을 많이 하고 있습니다.

여러 가지 고민을 많이 하고 있고 당선인도 각오를 다지고 있고 그런 상황이라는 것만 제가 이야기를 드리고 여기 주신 말씀들은, 다 좋은 제언으로 저희들이 깊이 생각하겠습니다.”

이어 중부매일 김홍민 부장의 질문이 이어졌다.

“공공기관 지방이전, 최근에 윤 당선인께서 산업은행 부산이전을 언급했지만 그 외에 크게 파급효과를 누릴수 있는 공공기관이 남아있지 않다는 말도 있고, 이전한다 해도 지역에서 서로 차지하려는 싸움이 대단할텐데 그런 것들에 대한 정리 계획이 있으신지 궁금하고, 충북에선 충청권 광역 철도망의 도심 통과가 관심사다."

김병준 위원장이 다시 마이크를 잡아 답변을 했다.

"개별 프로젝트에 대해 하나하나를 두고 저희가 검토할 시간은 없었다. 다만 공약을 지키기로 하고 그 세부적인 실행 계획은 해당 부처가 중심이 돼서 짤 겁니다. 그래서 아까 공약은 일단 지킨다라는 입장이고, 공공기관 이전은 정말 쉽지 않은 과제다. 제가 참여정부때 일을 했고 청와대에서 모니터링 하고 지휘도 하고 전 과정에 다 관여를 했습니다만 정말 쉽지 않고, 다 가기로 했다가 한쪽이 허물어지면 다 영향을 주는 이런 구조가 되겠다. 옮기고 난 뒤는 더 중요하다. 산업은행을 예를 들어서 부산으로 옮겨놨는데 문제는 본사만 갖다 옮겨놨지, 말하자면 서울에 사업이 있다고 해가지고 계속 서울에 있어, 이 서울 사무소가 더 큰 이런 일들도 일어날 수가 있거든요. 과연 지역에 옮기는 효과가 과연 나타나느냐, 우리 뜻대로 가서 거기서 혁신도시가 잘 활발하게 이뤄져서 그러냐? 그렇지가 않거든요. 그래서 사실 굉장히 힘들게 옮겼는데 우리가 생각했던 만큼 안 나오는 그런 경우가 있다. 이번에 저희들이 공공기관과 기업이 지방으로 이전해 나가도록 촉구하거나 이런 시너지 효과가 나오지 않을까 하는. 이것 굉장히 어려운 문제이기 때문에 시간도 걸리고 개별기관을 어디로 옮기고 이런 것까지는 저희가 고민하지 않았다고 말씀드린다."

다시 기자들의 질문이 이어졌다.

"각 광역자치단체 7대 공약, 15대 과제를 발표하셨는데 이 발표가 5월 2일 국정과제에 대부분 들어가는건지, 채택이 됐다고 보면되는 것인지."

김병준 위원장이 다시 답변했다.

"국정과제는 사실은 지역공약들이 하나하나 들어가기가 굉장히 힘든 구조입니다. 국정과제라는 게 숫자가 제한이 돼 있기 때문에 그러니까 큰 틀에 그 이야기가 들어가고 그 속에서 중요한 사업들 몇 개가 들어갈 수 있지만 지역공약들이 전부다 시도마다 담긴다하면 그거 자체가 수백 개인데, 그렇게 들어가기는 상당히 힘이 든다. 그러나 우리가 분명히 해야할 것은 국정과제 속에 들어가 있으면 되고 안들어가 있으면 안되느냐? 그렇지 않다. 국정과제 속에 들어가도 사실상 지켜지지 않는 것들이 많을 수 있고 그렇지 않더라도 그 이상의 무게를 가지고 다뤄지는 것들이 있을 것이다. 특히 지금 뭐를 좀 믿어주셨으면 좋겠는가 하면, 지금 새 대통령이 한 약속, 그냥 약속이 아니라 지역균형발전과 지방화라고 하는 것을 국가의 가장 중요한 목표로 삼겠다는, 윤석열 정부의 정체성이 있다면 그것은 지방화시대를 새롭게 여는 정부고, 균형발전에 있어 큰 변화를 일으키는 그런 정부로 기억되고 싶다고 당선인이 의지를 표명하고 있으니 그것과 연관해서 그 지역공약들이 지켜질 것인가, 지켜지지 않을 것인가 그걸 봐주시면 될 거라고 생각합니다. 그렇게 말씀하시는 그 자체가 이미 그 지역공약들이 국정과제 이상의 의미를 가지는 것이다. 이렇게 보시면 되지 않을까."

다시 기자들의 질문이 이어졌다.

"대형 국책사업에 개별 프로젝트가 일일이 들어가지는 않는다고 이해하고 있는데 실천과제로 대구경북 신공항, 제주2공항 등 언급이 된 곳도 있고, 가덕도 신공항은, 부산엑스포 같은 경우는 다른 루트로 국정과제화되는 것인지, 그것은 국정과제화 자체가 대통령의 공약사항이 었는데."

김병준 위원장의 답변이다.

"국정과제다, 아니다. 이것보다도 가덕도 신공항 같은 데는 이미 다 합의가 이뤄진 거니까요. 저희들이 굳이 다시 그걸 담을 필요가 없을 것 같아요. 지금 이제 그런 단계로 가고 있는 대구공항이라든가, 이런 문제는 저희들 TF를 만들어서 다뤘던 것들입니다. 세종시 문제나 그다음에 새만금 등은 TF에서 논의해서 이것은 특별히 좀 다룰 이유가 있다해서 다뤘기 때문에 거기 넣어놓은 것들입니다. 가덕도는 저희가 다룰 의미가 없는 것으로 결론이 났고 2030부산엑스포 그건 제가 지금, 그 사안에 대해서는 제가 잘 인지를 못하고 있습니다. 한번 챙겨보겠습니다."

한라일보 부미현 차장이 질문을 했다.

"오늘 국정과제 발표자료에 특별자치 시도의 법적 행정적 위상 제고 부분에 제주 강원 세종이 담겨있다. 개헌이나 이런 걸 통해서 헌법적 지위를 확보하는 것을 검토중이신지, 특위 내 제주특위가 운영중인데 지속적으로 운영계획이 있으신지."

김병준 위원장이 답변했다.

"헌법적 지위까지는 저희들이 이야기할 것이 아니라 생각한다. 법률로 충분히 보장할 수 있는데 이제 이 과제를 특별히 위상을 제대로, 자치 시도로서의 위상을 강행하겠다는 게 뭔가 하면은, 그나마 제주도는 특별자치도를 만들 때 상당히 많은 권한과 특별한 권한을 크게 부여했다. 사실은 그보다 더 큰 권한과 자치권을 부여해야 했는데 가다가 멈췄다. 제주도 뿐만 아니라 세종시와 같은 경우는 이름만 자치시라고, 특별자치시라고 해놓고 특별자치시의 모습이 전혀 없습니다. 말하자면 특별한 권한이 부여되지 않았다. 저는 왜, 도대체 특별자치시라는 '특별'이라는 이름을 왜 붙였는지 이해를 할 수 없을 정도로 뭐가 없습니다.

그리고 참 희한한 게, 이거는 제가 이야기해야 될 일인지 아닌지 모르겠습니다마는 소위 말하는 특별자치시 출신의 국회의원이, 여권의 가장 상징적 인물이, 국회의원도 하고, 당 대표도 하고 다 하고 그랬는데도 그 특별자치시에 그 위상에 맞는 권한을 전혀 확보하지 못했어요. 제주도만큼도 확보를 못했습니다. 어림도 없습니다.

그럼 특별자치시를 왜 만들었느냐? 그래서 이제 저희들이 이야기드리는 거는 특별 자치시와 도라고 했으면, 그 특별법에 의해서든 어떤 법률에 의해서든 거기에 상응하는 기능을 부여하는 것이 중요하지, 그 이름 하나 붙였으면 무슨 소용이 있겠느냐? 그리고 이름 붙였으면 제대로 그 위상을 확보하게 해 줘야 된다. 그리고 위상을 확보하게 해 주자는 뜻이 거기 들어 있습니다.

제가 헌법을 개정해서 헌법 속에 그런 것까지 보장할 것은 아니라고 생각을 합니다. 하면 더 좋겠지만 거기까지 안 가도 우리가 법률로서 충분히 가능하다 그렇게 생각합니다."

다른 기자들의 질문이 이어졌다. 오전 11시부터 시작된 간담회는 당초 예정시간인 오후 12시를 향해 가고 있었다.

"새 정부 출범후 대통령직인수위원회 산하 지역균형발전특위는 어떤 조직으로 바뀌는지 궁금합니다. 현재 대통령소속 자치분권위원회나 대통령직속 국가균형발전위원회 등과 업무가 겹칠 수 있는데 어떤 관계로 일을 추진해 나가실지 궁금하다."

김병준 위원장의 답변이다.

"저보고 마음대로 하라고 하면 자치분권위원회와 국가균형발전위원회를 좀 더 위상이 높은 행정위원회라든가 이런 걸로 해서 제 기능을 할 수 있도록 하는 것이 굉장히 중요하다고 보는데, 이게 정부조직법, 아까 말씀드린 것처럼 정부조직법을 건드려야 되는 이야기입니다. 그런데 그 정부조직법은 지금 쉽지가 않습니다. 지금 현행 구조 속에서, 그래서 할 수 없이 지금의 체제를 유지할 수밖에 없는데 그렇다면 현재 인수위에 있는 지역균형발전특위는 도대체 어떻게 되는 것이냐. 왜냐하면 지금 아시다시피 국가균형발전위원회라는 것이 법률 조직으로 이미 존재하고 있습니다.

거기에는 장관 13명, 국토교통부와 행정안전부 장관 그 다음에 교육부 장관, 기획재정부 장관 등을 포함한 장관 13명이 위원으로 있다. 또 시도지사협의회장, 시도의회의장협의회장 등 당연직이 15명이 있고 민간위원이 또 10여 명이 있고, 지금 아마 35명이나 34명으로 구성이 돼 있는데 그렇게 돼 있을 겁니다.

그러면 이 위원회는 어떻게 되고 그다음에 또 인수위의 지역균형발전특위는 어떻게 되느냐가 중요한 문제입니다. 일단 특위는 인수위 기구입니다. 그러니까 인수위 기간에만 존재하는, 특별위원회는 인수위

기간 내에는 법적으로는 그렇습니다. 법적으로 인수위 기간 내에만 존재하는 것이다. 그래서 인수위 기간이 끝나면 특위는 당연히 생명은 끝이 나게 됩니다.

그러면 연장을 하려면 어떻게 되느냐. 그다음에는 지금 국가균형발전위원회가 자문기구로 있기 때문에 그 위원회와 연계해서 존재를 해야 되거든. 그러면 어떻게 돼야 되느냐. 그 위원회를 더 키우던가 키워서 지금 현재 특위위원들이 들어가거나 아니면 특위위원 중 일부가 들어가거나 아니면 기존 국가균형발전위원들이 그만두게 되면 우리 특위위원들이 그 위원회에 들어가거나 이런 절차를 밟게 되겠죠.

저는 현재 국가균형발전위원들이, 솔직히 말씀드리면 문재인 정부에서 임명이 됐는데 누가 임명했다는 게 중요한 게 아니고, 지금은 다른 철학과 다른 원칙에 의한 균형발전이 추진되기 시작했다라고 말씀드릴 수 있습니다. 아까 말씀드린 것처럼 최소한 문재인 정부의 국가균형발전위원회는 대통령의 의지가 저는 약했다고 봅니다. 솔직히 대통령의 의지가 약했다고 보거든요. 그 약했다는 게 어디에 있는가 하면은 균형발전위원회 회의를 직접 주재한 적이 거의 없습니다. 그 약한 만큼 위원회의 위상도 낮았고 그다음에 그 철학도, 오늘 제가 말씀드렸습니다마는 윤석열 정부의 균형발전 정책의 원칙은 자유민주주의와 자유시장경제를 존중하면서, 그 틀 위에서 균형발전을 이뤄내겠다는 분명한 원칙과 철학을 가지고 있습니다.

그런데 현재 문재인 정부의 국가균형발전위원회는 그런 철학과 원칙에 입각해 있는지, 저는 별로 따져보지 않았습니다마는 아닐 것 같습니다. 원래 자유민주주의나 자유시장경제를 철학으로 하는 그런 정부가 아니었지 않습니까. 그렇다면 새로운 정부의 균형발전 정책이 지금 시작되는 시점이면 그 균형발전위원회 구성 멤버는 좀 변화가 있어야 되지 않을까 이런 생각을 합니다.

그것이 추가로 더 임명을 하든, 그렇지 않으면 개선을, 아니면 그분들이 역할을 줄이든, 어찌 되든 간에 변화가 있어야 되지 않을까. 그런 변화를 통해 가지고 윤석열 정부의 균형발전 정책을 떠받칠 수 있는 분들이 새로운 위원회 내지는 새로운 기구들을 좀 주도해 나가야 되는 것 아닌가 이런 생각을 합니다.

왜냐. 아까 제가 말씀드린 것처럼 철학과 원칙이 달라졌고 대통령의 의지가 달라졌기 때문에 이것은 다른 성격의 기구가 돼야된다고 생각을 하고 있습니다."

이에 대해 전북일보 김준호 국장의 반론이 나왔다.

"새 정부의 국정철학이 자유시장 경제원리를 기본 바탕으로 한다는데 균형발전과 상충되는 것으로 보인다. 충돌할 수 있는 것으로 이해가 되는데 시장경제체제로 가면 균형발전은 국가가 주도적으로 낙후지역에 대한 배분인데, 지역에서 자율적으로 자생력을 길러야 한다는 부분들이 강한 것 같다."

김병준 위원장의 재반론이 이어졌다. 균형발전 등을 놓고 기본 철학에 대한 논쟁이 펼쳐진 것이다.

"제가 좀, 이게 시간이 많지 않아서 많지 않지만, 굉장히 중요한 문제이기 때문에 제가 꼭 말씀을 좀 드려야 되겠습니다. 왜냐하면 인수위 쪽에서 이런 설명들이 좀 잘 나와줘야 되는데 여태까지 다른 일들이 바빠서 그런지 잘 안 나온 같아요. 그래서 제가 좀 설명을 드리는 게 맞는 것 같고요. 그 틀 속에서 균형발전 이야기를 좀 하는 게 좋을 것 같아서 몇 분간 잠시만 이야기를 드리겠습니다.

윤석열 정부는 자유민주주의와 자유시장경제를 추구합니다. 그런데 앞서 말씀드린 것처럼 자유시장경제와 자유민주주의를 추구한다고 해서 그것이 모든 문제를 해결하는 거 아니거든요. 틀림없이 국가가 관여해야 할 영역이 있습니다. 그 국가가 관여해야 할 영역이, 방금 말씀하신 것처럼 어느 부분인가, 분배와 배분에 관한, 형평을 맞추고 형평성을 맞춘다든가 그다음에 분배적 일을 실현한다든가, 그리고 그러한 형평과 분배적인 일을 실현하기 위해서 배분을 한다든가, 이 부분은 바로 국가의 영역입니다. 국가의 영역인데 분배 정의를 그래서 국가가 어떤 식으로 어디에 관여를 하는가 하면 분배나 형평에 대해서 관여를 하는데 여기에는 1차 분배가 있고 2차 분배가 있습니다.

2차 분배부터 먼저 말씀드리면 2차 분배는 세금을 걷어서 나눠주는 게 2차 분배입니다. 1차 분배는 시장을 통한 분배입니다. 우리가 어떤 사람한테는 월급을 많이 주고, 어떤 사람에게는 월급을 적게 주고, 어떤 사람은 물건을 비싸게 팔고 어떤 사람은 싸게 팔고, 어떤 물건은 비싸게 팔리고 어떤 물건은 작게 팔려서 이문이 적은, 이것이 1차 분배입니다. 근데 중요한 것은 우리의 경우에는 1차 분배 구조가 왜곡이 굉장히 심합니다. 2차 분배 이전에 1차 분배의 왜곡이 굉장히 심해가지고 1차 분배 구조에서 왜곡이 발생하고 소득격차가 발생하고 이렇게 발생하는데 가장 중요한 1차 분배의 모순 중 하나가 뭔가 하면 지역 불균형입니다. 지역 불균형, 지역 불균형에 윤석열 정부는 여기에 개입을 한다는 겁니다. 자유시장 경제라서 그냥 두는 게 아니라 국가가 개입을 하겠다는 것. 개입하는 방식이 어떤가 하면 그 개입을 해서 국가가 모든 걸 걷어서 나눠주고 하는 이게 아니라, 국가가 개입을 어느 정도로 해 주는가 하면 그 속에서 자유시장경제가 오히려, 그 안에서 이뤄지도록 하겠다는 겁니다.

예를 들어서 기업을 이전하도록, 기업 보고 강제로 내려가게 하는 것이 아니라 기업이 올 수밖에 없게끔 시장 인센티브를 사용하겠다는 겁니다. 규제완화를 해주고 세제혜택을 해주고 그다음에 지방자치단체가 인력양성을 위해서 열심히 뛰도록 해주고 이렇게 함으로써 시장이 그쪽으로 움직이도록, 기업이 그쪽으로 움직이도록 하지 공공기관 이전하듯이 일방적으로 국가권력을 동원해 '당신 내려가!' 이렇게는 안 하겠다는 이야기입니다.

그래서 자유시장의 논리와 그다음에 자유민주주의 논리는 왜 어디서 나오는가 하면 지방정부의 권한을 더 키워주겠다. 분권과 자율이라는 게 곧 자유민주주의의 정신입니다. 그래서 지방자치단체가 열심히 하도록 하려니까 지방자치단체의 기획 역량이 굉장히 떨어집니다 어떨때는 말하자면 기획하고 하는데 어떨 때는 사람도 부족하고 그러지 않습니까. 좋은 사람 찾으려니까. 좀 서울에 있고 이러면 아주 극단적으로 이야기하면 인사권을 갖다 주고, 그다음에 재정권도 주는 경우에 굉장히 열악한 군이지만 강원도 홍천군이든, 강원도 횡성군이든 이런 데서도 뭘 할 수 있는가 하면은 월급을 많이 주고 글로벌 인재를 부시장이나 기획관리실장으로 데려와서 기획을 하게 할 수도 있다는, 이렇게 하면서 이런 것이 다 분권과 자율이라는 철학인데 이 분권과 자율의 철학이야말로 또 한편으로는 자유민주주의의 철학이거든요.

그래서 제가 말씀드린 것은 국가가 개입을 하는데, 개입을 해서 처음부터 끝까지 하는 것이 아니라 개입을 하되 그 안에서 시장기제 위에서 자유민주주의 기제 위에서 작동하도록 하겠다. 이런 뜻입니다."

김준호 국장의 질문이 다시 이어졌다.

"첫 번째 이야기는 시장 기조에 따라서 국가가 개입한다는 거, 쉽게 시장 인센티브하고 세제혜택 부분에서 기업들이 지역으로 이전해 가

도록 유도하겠다는 정책인데 이전 정부에서도 계속 해왔던 정책인
데?"

김병준 위원장의 단호한 답변이다.

"여태까지 한 적이 없습니다. 한 적이 없습니다. 예를 들어서 양도세
부분은 오늘 아침에 집중적으로 이야기를 드렸는데 양도세를 갖다가
완화시켜준 적이 없습니다. 그다음에 법인세와, 그다음에 가업 승계를
비롯한 상속세와 관련해서 이때까지 정부가 한 적이 없습니다. 우선
양도세 부문에서는 한 적이 없고요 그다음에 법인세도 건드린 적이 없
습니다.
　저도 아주 미미하게 건드려 기업을 움직이게 할 만큼의 인센티브를
주겠다는 겁니다. 그래서 전례 없는, 전례가 없습니다. 전례가 있다고
해 봐야 미미한 정도의 취득세라든가 이런 거고 그다음에 양도세 유예
라든가 이런 정도지 직접적으로 아까 말씀드린 것처럼 양도세만 하더
라도 그 양도세를 하면 상속세를 이어갈 수 있겠죠. 그래서 이번에 우
리가 디자인한 제도는, 이것은 전례 없는 것이라고."

다음으로 경기와 인천 등 수도권 지역에 주소를 두고 있는 지역 일
간지 기자의 질문도 이어졌다.

"수도권과 지역이 상충하는데 대안은."

김병준 위원장의 답변이다.

"수도권은 기본적으로 질(質) 중심으로 가요. 질 중심으로 간다는 것

은 그만큼 이제 정말 좀 환경도 더 살리고, 이런 것을 포함해서 질 중심으로 좀 가고요. 글로벌 시티로, 우리가 지금 질이라는 측면에서는 서울이라는 게 사람도 많고, 자본도 많이 몰려 있고 합니다마는 삶의 질이라는 측면에서는 사실 다른 나라에 비해서 그렇게 높지 않거든요. 그래서 그런 질 중심으로 가고.

지방은 지금 너무나 많은 기업이라든가 이런 게 수도권에 몰려 있다. 몰려 있다 보니까 양(量) 자체가 지금 지방에서는 절대적으로 부족한 그런 상황입니다. 그래서 지방은 우선 기업들을 비롯한 유치를 하고, 이런 일들이 잘 일어날 수 있도록 하고, 서울은 좀 더 질 중심. 그런 도시로 성장해 나가야 되지 않을까 생각합니다."

1시간 동안 이어진 간담회의 마무리 발언으로 김병준 위원장이 다시 마이크를 잡았다.

"감사합니다. 지역공약에 관해서는 지역을 돌면서 다시 이야기 드리고 내일 대전세종에서 저희들이 중요한 안을 하나 발표할 예정이다. 한번에 다 내놓기가 좀 복잡할 것 같아서 오늘은 이야기를 드리고, 내일은 또다른 안. 아주 중요한 안을 특히 지역발전 관련 중요한 안을 말씀드리겠다. 고맙습니다."

이날 김병준 위원장의 지역균형발전정책에 대한 발언과 구상은 학자적 논리와 청와대 정책실장 등으로 일하며 쌓은 경륜이 묻어났다.

자유민주주의와 자유시장경제에 대한 철학적 지향, 혁신도시 조성과 공공기관 이전 과정의 현실적 어려움, 그리고 차기 윤석열 정부의 지역균형발전특별위원회와 문재인 정부의 국가균형발전위원회의 병립에 따른 이해 상충과 향후 균형발전위 존치에 대한 고민 등이 주목을 받았다.

┃ 청와대 탁현민의 '忠犬' 발언 ┃

대선 패배직후 청와대 박경미 대변인은 공식 언론 브리핑에서 울음을 터트렸다.

대선 패배에 대한 청와대의 충격과 크나 큰 아픔을 대내외에 드러낸 장면이었다.

전후 사정은 이랬다.

박경미 대변인은 대선 다음 날인 3월 10일 오전 춘추관 브리핑에서 문재인 대통령과 윤석열 대통령 당선인의 전화통화 내용을 전했다.

이어 문 대통령이 '국민들에게 드리는 말씀'을 전하다 갑자기 흐느끼며 브리핑이 5분여 중단된 것이다.

문 대통령은 이날 '국민들에게 드리는 말씀'에서 "당선되신 분과 그 지지자들께 축하 인사를 드리고 낙선하신 분과 그 지지자들께 위로의 마음을 전한다. 코로나 상황 속에서 투표에 많이 참여하고 선거가 무사히 치러질 수 있도록 협조해 주신 국민들께 감사드린다. 선거과정이 치열했고 결과 차이도 근소했지만 이제는 갈등을 극복하고 국민통합을 이루는 게 중요하다. 우리 정부는 국정 공백 없이 마지막까지 국정에 전념하며 차기 정부가 잘 출범할 수 있도록 지원하겠다"고 밝혔다.

박 대변인은 이날 문 대통령 메시지 전달 중 "낙선하신 분과 그 지지자들께⋯."하는 부분에서 울컥하고 목이 잠기며 울음을 터트렸다.

청와대는 그뒤 문재인 대통령과 윤석열 당선인의 만찬 회동을 소화하고 윤 당선인의 집무실 이전 예산을 국무회의에서 처리하는 등 대선 패배의 상처를 대외적으로 표출하는 것을 극도로 삼갔다.

하지만 깊은 상처와 억눌린 불만은 표정 관리를 아무리 잘해도 언젠가, 어떤 식으로든 의연중 툭! 툭! 불거지기 마련이다.

청와대 탁현민 의전비서관은 4월 27일 "퇴임 후에는 (정치권 등에서) 문재인 대통령을 걸고 넘어지지 않았으면 좋겠다. 걸고 넘어지면 물어버릴 것"이라고 했다.

문 대통령의 그림자이자 복심이라고 할 수 있는 사람의 입에서 나왔다는 점에서 충격적이었다.

동시에 대선 패배의 아픔과 상처가 얼마나 깊고, 퇴임후 문 대통령 내외의 안위에 대해 청와대가 얼마나 안절부절 못하고 있는지를 잘 보여주는 장면이었다.

탁 비서관은 이날 YTN라디오 '뉴스킹 박지훈입니다'에 출연해 "문 대통령은 퇴임하신 후에는 잊혀지려고 엄청나게 노력을 하실 것"이라며 "정말 행복하게 남은 삶을 사셨으면 좋겠다"면서 이같이 밝혔다.

그는 문 대통령 임기 마지막 날인 5월 9일 청와대 출신 더불어민주당 의원들이 청와대 앞에서 환송 모임을 하자고 제안한 것에 대해 "문 대통령이 저녁 6시에 퇴근하실 테니 만약 그런 자리가 만들어지면 대통령이 거기서 감사하다는 말씀 정도는 하실 수도 있다"고 했다.

탁 비서관은 이날 탄핵당한 정당이 5년만에 '촛불혁명정부'를 무너트리고 정권을 환수해 간 것에 대해 불편한 심기를 보였다.

그는 전날 jtbc에서 방송된 문 대통령과 손석희 전 앵커의 대담 프로그램을 두고 국민의힘 측에서 '내로남불'이라는 비판이 나오는 것에 대해서는 "내로남불(의 행태는) 그쪽에서 이미 가져간 걸로 안다"고 했다.

탁 비서관은 "요즘은 이준석의 이중잣대, '이준잣대'라는 말이 많더라. 그 표현이 (내로남불 표현보다) 더 와닿는다"며 "(국민의힘도) 표현을 더 많이 개발해야 하지 않을까"라고 했다.

'광화문 대통령 시대'를 슬그머니 철회했던 문재인 청와대의 일원인 그는 윤석열 당선인의 대통령 집무실 용산 이전에 대해서도 비판했다.

그는 "(문재인 정부도) 여민관과 일하는 사무실을 제외하고는 다 개방하지 않았나. 뭘 더 개방할 수 있느냐는 생각이 든다"며 "본관이나 상춘재 안까지 다 열어놓고 사람들이 들어오게 한다면 관리가 될까 하는 의문도 든다"고 했다

또 현재의 청와대 관람은 신청을 한 인원들에 대해 해설사가 청와대 경내를 함께 다니며 설명을 해주는 방식이라고 소개하며 "(새 정부는) 그렇게 하지 않고 막 들어가게 하겠다는 것인지, 그게 좋은 것인지 두고 봐야 한다"고 했다.

탁 비서관은 이어 "이쪽(청와대 건물)으로 새 정부 사람들이 안 들어오기 때문에 인수인계할 게 거의 없다. 실무자로서는 비극적인 일"이라며 "새 정부가 문재인 정부에게 크게 인수인계를 받으려 하지 않는 것 같다. 여러 면에서 짐 싸기가 한결 수월하다"고도 했다.

윤 당선인이 tvN '유 퀴즈 온 더 블록'에 출연한 것에 대해서는 "문 대통령이 손 전 앵커와 일대일 대담을 하는 즈음에 윤 당선인은 유재석 씨와 예능 프로그램에 나갔는데 상당히 공교롭다. 우연의 일치인데 두 사람의 차이를 드러내는 것 아닌가"라고 했다.

청와대가 과거 CJ ENM 측에 문 대통령의 '유 퀴즈 온 더 블록' 출연을 타진했다 거부당한 일이 알려져 논란이 된 것과 관련 "대통령뿐 아니라 청와대 이발사, 구두 수선하는 분 등의 모습을 보여주려 한 것"이라며 "제작진이 어렵다는 뜻을 밝혔고, 군이 강권할 일이 아니라는 생각을 했다"고 전했다. 그러면서 "(논란후 CJ에서) 연락이 한번 왔지만 저는 얘기하고 싶지 않다"며 "그쪽에서 아무 얘기 못 할 거라고 생각한다"고 했다.

문재인 대통령은 앞서 대선 직후인 3월 18일 정권 교체기 청와대 참

모들의 입조심을 당부했다.

문 대통령은 이날 청와대 박경미 대변인이 전한 대통령 지시사항을 통해 "당선인 측의 공약이나 국정운영 방향에 대해 개별적인 의사 표현은 하지 말 것"을 엄중하게 지시했다.

이같은 지시가 나온 배경에는 박수현 국민소통수석과 탁현민 의전비서관이 언론과 SNS를 통해 윤 당선인의 대통령 집무실 이전 공약에 대해 비판적인 입장을 연이어 밝히자 이를 직접 겨냥한 것이라는 해석이 나왔다.

국민소통수석은 대통령이나 청와대 입장을 대외적으로 대표해왔다는 점에서 그의 발언 등이 윤 당선인 측에 청와대나 문 대통령의 입장으로 와전될 수 있기 때문이다.

탁 비서관은 문 대통령의 복심이자 집권 5년 내내 동행해온 정치적 동반자라는 점에서 새 정부에 잘못된 신호로 인식될 수 있는 점을 감안한 것으로 분석됐다.

유영민 비서실장도 앞서 3월 17일 청와대 직원들에게 입단속을 주문했다.

유 실장은 이날 "당선인 측의 공약이나 정책, 국정운영 방향에 대하여 SNS 또는 언론에 개인적인 의견을 올리거나 언급하지 않도록 주의해 주시기 바란다"고 했다.

문 대통령과 유 실장이 이틀에 걸쳐 참모진의 입단속을 강조한 것은 정치적으로 아주 민감한 정권 교체기에 일부 참모들의 사적인 입장 표명이 정치권에서 거론되는 여권 일각의 대선 불복이나 정부 이양에 대한 비협조로 해석되는 점을 경계한 것이라는 관측이 나왔다.

청와대 고위 관계자는 문 대통령의 입조심 지시가 탁 비서관과 관련이 있느냐는 질문에 "그런 것으로 생각된다"고 밝혔다. 또 문 대통령의 질책으로 봐도 되는 것이냐는 물음에 "말씀하신 것 그대로 이해하시면 되겠다"고 했다.

하지만 탁현민 비서관이 이날 "물어 버리겠다"는 발언을 한 것이다.

| 巨與 '검수완박' 폭주 |

윤석열 정부 출범을 앞두고 더불어민주당이 강행한 검찰 수사권 완전 박탈을 둘러싼 여야 대립이 정점을 향해 치달았다.

국민의힘은 27일 오후 '검수완박'(검찰 수사권 완전 박탈) 법안이 전날 국회 법제사법위원회 안건조정위원회를 통과한 것과 관련, 효력정지 및 본회의 부의 금지 가처분 신청을 냈다.

국민의힘은 언론 공지를 통해 "오늘 오전 0시 10분에 국회 법사위원장(민주당 박광온 의원)이 (법사위) 전체회의에서 가결 선포한 검찰청법 일부개정안(대안), 형사소송법 일부개정안(대안)에 대해 법사위원인 유상범 전주혜 의원이 국회의장, 법사위원장을 피신청인으로 해 헌재에 효력정지 및 본회의 부의 금지 가처분 신청서를 제출했다"고 밝혔다.

국회 법사위는 전날 밤 안건조정위에서 이른바 '검수완박' 법안인 검찰 수사·기소 분리법안(검찰청법·형사소송법 개정안)을 과반 찬성으로 의결한 데 이어 이날 새벽 전체회의에서 민주당 의원들의 단독 기립표결로 법안을 통과시켰다.

박광온 법사위원장의 결정으로 안건조정위에는 민주당 김진표, 김남국, 이수진, 국민의힘 유상범, 전주혜, 무소속 민형배 의원 등 총 6명이 이름을 올렸다.

이 가운데 민 의원은 최근 검수완박 안건조정위 참여를 염두에 두고 민주당을 탈당해 무소속이 됐다. 사실상 '위장탈당'이라는 비판이 정치권 안팎에서 제기됐다.

국민의힘은 이날 효력정지 가처분 신청 사유로 2가지를 제시했다.

우선 무소속 민형배 의원의 안건조정위원 선임이 무효라고 밝혔다.

국민의힘은 "민 의원은 제1교섭단체인 민주당 의원으로서 검찰청법과 형사소송법 개정안을 대표 발의한 바 있고, 위 두 법안은 어제 안건조정회의 안건에 포함됐다"며 "따라서 민 의원이 위장탈당한 뒤 야당 몫 3명 중 1명으로 선임된 것은 안건조정위 취지를 정면으로 위배한 것으로 무효"라고 밝혔다.

또 "안건조정위에서 국민의힘이 제출한 '안건조정위원장 선출 건에 대한 안건조정 회부 신청'을 무시하고 일방적으로 절차를 진행해 중대한 절차 위법으로 무효"라고 했다.

국민의힘은 "이에 안건조정위원인 유상범, 전주혜 의원은 국회법상 심의, 표결권을 명백히 침해받았고, 이들 법률안이 국회 본회의에 부의되면 신청인들의 권한 침해를 회복할 수 없게 돼 가처분 신청을 했다"며 "헌재의 조속한 결정을 기대한다"고 했다.

전 의원은 특히 이날 국회 본회의장 앞에서 기자들과 만나 "어제 (법사위 안건조정위에서) 심의한 안건은 민 의원이 민주당 의원으로서 발의했던 법안들 2건을 심사한 것인데, 본인이 또 야당으로 들어온 것으로 안건조정위 취지를 정면 위배한 것"이라며 "이 부분이 위법이라 무효라는 헌재 출신 변호사의 자문을 받았다"고 했다.

국민의힘 소속 법사위원들은 "현재 본회의에 상정된 '검수완박' 법안이 절차상 오류이자 국회법 위반에 해당한다"고 했다.

유 의원은 별도로 보도자료를 내고 "국민의힘과 민주당이 26일 밤 법사위 법안심사1소위 회의 직후 검찰청법, 형사소송법 개정안에 대해 여야 간 조문 수정을 합의했고 실제 27일 새벽 개최된 법사위 전체회의에서 여야 간 합의된 조문을 표결에 부쳤다"면서 "하지만 정작 현재 본회의에 상정된 법안은 최초 민주당이 법안심사1소위에서 일방적으로 표결 처리한 법률안"이라고 했다.

그는 그러면서 "26일과 27일에 걸쳐 개최된 법사위 안건조정위와 전체회의를 원천 무효로 하고 다시 개최하는 게 마땅하다"며 박병석 의장이 이를 확인해 시정해야 한다고 요구했다.

민주당의 검수완박을 위한 브레이크 없는 질주에 국민의힘 의원들이 결사항전을 이어갔다.

청와대 D-11일
(4월 28일)

문재인 대통령이 28일 청와대 영빈관으로 코로나19 방역 관계자들을 초청해 K-방역 성과 등을 설명하고 있다.

일일 뉴스

07:00	전국 맑다가 오후부터 구름
09:00	바이든 5월 20일~22일 방한 한미정상회담 21일 개최발표
09:30	신규확진 5만 7,464명 감소세 지속 사망 122명, 위중증 552명
12:10	인수위 소상공인 손실규모별 최대 600만원 차등지급 검토
21:30	오후 9시 현재 4만 9,565명 확진 어제보다 6,450명 적어

| 중앙일보 민주당 '검수완박' 해부 |

더불어민주당이 강행한 '검수완박' 법안 상정 과정은 '국회법을 교묘하게 이용한 꼼수의 끝판왕'이라는 언론의 호된 비판이 나왔다.

중앙일보는 28일자 보도에서 법안상정 과정이 모두 그런 식이었다고 정밀 분석했다.

민주당은 지난 27일 새벽 국회 법제사법위원회에서 검찰청법·형사소송법 개정안을 의결하는 데 성공했다.

당일 오후엔 검찰청법 개정안의 국회 본회의 상정까지 마쳤다. 국민의힘이 안건조정위원회와 무제한 토론(필리버스터) 등으로 맞섰지만 '위장 탈당' '살라미 전술'(회기 쪼개기) 등의 편법으로 대응한 민주당을 막기에는 역부족이었다는 분석을 내놨다.

박병석 국회의장도 27일 오후 5시 5분 본회의가 개의하자마자 임시회 회기 변경을 위한 안건을 상정했다. 본래 5월 5일까지인 임시회 회기를 민주당 요구대로 27일 자정까지로 단축하기 위한 전술이었다.

의결 직후 민주당은 박홍근 원내대표 등 171명 전원의 명의로 이달 30일 임시회를 열어달라는 소집요구서를 제출했다.

이는 민주당이 검수완박 법안의 5월 3일 국회 본회의 최종 처리를 위해 3일씩 역산해 일정을 잡았기 때문이다. 5월 3일은 문재인 대통령 퇴임을 앞두고 마지막 국무회의가 예정된 날이다.

민주당은 이날 국무회의에서 문재인 대통령이 법안을 공포하도록 할 계획이었다. 4월 27일 검찰청법 상정 및 무제한 토론 → 4월 30일 검찰청법 표결 후 형사소송법 상정 및 무제한 토론 → 5월 3일 형사소송법 표결 등이 민주당이 짠 구상이다.

3일씩 말미를 둔 이유는 "임시회의 집회 요구가 있을 때는 집회기일

3일 전에 공고한다"(국회법 5조)는 조항 때문이었다. 박 의장은 민주당 요구를 받아들여 본회의 도중인 27일 오후 7시에 다음 임시회 집회 공고를 냈다.

홍완식 건국대 법학전문대학원 교수는 "민주당과 박 의장이 위법 소지가 있는 부분은 우회하면서 국회 선진화법이 정한 합리적 의사진행 취지를 어겼다"고 했다고 중앙일보는 보도했다.

박 의장과 민주당의 회기 변경은 국민의힘의 무제한 토론을 무력화시키기 위한 수단이었다. '회기가 끝나면 무제한 토론 종결이 선포된 것으로 본다'(국회법 106조2의 8항)는 조항을 최대한 이용했다. 결과적으로 무제한 토론시간도 전례없이 짧았다. 27일 본회의에서 검찰청법 개정안이 상정된 직후인 오후 5시 12분 시작된 무제한 토론은 여야 의원 4명만 참여해 27일 자정 임시회기 종료와 함께 끝났다.

조진만 덕성여대 교수는 "민주당은 야당 시절인 19대 국회에서 테러방지법에 반대하며 8일간이나 무제한 토론을 벌인 적이 있다. 현재 모습은 자가당착"이라고 했다.

박 의장과 민주당은 "상임위원회가 법률안 심사를 마친 뒤 의장에게 보고서를 제출한 후 1일이 지나지 않았을 때는 상정할 수 없다"(국회법 93조의2)는 조항도 지키지 않았다.

검수완박 법안은 27일 오전 0시 11~12분 국회 법사위에서 의결된 뒤 16시간 55분만인 이날 오후 5시 7분에 상정됐기 때문이다. "최소한의 준비와 검토시간을 확보하기 위한 것"(국회사무처 발간 '국회법 해설')이라는 취지가 무색해졌다.

권성동 국민의힘 원내대표는 "오늘 새벽에 졸속 처리된 법안을 바로 본회의 상정하는 것은 국회법을 위반한 것"이라고 했지만 박 의장은 '의장이 특별한 사유로 교섭단체 대표와의 협의를 거쳐 정할 수 있다'는 예외조항을 통해 민주당의 손을 들어줬다.

한상희 건국대 법학전문대학원 교수는 "국회에서의 의사결정은 공개와 토론, 안건에 대한 충분한 숙고가 원칙인데, 법안이 충분히 숙성되지 않은 상태에서 상정해버린 격"이라며 "원칙 없이 서두르다보니 다른 법안이 상임위와 본회의에서 상정되는 등 혼란까지 벌어지고 있다"고 비판했다.

민주당이 회기를 쪼개는 살라미 전략을 쓰는 상황에서 검수완박 법안 2건을 처리하기 위해선 산술적으로 세 차례의 본회의가 필요하다. 첫번째 본회의는 27일 오후 5시에 열렸고, 두번째 본회의는 30일 오후 2시에 개의될 예정이다. 이는 '평일 오후 2시·토요일 오전 10시'(국회법 72조)로 개의시(開議時)를 정한 국회법과 배치된다. 민주당은 예외조항(의장이 여야 교섭단체와의 협의로 변경 가능)을 활용했다지만 국민의힘이 본회의 개최를 동의하지 않았다는 점에서 논란의 소지가 크다는 분석을 중앙일보는 내놨다.

국회 관계자는 "민주당은 '협의'를 넓게 해석하고 밀어붙였을테지만 국민의힘 입장에서는 개의시를 정한 조항을 어겼다고 볼 것"이라고 했다.

민주당 행태 중 가장 논란이 컸던 건 국회 법사위 안건조정위를 무력화하기 위한 민형배 의원의 탈당이었다. "이견 조정이 필요한 안건에 대해 제1교섭단체 소속 위원과 이에 속하지 않은 위원을 동수로 구성해 논의함으로써 대화와 타협을 통한 효과적인 안건 처리를 도모하려는 것"('국회법 해설')이란 안건조정위 구성의 취지를 무너뜨렸기 때문이다.

장영수 고려대 법학전문대학원 교수는 "'동수 규정'은 1당이 아무리 의석이 많아도 일방적인 의사진행을 하지 말라는 의미"라며 "민 의원을 탈당시키고 그를 안건조정위의 '제1교섭단체에 속하지 않은 위원'으로 임명한 건 '변종 탈법'"이라고 했다.

국민의힘은 이같은 절차적 미비를 이유로 지난 27일 헌법재판소에 검수완박 법안의 효력정지 가처분 신청을 냈고, 대검은 헌재에 대한 권한쟁의심판 청구를 검토했다.

하지만 민주당은 정치권 안팎의 비판에도 아랑곳하지 않고 박홍근 민주당 원내대표는 28일 정책조정회의에서 "민주당은 주권자와 약속한 권력기관 개혁을 적법한 절차에 따라 매듭짓고, 사법부가 아닌 역사와 국민의 판단을 달게 받겠다"고 밝혔다.

5월 3일 국회처리 절차를 마치면 검수완박의 화룡점정은 청와대가 찍을 가능성이 높아 보였다.

민주당 관계자는 "청와대가 5월 3일 오전10시로 예정된 정례 국무회의를 오후 혹은 4일로 연기하는 방안을 검토 중"이라고 했다고 중앙일보는 보도했다.

| 노영민 전 비서실장 "윤석열 0.73%p 승리" |

문재인 대통령 퇴임을 앞두고 더불어민주당의 '검수완박' 행보가 거침이 없는 가운데 청와대 외곽에 포진한 친문 인사들의 국민의힘과 차기 정부에 대한 공세가 맹렬했다.

포문은 문재인 청와대에서 2019년 1월부터 2020년 12월까지 비서실장으로 일하다 부동산 문제로 중도하차한 노영민 전 비서실장이 열었다.

노영민 전 비서실장은 이날 오전 국민의힘을 겨냥해 "(대선에서) 0.7% 승리한 정부인데, 마치 100% 승리한 듯한 모습을 보이는 것에 국민들께서 우려를 하고 있다"고 했다.

그는 6월 지방선거를 앞두고 더불어민주당 충북지사 후보로 공천을 받은 상태였다. 그는 고향 청주에서 17, 18, 19대 국회의원을 지내고 문재인 정부 출범뒤 2017년 10월부터 2019년 1월까지 주중 대사를 역임한 노련한 정객이다.

노 전 실장은 이날 불교방송 라디오 '박경수의 아침저널'에 출연해 정권교체기 민주당과 국민의힘 사이에 대립이 심해지며 정국이 경색되는 점에 대해 어떻게 생각하느냐는 질문이 나오자 이같이 답했다.

그는 "국가에 영속성이 있듯이 정부라는 것은 정권과 관계없이 일관성이 있다. 정권이 바뀐다고 해서 정부의 모든 것이 바뀌는 것이 아니다"고 주장했다.

국민의힘 측에서 문재인 정부의 국정운영을 비판하며 차별화에 속도를 내는 것을 염두에 둔 비판성 발언이라는 해석이 나왔다.

사회자가 '최근 윤석열 대통령 당선인이 지역행보를 많이 하는 것을 두고 민주당에서는 지방선거를 염두에 둔 것 아니냐며 마뜩잖아하는 목소리도 나온다'고 언급하자, 노 전 실장은 "그거야 어쩔 수 없는 것 아니겠나. 가재는 게 편이니까"라고 했다.

이날 노 전 실장의 발언중 "국가에 영속성이 있듯이 정부라는 것은 정권과 관계없이 일관성이 있다. 정권이 바뀐다고 해서 정부의 모든 것이 바뀌는 것이 아니다"고 한 주장은 야당과 언론이 문재인 정부 5년 내내 청와대와 더불어민주당을 향해 던졌던 발언이라는 점에서 눈길을 모았다.

아울러 윤석열 당선인의 지역순회 일정이 6월 지방선거를 염두에 둔 행보라는 해석에 대해 노 전 실장이 보인 반응 역시 앞서 지난 3월 대선을 앞두고 문재인 대통령의 지역방문 일정에 대해 야당이 관권선거라고 비판한 전례와 동일했다.

| 첫 한미정상회담 개최 희소식 |

이날 오전 9시 윤석열 대통령 당선인 측은 조 바이든 미국 대통령의 방한 소식과 한미정상회담 개최 소식을 전했다.

윤 당선인 취임을 앞두고 한미동맹 간 신뢰가 복원되는 분위기가 형성된 것이다.

배현진 당선인 대변인은 이날 아침 바이든 대통령 방한과 관련 서면 브리핑을 내고 "윤석열 대통령 당선인은 조 바이든 미국 대통령이 5월 20일부터 5월 22일까지 방한하기로 한 데 대해 환영의 뜻을 표했다"고 했다.

이어 "바이든 대통령 방한을 계기로 개최될 한미 정상회담은 역대 새정부 출범 후 최단 기간 내에 개최되는 것으로, 윤석열 당선인은 바이든 대통령과 한미동맹 발전 및 대북정책 공조와 함께 경제안보, 주요 지역적·국제적 현안 등 폭넓은 사안에 관해 깊이 있는 협의를 가질 예정"이라고 했다.

배 대변인은 "이를 통해 양국간 포괄적 전략동맹이 더욱 발전할 수 있는 역사적 전기가 마련될 것으로 기대하고 바이든 대통령의 방한이 성공적으로 이뤄질 수 있도록 한미 양측은 외교경로를 통해 긴밀히 협의해 나갈 예정이며, 인수위원회 차원에서도 만반의 준비를 다해 나갈 것"이라고 했다.

백악관도 이날 "정상들은 실질적인 결과를 도출하기 위해 우리의 필수적인 안보관계 심화, 경제적 유대증진, 긴밀한 협력확대를 위한 기회를 논의할 예정"이라고 했다.

이날 언론들은 윤 당선인과 바이든 대통령이 5월 21일 서울에서 한미정상회담을 가질 것으로 전망했다.

아울러 그동안 '친중(親中)'이라는 지적을 받은 문재인 정부에서 소원했던 한미동맹 복원 및 강화에 대한 기대의 목소리도 커져갔다.

동시에 윤석열 정부들어 처음 열리는 한미정상회담에서 고조되고 있는 북핵 위협에 대응하기 위한 공조방안이 주요 의제로 다뤄질 것이라는 관측이 이어졌다.

북한이 '핵 선제사용' 가능성을 내비치고, 윤석열 정부 출범이나 조바이든 미국 대통령의 방한을 겨냥해 7차 핵실험에 나설 수 있다는 우려가 제기되는 상황에서 한미가 강력한 '대북 억지' 의지를 보여주는 기회가 될 수도 있다는 분석이 나왔다.

또 한미동맹을 북핵뿐 아니라 경제안보 시대에 필요한 신기술 등 다양한 영역에서 협력하는 '포괄적 전략동맹'으로 발전시키기 위한 논의도 있을 전망이라는 관측도 제기됐다.

북한은 앞서 4월 25일 밤 김정은 국무위원장이 참석한 가운데 평양 김일성 광장에서 조선인민혁명군(항일유격대) 창건 90주년 열병식을 갖고 '핵 무력 선제 공격' 가능성을 내비쳐 사실상 한반도에서 군사적 균형이 깨졌다는 보도가 나왔다.

┃ 인수위 '호화판 취임식 만찬' 공격에 부글부글 ┃

여권의 윤석열 차기 정부에 대한 견제가 늘어나는 가운데 28일 오후 대통령직인수위원회가 마침내 반격에 나섰다.

대통령직인수위원회 청와대 이전 TF는 여권과 친여성향 언론들이 연일 5월 10일 대통령 취임식 외빈초청 만찬이 호화판이라는 지적에 울분을 토한 것이다.

청와대이전 TF는 28일 오후 '민주당은 발목잡기식 정쟁을 중단하고 국민과 국익을 위한 일에 집중하길 바란다'는 자료를 내고 민주당을 정조준했다.

인수위 측은 "대통령 취임식과 만찬행사는 외국 정상들과 각국을 대표하는 외빈들이 참석하는 공식행사로, 국격을 높이고 새롭게 취임하는 대통령이 세계 외교무대로 나서는 첫 자리"라면서 "따라서 정쟁의 대상이 아니라 세계무대를 향해 새롭게 도약하는 출발이자 기회의 자리로 마련되어져야 한다"고 했다.

그러면서 "민주당은 그러나 대한민국의 위상과 미래 도약을 위한 노력은 등한시한 채 오로지 정략적인 목적 달성을 위해 이미 결정된 '만찬장소'에 시비를 걸며 국격 훼손에 앞장서고 있다"고 비판했다.

인수위 측은 또 "민주당은 이미 5월 10일 국민의 품으로 돌아가는 것으로 결정된 청와대와 시설들을 만찬 장소로 사용할 수 없다는 사실을 알면서도 청와대 영빈관 사용을 주장하며 선동정치를 일삼고 있다"며 "국민에게 돌아가는 청와대를 다시 빼앗고자 하는 의도를 드러낸 것은 아닌지 저의마저 의심스러운 상황"이라고 했다.

아울러 "민주당이 저지른 정부출범 방해 행위는 이뿐만이 아니다"며 "지난 3월 정부와 민주당은 집무실 이전에 필요한 최소한의 예산을 예비비로 상정하는 것조차도 반대하고 청와대는 예비비 상정을 두 차례나 가로막아 집무실 이전추진 자체를 상당 기간 지연시켰다"고 했다.

인수위 측은 이어 "그뒤 비판여론이 들끓자 책임 회피성 임시 국무회의를 열어 최소한의 예산조차 삭감시키더니 최근에는 '집무실 이전이 마땅치 않다', '청와대 이전, 국민투표에 부쳐라'는 식의 공격을 일삼고 있다"며 "집무실 이전에 대해 정부와 여당이 정상적으로 협조하려는 의사가 있었다면 악의적이고 근거 없는 호화 행사 주장은 시작될 수도 없었을 것"이라고 했다. 그러면서 "민주당은 발목잡기식 정쟁을 중단하고 국민과 국익을 위한 일에 집중해 주기 바란다"고 촉구했다.

문재인 정부의 퇴진 시점과 윤석열 정부의 출범 시점이 점점 가까워 지면서 양측 간 갈등과 대치도 임계점을 향해 치닫고 있었다.

| 청와대 K-방역 성과를 추억하다 |

문재인 대통령은 28일 오전 청와대 영빈관에서 코로나 방역 관계자 들을 초청해 격려 오찬 간담회를 가졌다.

퇴임을 앞두고 문 대통령이 3월부터 진행해온 전직 국무총리 등 장 관, 기자단에 이은 고별 간담회 자리였다.

이 자리에는 한정호 질병관리청 인천공항검역소 검역관, 신나미 육 군 제1보병사단 신병교육대대 중위(간호장교), 양소연 삼육서울병원 (코로나19 전담요양병원) 간호사, 최영권 엔에이치미래아동병원 원장, 박유빈 전북소방본부 정읍소방서 소방사, 주영수 국립중앙의료원 원 장, 이계옥 부산시청 시민방역추진단 주무관, 곽혜민 국군수도병원 중 위(간호장교), 신미정 성동구보건소 팀장(지방간호주사), 신미경 삼광 의료재단 본부장(임상병리사), 조완희 해군본부 중령(함장), 이상균 SK바이오사이언스 안동공장 공장장, 심주예 인천소방본부 서부소방 서 소방교, 김병근 박애병원(거점전담병원) 병원장, 하미현 하나이비 인후과(재택치료센터) 간호사 등이 분야별 지역별 직군별 성별로 고르 게 참석했다.

정부에서는 전해철 행정안전부 장관, 김강립 식품의약품안전처장, 정은경 질병관리청장, 류근혁 보건복지부 제2차관이 보였고, 청와대 에서는 유영민 비서실장, 이호승 정책실장, 서훈 국가안보실장, 유연 상 경호처장, 이태한 사회수석, 이진석 국정상황실장, 기모란 방역기 획관, 박경미 대변인, 탁현민 의전·신지연 제1부속·윤재관 국정홍보·

여준성 사회정책비서관, 이상학 위기관리센터장 등이 배석해 같은 테이블에 앉은 방역관계자들을 격려하는 모습이 목격됐다.

이날 오찬 메뉴는 한식으로 기본 찬 4종을 비롯해 해물 잣즙 야채 냉채, 타락 죽, 메로 고추장 구이와 버섯 잡채, 궁중 갈비찜과 더운 야채, 밥과 아욱 된장국, 계절 과일과 전통 떡, 냉 매실차가 방역 관계자들에게 제공됐다.

헤드 테이블에는 문 대통령을 기준으로 오른쪽에 양소연 삼육서울병원 간호사, 신나미 육군 제1보병사단 신병교육대대 중위, 한정호 질병관리청 인천공항검역소 검역관, 이계옥 부산시청 시민방역추진단 주무관 순으로 앉았고 문 대통령을 기준으로 왼쪽에 최영권 엔에이치미래아동병원장, 박유빈 전북소방본부 정읍소방서 소방사, 정은경 질병관리청장, 주영수 국립중앙의료원 원장, 박경미 대변인 순으로 자리가 배치됐다.

문 대통령은 이날 오전 11시 28분 짙은 남색 정장에 흰색 셔츠, 노타이, 흰색 마스크를 착용하고 입장해 참석자들에게 고개 숙여 인사 후 착석했다.

잠시후 '다시 부르는 상록수 2020' 영상이 방송됐다. '코로나19와 싸우고 있는 전 세계 의료진에 이 곡을 헌정합니다'는 메시지로 영상 상영이 시작됐다. 이 영상은 2020년 4·19혁명 60주년 기념식에서 공개된 영상으로 온 국민이 단합해 위기의 순간을 이겨냈던 것처럼 지금의 코로나19 위기를 극복하자는 희망의 메시지가 담겼다.

문 대통령이 영상을 시청하면서 앞에 놓인 종이에 메모하는 모습이 목격되기도 했다.

5분후 화면에 '감사합니다. 당신의 위대한 헌신 언제나 기억하겠습니다' 라는 문구가 나오면서 영상이 끝나자 참석자들이 일제히 박수를 쳤다.

사회를 맡은 엄현철 보건복지부 대변인실 홍보전문가가 행사를 시작했다.

"코로나19 극복을 위해 의료 및 방역 현장에서 애써 주신 많은 분들의 노고와 희생을 기리기 위해 서른네 명의 가수들이 상록수 음악에 맞춰 다시 부른 영상을 함께 시청했습니다.

안녕하세요. 저는 2017년부터 대국민 정책소통 라이브방송을 진행하고 있는 보건복지부 대변인실의 'MC따수'라고 합니다. (인사) (박수) 따수는 '따수한 수다'의 줄임말입니다. 오늘 따숩게 진행해 보도록 하겠습니다.

오늘 오찬은 지난 2년간 코로나19 대응을 위해 애써 주신 방역 현장 관계자 분들을 모시고 지난 과정을 되돌아보면서 즐거웠던 일, 힘들었던 일, 그리고 기억에 남는 순간들을 함께 공유하기 위해 마련한 자리입니다.

먼저 오늘 이 자리에 함께하신 코로나19 방역 관계자분들을 간략히 소개해 드리도록 하겠습니다. 시간 관계상 한 분 한 분 소개해 드리지 못하는 점 양해 말씀드립니다.

오늘 오찬에는 공항·항만의 검역과 임시생활시설 운영, 생활치료센터 근무자, 검체 채취와 검사를 수행해 주신 의료진과 검사 수탁 기관, 환자 이송과 백신 치료제 수송을 담당해 주신 소방·군·경찰, 백신 치료제 도입과 개발에 참여한 기업 및 유관 기관, 병상 확보와 환자 치료에 참여한 의료진, 마스크와 주사기 및 진단키트의 생산과 보급에 참여한 기업 및 유관 기관, 그리고 관계 공무원 여러분이 참석해 주셨습니다. 바쁘신 와중에도 이 자리를 빛내 주시기 위해 참석해 주신 코로나19 방역 관계자 여러분, 진심으로 감사드립니다.

그러면 지금부터 방역 관계자 격려 오찬 간담회를 시작하겠습니다.

먼저 대통령 모두 말씀이 있겠습니다."

문재인 대통령이 마이크를 건네 받아 모두 발언을 시작했다.

"(착석해 마스크 벗은 후 마이크 들고) 여러분, 반갑습니다. 임기 마치기 전에 이 자리를 꼭 갖고 싶었습니다. 어느 자리보다도 뜻깊고 감회가 남다릅니다. 2년 이상의 긴 기간 동안 코로나 대응에 헌신해 주신 모든 분께 한없는 감사와 존경의 마음을 드립니다.

여러분 덕분에 미증유의 감염병 위기에 성공적으로 대응하며 국민의 생명과 안전을 잘 지켜낼 수 있었고, 드디어 다시 일상으로 돌아갈 수 있게 되었습니다. 그동안 정말 수고 많으셨습니다.

코로나의 긴 터널을 헤쳐 온 과정이 파노라마처럼 생생합니다. 코로나 극복을 위해 연대하고 협력했던 그 순간 그 장면 하나하나가 눈에 선합니다.

우한 교민들을 긴급하게 귀국시키기 위해 기울였던 노력과 그분들을 따뜻하게 맞아주셨던 진천, 아산, 이천 주민들, 현업을 중단하고 전국 각지에서 대구로 달려간 의료진과 자원봉사자들, 방역과 치료에 혼신의 노력을 기울인 방역진과 의료진, 군과 보건소와 지자체 공무원들, 마스크와 진단키트 배포에 힘써 준 약사들, 환자 이송에 최선을 다해 준 구급대원들, 보육, 돌봄, 택배 운송 등 누군가는 해야 할일을 마다하지 않은 필수 노동자들, 치료제와 백신 개발에 전력을 기울이고 있는 연구진과 기업들, 기부와 나눔에 동참하며 이웃의 고통을 함께 나눈 시민들, 일일이 다 열거할 수 없는 수많은 노력과 연대의 마음이 있었습니다.

국민들께서는 방역의 주체가 되어 마스크 쓰기와 사회적 거리두기, 백신 접종에 적극적으로 참여해 주셨습니다. 모두가 코로나 극복의 영웅이라 해도 과언이 아닙니다.

얼마 전 세계보건기구(WHO)는 성공적 감염병 관리 모델로 우리나라를 꼽았습니다. 중증화율이 높았던 초기에는 코로나 확산 차단에 주력하여 매우 낮은 감염률을 유지했고, 전파력이 강한 오미크론의 확산 시기에는 위중증과 치명률을 낮추는 데 집중하여 국민의 희생과 사회적 비용을 최소화했다는 점이 높은 평가를 받았습니다.

특히 그 과정에서 국경 봉쇄와 지역 봉쇄 등 다른 나라들 같은 과도한 통제 없이 효과적으로 감염병을 관리해내었다는 점이 특별한 주목을 받았습니다.

효과적인 감염병 대응은 경제적 피해를 최소화하면서 빠른 경제회복을 이루는 토대가 되었습니다. 그야말로 방역과 경제 두 마리 토끼를 모두 잡는 밑거름이 되었습니다. K-방역이 성공적이었던 것은 사스와 메르스 사태를 교훈삼아 국가 방역체계를 발전시켜 왔고, 공공의료체계와 건강보험 보장성 강화 등으로 선도적인 방역과 의료체계를 구축해 온 것이 든든한 밑바탕이 되었습니다.

또한 방역당국의 혁신적 정책과 유연한 대응이 큰 역할을 했습니다. 검사-추적-치료로 이어지는 3T 전략을 효과적으로 시행했고, 드라이브스루와 선별진료소 운영, 생활치료센터와 재택치료 도입 등 창의적인 방법과 상황에 따른 신속하고 유연한 조치로 코로나에 대한 대응력을 높였습니다. 이제는 국제사회의 주목을 받으며 우리의 전략대로 일상회복을 질서 있게 추진해 나갈 수 있게 되었습니다.

물론 코로나가 아직 종식된 것이 아닙니다. 여전히 긴장하며 개인방역을 잘하고, 새로운 변이나 새로운 감염병에 대한 대비도 해 나가야 합니다. 완전한 일상회복으로 나아가면서 그동안의 성과를 잘 축적하고, 부족한 점을 보완하여 방역 선도국가로 더욱 발전해 나가길 기대합니다.

K-방역은 우리의 자부심입니다. 세계가 인정하는 성공 모델로서 대한민국의 국제적 위상을 높이는 데 크게 이바지했습니다. 우리 스스로도 우리의 역량을 재발견할 수 있었습니다. 우리 역시 때때로 위기를 겪었지만 우리는 해냈습니다. 국민들의 높은 시민의식과 함께 방역진과 의료진의 헌신이 만들어 낸 국가적 성취입니다. 결코 폄훼될 수 없는 자랑스러운 성과입니다.

오늘 이 자리가 그 자부심을 함께 나누는 자리가 되기를 바라며, 대통령으로서 다시 한번 한없는 감사를 드립니다. 고맙습니다.”

문 대통령에 이어 곽혜민 중위는 “간호사관학교 조기 졸업과 동시에 코로나19가 유행하던 대구로 파견됐는데 대구 집단감염이라는 긴급한 상황에서 국민을 돕기 위해 군인으로 나설 수 있어 보람을 느꼈다”고 했다. 이어 “당시 문 대통령이 직접 방문해 주셔서 정신적 버팀목이 됐으며 그때의 경험으로 더욱 사명감을 갖고 간호장교로 국가 안보를 위해 일하고 있다”고 했다.

신미정 성동구보건소 선별진료소 팀장은 “방호복을 입고 PCR 검사를 수행하는 것은 여름에 덥고 겨울에 추운 일이었지만 더 큰 감염의 고리를 차단할 수 있어 뿌듯했다”고 했다.

신미경 삼광의료재단 본부장은 “PCR 검사 판정을 위해 24시간 근무를 해도 산더미 같이 검체가 쌓여 있었다”면서 “군입소 장병들의 경우 1,000여 명을 검사해야 하기 때문에 ‘취합검사법’을 이용해 신속하게 검사를 했고 이후 취합검사법이 보급되어 뜻깊게 생각한다”고 했다.

정은경 질병관리청장은 “진단검사는 3T의 핵심으로, 정확하고 신속한 검사를 위해 폭염과 추위에도 365일 검체 채취와 밤샘 검사를 수행해주신 많은 분들께 노고가 컸다”고 했다. 또한 “의료기관, 보건소, 국방부와 소방청의 파견 실무자들이 감염 위험에도 불구하고 헌신해 주어서 코로나를 잘 극복해 오고 있으며, 진단시약 개발 회사와 검사의 질 관리를 해 주신 전문가들의 노고도 지대했는데 이러한 경험과 협력 체계가 앞으로 새로운 감염병에 대응하는 자산이 될 것"이라고 했다.

조완희 한산도함 함장은 "28개 도서에 백신 접종을 지원했는데 소외되기 쉬운 도서지역 국민들을 안전하게 지키는 역할에서 큰 의미를 찾았다"고 했다.

이상균 SK바이오사이언스 안동공장장은 "우리 손으로 아스트라제네카 백신과 노바백스를 생산할 수 있었고 최근에는 자체 개발한 합성 항원방식의 백신 개발이 마무리 단계로, 백신 주권에 한발 다가서게 되어 의미있게 생각한다"고 했다. 이어 "그 과정에서 지원해 준 식약처, 복지부, 질병청에 감사드리며 대통령과 정부의 약속대로 1,000만 도즈 선구매를 해 준 것이 큰 도움이 됐다"고 했다.

김강립 식품의약품안전처장은 "코로나 초기에 벚꽃 필 때까지 고생하면 될 것이라 생각했는데 세 번의 벚꽃이 필 때까지 계속됐다"면서 "국민들의 협조로 백신 접종에서 세계적인 기록을 세운 데 대해 자부심을 갖고 있으며, 앞으로 백신 주권 확보를 위해 노력하겠다"고 했다. 그는 "이제 코로나는 끝나겠지만 또 다른 감염병이 다시 오게 될 것이며 팬데믹 위기를 극복하고 다시 준비하고 더 강해지는 역사를 만들어야 한다"고 했다.

심주예 인천 서부소방서 소방교는 "환자 이송을 담당하면서 가장 위급하고 기억에 남는 순간은 확진된 임산부가 구급차 안에서 출산한 일이었다. 어려운 여건이었지만 이송 후 고맙다는 인사를 받을 때마다 큰 보람과 힘을 얻었다"고 했다.

전해철 행정안전부 장관은 "최근 확진자, 치명률, 재감염지수, 위중증병상 가동률이 안정적으로 상황 관리가 되고 있어 다행"이라면서 "여기 계신 분들의 노력 덕분"이라고 했다. 이어 "확진자 이송을 담당한 119 구급대원의 노력에 특별한 감사를 표하며 중대본과 방역당국에 무한한 신뢰를 보내고 소신있게 결정할 수 있도록 지원해 준 대통령께 감사하다"고 했다.

김병근 박애병원장은 이 자리에서 거점 전담병원을 운영한 경험을 공유하며 "중환자 병상을 확보하기 위해 검진센터 주차 빌딩을 개조했다"면서 "복지부·행안부·소방청·지자체가 합심해 인허가를 빠르게 해결하는 등 코로나19 극복은 모두가 한마음으로 뭉쳐서 이룬 것"이라고 했다.

하미현 하나이비인후과 간호사는 "재택치료를 담당했는데 환자가 예상 이상으로 급증해서 힘들었지만 환자분들이 보내주신 손편지 등 격려에 큰 보람을 느꼈다"고 했다.

류근혁 보건복지부 제2차관은 본인의 재택치료 경험을 공유하며 "코로나 국면에서 함께해 주신 모든 분들에게 감사하다"며 "국민들께 일상을 돌려주기 위해 더욱 노력하겠다"고 했다.

문 대통령은 이날 방역관계자 격려 오찬을 마치며 다음과 같은 마무리 발언을 했다.

"코로나 초기에는 사스나 메르스처럼 두세 달 또는 서너 달을 생각했으나 조금 더. 조금 더 연장하면서 2년이 넘게 이어졌다. 그 과정에서 방역 관계자와 의료진이 탈진상태에 이르렀지만 여러분들이 고생해 주신 덕분에 한국은 방역 모범국이 되었다.

정상외교를 할 때 여러 분야에서 찬사를 받았지만 가장 큰 찬사를 받은 게 방역이다. 코로나 초기에는 확진자가 적었고 종합적인 치명률이 낮다는 최종 성과도 있지만 코로나 대응과정이 놀랍다는 평가를 받았다. 코로나 초기에 중국 다음으로 한국의 대구에서 대유행이 있었는데 우한과 달리 봉쇄 없이 빠르게 검사하고 추적하고 치료하는 방식으로 코로나 확산세를 잡았다.

　'사회주의 방역모델'에 대응해 '민주주의 방역 모델'을 보여주는 상징적인 사례가 됐다. 일부 선진국들은 높은 의료 수준, 보건 수준, 의료 시스템을 갖추고 있었지만 결국 국경봉쇄나 지역봉쇄를 하고 사재기 현상이 일어나는 등 민낯을 보여줬다. 그러나 우리나라는 신속하게 검사키트를 개발하고 확진자를 추적·조사·치료하며 의료시스템을 가동했고 봉쇄도 없었다. 그 과정에서 총선도 성공적으로 치러냈다. 외국 정상들은 한국이 마치 준비를 하고 있었던 것처럼 대응했다면서 민주적인 방식으로 방역에 성공한 한국을 부러워하며 그 노하우를 배우고 싶어한다.

　향후 과제로 치료제와 백신 개발에 더욱 노력을 기울이고, 혹여 백신 개발이 성공하기 전에 감염병이 종식되더라도 중단없는 노력으로 백신주권을 확보해야 한다. 새로운 감염병이 발생했을 때 우리의 백신으로 대응할 수 있도록 백신 연구·개발의 끝을 봐 주시기 바란다.

　마지막으로, 코로나 대응에서 우리가 잘한 것, 부족한 것, 공공의료나 감염병 대응에서 고쳐 나가야 할 부분들, 정책적인 제언까지 담은 백서를 완성해 새로운 감염병에 대응하고, 외국과 백서를 공유하면 인류 전체가 감염병에 대응하는데 도움이 될 것이다. 진심으로 감사드리며, 마지막까지 최선을 다해 주시기 바란다."

　이날 문 대통령은 오찬후 영빈관 1층에서 참석자들과 기념촬영을 하는 것으로 퇴임을 10일 앞두고 또 하나의 외부인사 초청행사를 마쳤다.

　청와대 박경미 대변인은 이날 오후 문 대통령의 방역 관계자 초청 오찬에 대한 공식 브리핑을 갖고 행사의 의미를 다시한번 평가했다.

　박 대변인은 "문재인 대통령은 28일 오전 11시 30분 청와대 영빈관에서 코로나19 방역 관계자 격려 오찬 간담회를 개최하고 방역 일선에서 활약한 실무자들을 격려했다"고 전했다.

또한 "문 대통령은 오찬 간담회에서 지난 2년간 코로나19 대응을 위해 곳곳의 현장에서 헌신해 주신 분들에게 감사의 뜻을 밝혔고, 참석자들은 방역현장의 다양한 이야기들을 전했다"고 소개했다.

대통령이 코로나19 방역 관계자들을 청와대로 초청해 격려하는 자리에서는 덕담과 격려가 주로 오갈 수 밖에 없다. 코로나 방역과정에서 초기단계의 정책적 실수, 마스크 부족난, 백신 확보난 그리고 정치방역 논란, 사망자 원인규명에 대한 정부책임 문제, 사망자 사체 처리 등은 많은 숙제와 논란을 남겼다.

코로나19 방역상황이 점차 안정되는 과정에서 문재인 정부는 일상회복에 속도를 내는 반면 차기 윤석열 정부를 준비하는 인수위원회는 긴장을 늦추지 못하며 문재인 정부에 방역완화 속도조절을 주문하는 장면들이 이어졌다.

┃ 아듀!! 짐싸는 춘추관 기자실 ┃

28일 춘추관 기자실은 눈에 띄게 썰렁했다.

춘추관 1층 로비에는 대통령 집무실 용산 이전에 따른 기자실 이사를 앞두고 쓰레기 배출용 오렌지 색 비닐 포대가 여기저기 보였다.

기자들은 그동안 책상에 쌓아 놓았던 묵은 자료나 책자들을 갔다 버렸다. 사물함도 정리하는 모습이 목격됐다.

기자실에는 기호일보 강봉석 국장이 작고중이었다. 노무현 청와대부터 출입하며 이명박, 박근혜, 문재인 청와대를 지켜보고 기록한 최장수 기자다.

청와대 이전을 앞두고 이날 춘추관 2층 구내식당은 모밀국수, 잡곡

밥, 돈가스, 야채 샐러드, 열무김치 등이 제공됐다. 구내식당 원형식탁 8개와 정사각 식탁 4개, 직사각형 식탁 1개에는 삼삼오오 기자들이 식사를 하며 검수완박에 대한 민주당 출신 신경민 전 의원과 국민의힘 정미경 최고위원의 토론을 흘깃댔다.

춘추관 기자들은 개인별로 기사작고 공간과 사물함을 하나씩 배정받아 사용해왔다.

기자실에는 별도의 지원인력이 배치돼 있지 않다. 하지만 청와대 행정요원들이 수시로 오가며 기자들에게 필요한 도움을 제공했다. 기자실에는 냉장고, 텔레비전, 복사기, 팩시밀리, 커피머신 등의 편의시설과 통신망이 구비돼 있다.

여기에 종이 등 문구용품을 비롯해 음료나 과자, 간단하게 허기를 메울 수 있는 컵라면 등 즉석 식품류가 준비돼 있다. 물론 이 물품은 기자가 소속된 회사가 매달 일정 회비를 춘추관에 납부하는 돈으로 기자실과 기자단 운영이 이뤄졌다. 이 과정에서 춘추관 행정요원들이 필요한 지원을 했다.

기자실은 서울과 지역소재 일간신문을 중심으로 방송사, 통신사, 경제신문, 영자지, 인터넷 언론사 등으로 나눠 별도의 기자단을 만들어 간사(총무) 및 운영위원회 중심으로 돌아갔다.

초기에는 기자단이 단출해 서울 전국지 기자단과 지역지 기자단을 양대축으로 운영돼 서로 가족처럼 친밀했다.

춘추관 1층에서 전국지 기자단과 지역지 기자단이 별도 기자실을 사용했지만 선배 후배 간 정이 두터웠다. 시간에 여유가 있는 토요일이나 일요일에는 춘추관 1층 로비에서 탁구와 배드민턴을 치며 휴식을 취했다.

청와대와 기자단 사이에 소통이 가장 잘 이뤄졌던 시절은 이명박 청와대였다. 이 대통령은 기자실을 자주 찾았고 수석비서관들도 사고가 유연하고 균형감각을 항상 유지했다.

이명박 대통령은 재임 중 신년 초마다 춘추관 구내식당에서 기자들과 시루떡을 같이 자르며 막걸리 잔을 기울이고 새해 건강과 행복을 기원했다.

박형준 부산시장이 당시 정무수석으로 기자들과 자주 만나 토론을 했다. 중앙일보 출신 김두우, YTN 출신 홍상표 홍보수석은 기자들과 선후배로 통했다. 두 선배들은 서 있고 바라보는 곳이 다른 후배 기자들의 비판기사에 늘 관대했고 그 역할을 존중했다.

동아일보 출신 이동관 홍보수석은 청와대 출입기자들이 기사에서 자주 인용했던 '핵심 관계자(핵관)'의 당사자였다. 언론에서 '핵관'이 처음 등장한 시점이다. 다부진 체구에 항상 강단이 있었다. 탁월한 홍보감각에 정무감각까지 갖춰 이명박 대통령으로부터 자주 호출을 받았다. 이동관 수석은 매 주말 청와대 기자단과 북한산과 북악산 등으로 등산을 갔다. 주말을 이용한 등산이었다. 등산후 막걸리에 점심을 하고 기자실에 복귀해 지하1층 샤워실에서 씻고 일을 하는 주말 풍경이 상당 기간 지속됐다.

2010년 1월 1일 아침. 이동관 홍보수석과 청와대 기자단 산악회(청산회) 멤버 10여 명이 돼지머리를 싸들고 호기롭게 청와대 뒷산인 북악산에 올랐다. 그리고 남산 위에서 솟아오르는 일출을 보며 한 해 나라의 번영과 국민들의 행복을 빌면서 시산제를 올렸다. 음복으로 막걸리가 한 순배 돌고 기념촬영이 이어졌다. 돼지머리에 절을 하며 돼지코에 꽂았던 만원 짜리 십 여 장은 하산길에 청와대 외곽경비를 맡고 있던 군장병들에게 세뱃돈으로 줬다.

청와대 기자는 등록기자, 상시기자, 풀기자 형태로 이뤄졌다. 등록은 말그대로 청와대 춘추관에 적을 두고 오가는 기자다. 상시는 춘추관에 적을 두고 작고 공간을 제공 받거나 그때 그때 필요한 공간을 확보해 취재하고 작고하는 기자다.

풀(pool) 기자는 상시기자 중에서 일정 요건을 갖추고 분야별 기자단 총회를 거쳐 기자단에 공식 등록한 기자다.

풀 기자는 대통령의 국내 공식행사는 물론 미국이나 러시아 등 해외 순방에 동행해 취재한다. 풀 기자단은 경호 등의 문제로 기자들이 현장에 모두 갈 수 없는 사정 등을 감안해 취재현장에 1~2명의 취재기자가 순번을 정해 대통령 동행 취재후 기사를 대표 작고하면 이 풀 기사를 기자단이 공유하는 식으로 운영됐다.

이 과정에서 민감한 사안에 대한 작고를 둘러싸고 풀 기자단과 청와대 행정관이나 비서관 사이에 밀고 당기는 일이 있기도 했다.

┃윤석열 대통령 당선인 충무공, 매헌 추모┃

윤석열 대통령 당선인은 28일 1박 2일 일정으로 충청지역을 찾아 다섯번째 '약속과 민생의 행보'를 이어갔다.

윤 당선인은 가장 먼저 충남 아산 현충사에서 이순신 장군 탄신 477주년 기념 다례제에 참가했다.

천안에서는 광역급행철도 GTX-C 노선 연장 현장을 둘러봤다. 또 홍성 내포 신도시 현장을 찾아 상황을 점검하고 예산에서는 매헌 윤봉길 의사 기념관을 방문해 헌화 분향하고 윤 의사를 추모했다.

윤 당선인은 윤봉길 의사의 손녀인 국민의힘 윤주경 의원과 동행한 매헌 윤봉길 의사 기념관 방명록에 '매헌 선생을 기억하고 추모하는 것은 가슴 벅차고 자랑스러운 일 입니다'라고 적었다.

오후에는 대전 전통중앙도매상가를 찾아 지지자들과 주먹인사를 교환하며 대선 당시 보내준 뜨거운 성원에 감사 인사를 하며 소상공인들을 만나 지역경제 발전에 대한 의지를 밝혔다.

배현진 당선인 대변인은 "지역의 발전이 곧 대한민국의 발전이라는 신념과 지역 주민들을 더욱 가깝게 살피려는 당선인의 마음을 실천하는 '약속과 민생의 행보'는 격차없이 성장하는 대한민국의 미래 청사진을 전하는 계기가 될 것"이라고 했다.

윤석열 대통령 당선인은 29일 충북지역을 찾아 1박 2일 일정의 충북 민생 탐방을 이어갔다.

윤 당선인은 이날 오후 충남 방문 중 충무공탄신일을 맞아 아산 현충사를 찾은 소회를 개인 페이스북에 올렸다.

윤 당선인은 이 글에서 "충무공 이순신 장군의 탄신 477주년 기념 다례제에 참석했다. 충무공의 위업을 기릴 수 있어 뜻깊게 생각한다"고 했다.

이어 "충무공은 신중하면서도 실천할 때는 한없이 과감한 분이었다. 자신이 내린 결단을 단호하게 밀고 나갔고 충무공의 경이적인 승률은 치밀한 준비의 결과였다"고 했다.

그러면서 "올해 3월 아산 유세 때 충무공 이순신 장군의 글귀를 선물로 받고 감동한 적이 있다. 일부당경 족구천부'(一夫當逕 足懼千夫). 한 사람이 길을 잘 지키면 천 명의 사람이 두렵지 않다는 뜻이다. 이 귀한 말씀을 국정을 운영하며 항상 가슴 속에 새기고 국민의 삶을 편안하게 하겠다"고 밝혔다.

이날 페이스북 글은 여소야대라는 극한의 대치정국 속에서 윤 당선인이 국정에 임하는 자세와 의지를 내비친 것으로 해석됐다.

⏐ BH 불침번 국가안전보장회의(NSC) ⏐

서훈 국가안보실장은 이날 오후 청와대에서 매주 목요일 개최해온 국가안전보장회의(NSC) 상임위원회의를 주재했다.

참석자들은 이날 정부 교체기에 안정적인 마무리와 원만한 이양을 위해 확고한 안보태세 유지와 상황 관리가 중요하다는 점을 강조하고 북한 동향 및 주요 국제 현안들을 점검했다.

NSC는 이와관련 먼저 북한의 핵·미사일 관련 활동과 서해 NLL 수역을 비롯한 접경지역 군사 동향을 살펴보고 우리의 감시·경계 태세를 점검했다.

동시에 한미 간 긴밀한 공조 하에 최근 북한군 열병식 동향을 정밀 분석하고 이를 바탕으로 우리 군과 한미연합의 실질적 대응 능력을 지속적으로 강화해 나가기로 했다.

아울러 우크라이나 전황과 국제사회 대응 동향을 점검하고 우리 국민들은 우크라이나에 허가 없이 입국하지 말 것과 이미 입국한 경우 조속히 출국할 것을 당부했다.

한편 국제사회와 긴밀히 협력하면서 우리 국민의 안전 확보와 우크라이나에 대한 지원 등 필요한 조치를 계속 취해 나가기로 했다고 청와대는 전했다.

매주 목요일 오후 정례적으로 개최되는 NSC 상임위 내용은 기자들에게 접근이 쉽지 않은 분야다. 통상 외교안보 보안상황이어서 비공개라는 설명이 늘 뒤에 따라 붙었다.

여기에 간혹 남북관련 현안은 대통령과 청와대의 정무적 판단을 거치는 경우가 대부분이어서 발표 내용과 사안의 팩트는 겉돌기 마련이다.

해양수산부 공무원 서해 실종 및 북한군 총격사망 사건의 경우 사안의 실체적 진실보다 청와대의 정치적 판단이 본질을 흐리면서 진실 규명은 미궁에 빠진채 고인은 물론 유가족의 명예에 큰 상처만을 남겼다.

또 남북관계와 정세안정이라는 '정치' 앞에 과연 국민은 무엇이고, 국가의 역할은 무엇인가에 대한 의문도 제기됐다. 그리고 정치적 이데올로기 앞에 무력하게 숨겨 간 한 인간 그리고 한 국민의 나약함을 실감하게 하는 사건이었다.

청와대 D-10일

(4월 29일)

문재인 대통령이 29일 국민청원에 답변하고 있다.

일일 뉴스

┃ 청와대 바이든 美 대통령 면담 추진 ┃

29일 새벽 서울에는 봄비가 흠뻑 내렸다.

출근길 세종대로에서 북악산을 향해 서자 이순신 장군 동상, 세종대왕상, 광화문, 경복궁 근정전 넘어 시선에 들어온 청와대는 어제와 같이 위풍당당했다.

봄비에 씻긴 화강암으로 휘감은 인왕산도 위엄이 예전과 달랐다. 겸재 정선의 '인왕제색도'가 되살아 숨쉬는 듯 바위 중간중간 치솟은 검푸른 소나무 숲은 싱그러움을 연일 내뿜고 있었다. 산 아래 통의동이 자리한 경복궁 서촌에는 상춘(常春)의 새 기운이 감돌았다.

이날 아침 언론들은 5월 20일 방한하는 조 바이든 미국 대통령과 문재인 대통령과의 면담 가능성을 간략하게 보도했다. 이미 청와대를 떠난 전 대통령과 미국 대통령의 만남에 대한 기대와 함께 우려도 나왔다.

전날 제20대 대통령직인수위원회는 윤석열 대통령과 조 바이든 미국 대통령의 5월 21일 첫 정상회담 소식을 전했다.

윤석열 당선인은 한미정상회담과 관련 "경제안보와 과학기술 협력 등 한미동맹을 긴밀히 논할 수 있는 시의적절한 만남이 될 것"이라고 밝혔다.

배현진 당선인 대변인은 이날 오후 조 바이든 미국 대통령 방한에 관한 추가 서면 브리핑에서 "윤 당선인은 5월 21일 조 바이든 미국 대통령과 한미정상회담을 가질 예정"이라면서 이같이 전했다.

또한 "윤 당선인은 이번 한미정상회담이 북한의 핵·미사일 위협과 글로벌 공급망 불안 등이 심화되는 상황에서 열린다면서 이같이 기대감을 표시했다"고 설명했다.

배현진 대변인은 "윤석열 대통령 당선인은 조 바이든 미국 대통령이 5월 20일부터 22일까지 방한하기로 한 데 대해 환영의 뜻을 표했다"고 밝혔다.

백악관도 이날 바이든 대통령이 5월 20일부터 24일까지 한국과 일본을 순방한다고 공식 발표했다.

| 정은경 '정치방역' 진화 |

이날 아침 문재인 정부는 5월 2일부터 야외에서는 마스크를 착용하지 않아도 된다고 선언했다.

전날 문재인 대통령은 방역 관계자들을 청와대로 초청해 오찬 간담회를 갖고 코로나 K-방역 성과를 격려했다.

김부겸 국무총리는 29일 오전 정부서울청사에서 코로나19 중앙재난안전대책본부(중대본) 회의를 주재하고 마스크 착용 지침 변경을 발표했다.

김 총리는 "일부에서 우려도 있었지만 혼자만의 산책이나 가족 나들이에서조차도 마스크를 벗을 수 없는 국민들의 답답함과 불편함을 계속 외면할 수는 없다고 판단했다"고 했다.

윤석열 차기 정부는 마스크 착용 의무 해제 방침에 반대해왔다

안철수 대통령직인수위원회 위원장은 5월 말에 '실외 마스크 프리' 선언을 검토하겠다며 현 시점에서의 마스크 착용 의무 해제를 반대했다.

하지만 문재인 정부는 방역상황을 종합적으로 판단했을 때 실외 마스크 착용 의무를 계속 유지할 필요가 없다는 판단을 내렸다.

김 총리는 이날 "방역과 의료상황은 확실한 안정세를 보이고 있다"

며 "프랑스, 뉴질랜드, 싱가포르 등은 오미크론 정점 직후 또는 1개월 전후 마스크 착용 의무를 해제했지만 특별한 문제 없이 감소 추세를 보이고 있다"고 강조했다.

다만 "코로나19 유증상자나 고위험군인 경우와 다수가 모인 상황에서 1m 이상 거리유지가 어렵거나 비말 생성이 많은 경우에는 실외 마스크 착용을 적극 권고한다"고 했다.

반면 차기 윤석열 정부 입장에서는 매일 확진자가 5만명대를 넘나들고 사망자도 130여 명에 이르는 상황에서 문재인 정부의 실외 마스크 착용 의무 해제는 국민들에게 잘못된 신호로 해석될 수 있고 코로나 재확산의 원인을 제공할 수 있다며 반대 입장을 보였다.

문재인 정부도 조심스럽기는 마찬가지였다.

그래서 방역규제 완화와 동시에 어르신 등 고위험군에 대한 관리는 강화하기로 했다.

김 총리는 "혈액암이나 장기 이식으로 면역억제 치료를 받고 있어 예방접종을 통한 항체 형성이 어려운 분들을 위한 예방용 항체 치료제를 조만간 도입할 계획"이라고 밝혔다.

이어 "삶의 일부처럼 당연시되었던 방역 규제가 하나씩 해제되고 있다"며 "규제 해제로 인한 방역의 빈틈이 생기지 않도록 국민들의 자율과 책임에 입각한 방역 노력이 더욱 절실해졌다"며 개인방역 수칙 준수를 당부했다.

정부의 마스크 방침이 발표된후 윤석열 차기 정부의 반론이 서울 통의동 대통령직인수위원회 사무실에서 들려왔다.

안철수 대통령직인수위원장은 이날 5월 2일부터 야외에서는 마스크를 착용하지 않아도 된다는 정부 방침에 대해 "너무 성급한 판단"이라고 밝혔다.

그는 이날 인수위 사무실 앞에서 기자들과 만나 "오늘도 확진자가

5만 명, 사망자가 100명 이상 나왔다. 어떤 근거로 실외 마스크 착용을 해제할 수 있다는 것인지 과학적 근거가 명확하지 않다"며 비판했다.

안 위원장은 "우리는 5월 하순 정도 돼서 상황을 보고 지금보다 훨씬 더 낮은 수준의 확진자, 사망자가 나올 때 판단해야 한다고 권고했다"며 "(방역 성과) 공을 현 정부에 돌리려 하는 것 아니냐는 우려가 있다"고 지적했다.

인수위 홍경희 부대변인도 이날 기자회견장에서 "인수위는 코로나 일상 회복의 일환으로 마스크 착용의 해제 방향에 공감하지만 현시점에서 실외 마스크 해제는 시기상조임을 누누이 강조해 왔다"며 "유감을 표한다"고 밝혔다. 그러면서 "인수위는 현 정부의 마스크 해제 결정에 우려를 표하며 향후 재확산 및 확진자 수 증가 시 어떠한 정책적 대응수단을 준비하고 이번 조치를 발표했는지 묻지 않을 수 없다"고 했다.

물러나는 문재인 정부와 새롭게 취임해 국민건강을 책임져야 하는 윤석열 정부 사이의 방역논란이 다시 한번 충돌한 셈이다.

인수위 측은 문재인 정부를 향해 물밑으로 여러 차례 반대 의사를 전달한 것으로 알려졌으나 정부는 그대로 발표를 강행했다. 이를 두고 정치권에서는 현 정부와 차기 정부의 신·구 권력 갈등 양상이 재연되는 것 아니냐는 분석도 나왔다.

홍 부대변인은 "정부가 오늘 발표를 결정하는 과정에 있어 인수위와 사전 교감은 없었다"고 했다.

한덕수 국무총리 후보자도 이날 정부의 실외 마스크 의무착용 해제에 대한 우려와 함께 신구 정부간 협력을 당부했다.

한 후보자는 실외 마스크 착용 의무 해제를 놓고 벌어지고 있는 정부와 대통령직인수위원회 간 충돌 논란에 대해 "서로 협조가 잘 되면 좋겠다"고 했다.

그는 이날 서울 종로구 한국생산성본부빌딩에 마련된 인사청문준비단 사무실로 출근하면서 취재기자들에게 "모든 것은 결국 과학에 기초를 둬야 한다"면서 "현재 코로나에 대한 모든 조정과 책임은 현 정부가 가지고 있기 때문에 현 정부의 판단이 있다면 일단 결정을 따라야 한다"고 했다.

이 발언은 현실적으로 현 정부의 결정을 따를 수밖에 없지만 새 정부와도 협조가 잘 돼야 한다는 입장을 보인 것으로 해석됐다.

논란이 확산하자 정은경 질병관리청장은 "실외 마스크 해제는 정치적 판단이 아니다"고 논란을 진화하고 나섰지만 오히려 '정치방역' 논란은 확산해 갔다.

정 청장은 이날 중앙재난안전대책본부 정례브리핑에서 인수위가 마스크 해제 결정에 유감의 뜻을 밝힌 데 대한 정부 입장을 묻는 질문에 "실외 마스크 방역조치에 대해 정치적으로 판단하지는 않았다"고 했다.

정부는 다만 코로나19 의심 증상이 있는 경우, 고령자·미접종자 등 고위험군인 경우, 스포츠 경기장 등 다중이용시설을 이용하거나 50인 이상 행사에 참석하는 경우, 다른 일행과 최소 1m 거리를 지속적으로 유지하기 어려운 경우 등에는 마스크 착용을 적극적으로 권고하기로 했다고 설명했다.

정 청장은 "실외 마스크 해제에 대해서는 원론적으로 필요성에 대해서는 다들 공감하신다고 판단하지만 시기나 방법에 대한 견해의 차이가 있을 수는 있다고 본다"고 했다.

그는 최근 6주간 확진자 감소세가 지속되고 있고, 백신과 자연 감염으로 면역 수준이 높아지고 있으며, 실내가 실외보다 전파 위험도가 18.7배 높다는 연구 보고 등을 고려해 실외 마스크 조치를 조정했다며 '정치 방역' 비판을 일축했다.

정 청장은 이어 "저희가 오늘 발표드린 것은 실외 마스크가 필요 없다는 '프리선언'은 아니다"라고 강조하면서 "법적 의무와 과태료를 부과하는 범위를 '위험한 조건'으로 조정한 것으로, 여전히 위험한 상황과 고위험군은 실외에서도 마스크 착용을 적극적으로 권고하고 있기 때문"이라고 했다.

그는 "또한 실외 마스크가 현재도 불법은 아니다. 2m 거리두기를 하면 마스크를 착용하지 않게 돼 있는데 이를 일상생활에서 어떻게 적용하느냐에 대한 어려움이 있어서 국민들이 굉장히 불필요한 상황에서도 실외 마스크를 착용하는 불편함이 있었다"며 "이런 점들을 현실화한 것"이라고 했다.

정부는 이날 오전 9시 4월 29일 0시 기준 코로나19 확진자 발생은 5만 568명이라고 발표했다.

국내 발생 5만 538명, 해외 유입 30명이다. 사망자는 136명이 늘어나 총 2만 2,724명을 기록했다. 위중증자도 비록 전날보다 26명이 줄었지만 526명이 여전히 사경을 헤매고 있었다.

코로나19 초기 마스크 대란 그리고 백신부족 논란 그리고 '정치방역' 의혹에 휩싸였던 문재인 정부가 임기 종료를 앞두고 '실외 마스크 착용의무 해제'를 놓고 신구 정권 간 갈등이 다시 터진 것이다.

문재인 대통령은 전날 방역 관계자들을 청와대 영빈관으로 초청해 오찬을 같이 하며 세계가 인정한 'K-방역'의 성과를 치하했다.

| 문재인 대통령 "집무실 용산이전 반대" 공개 발언 |

문재인 대통령은 이날 오전 10시 국민들에게 지난 5년 동안 운영했던 국민청원에 대한 마지막 답변을 내놨다.

답변 대상 청원은 이명박 전 대통령 사면 반대를 비롯해 대통령 집무실 이전 반대, 동물 학대범 강력처벌 등 20만 명 이상 동의를 받은 청원 7개였다.

문 대통령은 답변에 앞서 "지난 5년간 국민청원에 대한 폭발적 참여로 변화를 만들어 주신 국민들에게 감사하다"고 인사했다. 그러면서 "국민청원은 우리 사회를 바꾸는 힘이 되어 아동보호 국가책임 강화, 디지털 성범죄 근절, 소방공무원 국가직 전환, 수술실 CCTV 설치 등 다양한 영역에서 진전을 이뤄냈다"고 했다.

또한 "국민청원은 국민과 정부의 소통창구로서 우리 정부의 상징"이라면서 "어느 정부에서든 국민의 호소에 성심껏 답하고 국정에 담아내는 노력이 지속되길 바란다"고 했다. 그러면서 "대한민국의 놀라운 성취는 모두 국민들께서 이룬 것으로 우리 모두 자부심을 가져야 하며 퇴임 이후에도 국민의 성원을 잊지 않겠다"고 인사했다.

청와대는 이날 '문재인 정부 국민청원'의 마지막 답변을 영상으로 제작해 배포했다.

이 자료에서 정부는 문재인 정부 출범직후 2017년 8월 19일 국민청원을 도입해 '국민이 물으면 정부가 답한다'는 원칙 아래 20만 명 이상 국민 동의를 얻은 청원에 대해 책임있게 답변을 해왔다고 했다.

문 대통령이 국민청원에 직접 답변한 것은 지난 4주년 특별답변(2021년 8월 19일) 이후 두 번째며 287번째 청원 답변이다.

문 대통령은 이날 영상에서 "국민청원의 마지막 답변만큼은 직접 하기로 했다"며 "답변하기가 조심스러운 청원도 있지만 현재까지 20만 명 이상 동의하신 국민청원에 대해 모두 한꺼번에 답변을 드린다"고 답변 취지를 설명했다.

이날 문 대통령이 답변에 나선 청원은 △이명박 전 대통령 사면을 반대합니다(3월 15일 / 35만 5,501명 동의) △윤석열 당선인 집무실 만들고자 국가안전 중추인 국방부를 강압 이전하여 국민의 혈세 수천억을 날리는 것을 막아주십시오(3월 17일 / 54만 4,898명) △제20대 대통령의 집무실 이전에 반대합니다(3월 17일 / 21만 2,122명) △문재인 대통령님 사랑합니다(3월 10일 / 28만 7,985명) △의료 민영화의 첫걸음이 될 제주 영리병원을 국가가 매수해 주십시오(3월 14일 / 22만 47명) △폐양식장에서 취미로 고양이 해부를 즐기던 학대범을 강력히 처벌해 주세요(3월 22일 / 22만 5,598명) △***동탄 길고양이 학대 XX를 강력 처벌해 주세요(4월 18일 / 51만 7,839명)였다.

문 대통령은 이날 답변을 통해 국민청원의 의미와 관련 "국민들의 적극적 참여와 이웃의 호소에 대한 뜨거운 공감은 우리가 미처 돌아보지 못했던 문제들을 발견하는 계기가 되었고 법과 제도 개선의 동력이 되어 우리 사회를 바꾸는 힘이 되었다"며 "아동보호에 대한 국가책임, 디지털 성범죄 근절과 피해자 보호 대책, 소방공무원 국가직 전환, 수술실 CCTV 설치, 경비원 근로환경 개선 등 다양한 영역에서 많은 진전을 이뤄낼 수 있었다"고 했다.

또한 "정부 권한이 아니어서 답변드리기 어려운 청원도 있었고 다 해결하지 못한 청원도 있었지만 국민이 어디든 호소할 곳이 있다는 것 그 자체에 큰 의미가 있다고 생각한다"고 했다.

문 대통령은 "국민청원은 국민과 정부의 소통창구로서 우리 정부의 상징이 되었다"며 "국민청원권 확대는 거스를 수 없는 시대적 흐름이고, 어느 정부에서든 국민의 호소에 귀 기울이며 성심껏 답하고 국정에 담아내기 위한 노력이 지속되길 기대한다"고 했다.

문 대통령은 이어 '이명박 전 대통령 사면 반대' 청원에 대해 "청원인은 정치부패범죄에 대한 관용 없는 처벌의 필요성과 함께 아직도 반성하는 태도를 보이지 않는 점을 이유로 들었다"며 "아직은 원론적으로 답할 수밖에 없다"고 했다. 이어 "청원인과 같은 의견을 가진 국민들이 많다. 반면에 국민화합과 통합을 위해 사면에 찬성하는 의견도 많다"며 "사법 정의와 국민 공감대를 잘 살펴서 판단하겠다"고 했다.

또한 '대통령집무실 이전 반대 청원' 2건에 대해 "개인적으로 청원 내용에 공감한다"며 "많은 비용을 들여 광화문이 아닌 다른 곳으로 꼭 이전해야 하는 것인지 이전한다 해도 국방부 청사가 가장 적절한 곳인지, 안보가 엄중해지는 시기에 국방부와 합참, 외교부 장관 공관 등을 연쇄 이전시키는 방식으로 추진하는 것이 맞는지 의문"이라고 했다. 이어 "차기 정부가 꼭 고집한다면 물러나는 정부로서는 혼란을 더 키울 수가 없는 것이 현실"이라며 "집무실 이전 과정에서 안보 공백과 경호 공백이 발생하지 않도록 하는 데 심혈을 기울이고 있으며 그렇게 하지 않을 수 없는 정부의 입장에 양해를 구한다"고 했다.

문 대통령은 그러면서 "청와대가 한때 구중궁궐이라는 말을 들었던 때도 있었지만 전체적으로 계속해서 개방이 확대되고 열린 청와대로 나아가는 역사였다"며 "우리 정부에서도 청와대 앞길이 개방되었고 인왕산과 북악산이 전면 개방되었으며 많은 국민이 청와대 경내를 관람했다"고 했다.

듣기에 따라서는 윤석열 차기 정부가 추진하는 청와대 개방이 전혀 새로운 일이 아니라는 의미로도 들렸다.

문 대통령의 국민청원 답변은 세 번째로 이어져 '의료 민영화를 우려하여 제주 영리병원 국가 매수 요청'에 대해 "의료 민영화 우려에 대해 공감한다"며 "청원인이 언급한 병원은 소송이 진행 중으로 최종 사법적 판단을 지켜봐야 하며 국가 매수 방안도 아직은 말하기에 이른 상황"이라고 했다. 그러면서 "우리 정부는 문재인 케어로 건강보험의 보장성을 크게 높였고 코로나 방역과 치료도 건강보험과 국가재정으로 전적으로 책임지다시피 했다"며 "공공의료에 대한 국가책임을 강화하는 방향으로 우리 사회가 계속 전진하길 바란다"고 했다.

문 대통령은 다음으로 '동물 학대범 강력 처벌 및 동물보호 강화 요구 청원'에 대해 "동물보호 청원에 대한 답변이 이번으로 열다섯 번째로, 사회적 관심이 그만큼 높고 법·제도적 개선이 이뤄지고 있지만 학대 사건이 끊임없이 이어지고 있어 매우 안타깝게 생각한다"고 밝혔다.

이어 "청원하신 두 건 모두 엄정한 수사와 재판을 통해 합당한 처벌을 받게 되기를 바란다"며 "우리 정부는 농식품부 동물복지 전담부서 신설, 동물복지 5개년 계획 수립, 최근에는 31년 만에 동물보호법 전면개정 등 동물학대 근절과 동물복지 향상을 위해 지속적으로 노력해왔다"고 했다. 그러면서 "아직도 관행과 문화가 뒤따르지 못하고 있는 것이 현실"이라며 "모든 생명이 존중받는 사회로 나아갈 수 있도록 계속 노력해 나가길 바란다"고 밝혔다.

문 대통령은 이날 마지막으로 '문재인 대통령님 사랑합니다' 청원에 대해 감사의 마음을 전하며, "오늘의 대한민국은 지난 70년간 세계에서 가장 성공한 나라로 평가받고 있다"며 "이와 같은 놀라운 국가적 성취는 모두 국민들께서 이룬 것이기 때문에 이제는 우리 모두 자부심을 가져야 한다"고 했다.

동시에 "지난 5년 동안 언제나 과분한 사랑과 지지를 보내주셨고 위기와 고비를 맞이할 때마다 정부를 믿고 힘을 모아주셨다"며 "퇴임 이후에도 국민의 성원을 잊지 않겠다"고 말하며 답변을 마무리했다.

이날 문 대통령의 국민청원 답변에서 주목되는 점은 윤석열 정부가 추진해 곧 문을 여는 용산 대통령 집무실에 대해 거듭 반대 입장을 밝혔다는 점이다.

윤석열 정부의 집무실 이전 추진에 대해 '고집'이라는 표현까지 인용하며 개인적으로 반대하지만 물러나는 대통령으로서 수용할 수 밖에 없는 정치적 현실을 토로했다.

문 대통령은 이날 이명박 전 대통령 사면에 대해서는 '찬성 의견도 많다'고 밝혀, 퇴임전 5월초 부처님오신날을 계기로 사면 가능성을 시사했다.

문 대통령은 '이명박 전 대통령 사면 반대' 청원에 대해 "청원인은 정치부패 범죄에 대한 관용 없는 처벌의 필요성과 함께 아직도 반성하는 태도를 보이지 않는 점을 이유로 들었다"고 했다. 그러면서 "청원인과 같은 의견을 가진 국민들이 많다. 반면에 국민 화합과 통합을 위해 사면에 찬성하는 의견도 많다"며 "사법 정의와 국민 공감대를 잘 살펴서 판단하겠다"고 했다.

이런 문 대통령의 발언이 알려지자 부처님오신날을 계기로 이명박 전 대통령 사면 가능성과 함께 김경수 전 경남지사 등의 사면 가능성도 동시에 불거졌다.

▎국민의힘 '검수완박 거부권' 청와대 요청 ▎

검수완박 싸움에서 완패한 국민의힘이 29일 오전 문재인 대통령의 양심에 호소하고 나섰다.

'트로이목마'인 박병석 국회의장의 검수완박 중재안을 성큼 받았다 원내대표 자리가 흔들린 권성동 의원이 13년전 자신이 법무비서관으로 일했던 청와대에 SOS 신호를 날렸다.

국민의힘 권성동 원내대표는 이날 검수완박 법안에 거부권을 행사해달라며 문재인 대통령에게 면담을 요청했다.

권 원내대표는 이날 오전 국회에서 열린 원내 대책회의에서 "문 대통령을 직접 만나 검수완박 악법의 위헌성과 국회 처리 과정의 위법성을 상세히 설명해 드리고 국민적 우려와 반대의 목소리를 전하겠다"고 했다.

그는 "설사 위헌적인 검수완박 악법이 국회 문턱을 넘더라도 대통령 스스로 지난 5년의 국정운영에 자신이 있다면 거부권 행사로 국민 우려를 불식시켜 달라"고 호소했다.

권 원내대표는 "우리 국민의힘은 이미 검찰청법 개정안 졸속 처리 과정에 대해 헌법재판소에 효력정지 가처분을 신청했다. 본회의 처리 전에 헌재 결정이 내려지기를 강력히 촉구한다. 다수 국민은 민주당이 법안 처리를 서두르는 이유가 문재인·이재명 수호에 있다며 분노한다"고 했다.

그는 "사개특위 구성을 포함한 양당 합의는 원천 무효"라며 "민주당이 일방적으로 운영위를 소집해 사개특위 구성 결의안을 처리한다면 국회법 위반이자 입법 독재 선포"라고 했다.

▎윤석열 "민생행보" 민주당 "선거행보" 신경전 ▎

윤석열 대통령 당선인은 29일 충청권 대전, 청주, 음성을 찾아 다섯 번째 '약속과 민생의 행보'를 이어갔다.

윤 당선인은 '우문현답'(우리의 문제는 현장에 답이 있다)의 마음으로 가감없이 민심을 듣고, 지역의 미래 먹거리를 살필 예정이라고 당선인 대변인실은 밝혔다.

특히 대한민국의 미래를 선도할 핵심기술을 점검하고 혁신도시로 뻗어가는 충북의 생생한 현장을 확인한다고 했다.

이번 '약속과 민생의 행보'는 지역의 발전으로 국민의 삶을 편안하게 하겠다는 당선인의 지역균형 발전 의지를 다시한번 확인하는 자리가 될 것이라고 당선인 측은 설명했다.

윤 당선인은 이날 오전 10시 30분 대전 나노종합기술원 반도체 연구 현장을 찾아 카이스트 학생들과 간담회를 가졌다.

이어 낮 12시 35분에는 청주의 육거리 종합시장을 방문해 소상공인들을 만나 민심을 청취했다.

윤 당선인은 오후 2시 30분 청주 다목적방사광가속기 공사 현장과 오후 3시 30분 음성 충북혁신도시 현장과 국립소방병원 건립현장을 차례로 찾아 공사 관계자들을 격려했다.

민주당은 지선을 한달여 앞두고 계속되고 있는 지역순회 민생행보에 민감하게 반응했다.

여차하면 대선 패배에 이어 지방권력도 국민의힘에 넘겨줄 수 있다는 위기감의 반영이었다.

더불어민주당은 29일 윤석열 당선인의 지역 방문에 대해 "당선사례를 빙자한 지역 투어는 명백한 선거 개입"이라고 했다.

민주당 신현영 대변인은 논평에서 "윤 당선자(방문)는 '당선 후 찾아뵙겠다는 약속을 지킨다'는 명목이지만 6·1 지방선거를 코앞에 둔 상황에서 전국을 도는 모습이 '민생행보'로만 보이지 않는다"면서 이같이 지적했다.

신 대변인은 "윤 당선자는 국민의힘 시도지사 후보들과 동행하며 선거유세에서나 나올법한 이야기를 서슴지 않고 있다"면서 "어제 윤 당선자는 충남을 방문해 국민의힘 김태흠 충남지사 후보를 곁에 세워두고 '충청의 아들', '저희 집안이 충청에서 뿌리내린 집안' 등의 발언을 했다"고 비판을 이어갔다.

또 "대전에선 국민의힘 이장우 대전시장 후보를 대동해 사진을 찍는 등 사실상 지원 유세를 했다. 사실상 선거운동"이라고 했다.

그는 "당선자 신분이라 당장 선거법에 저촉되지 않는다고 주장할 수 있으나 당선자의 모든 활동은 국고로 지원된다"면서 "대통령에게 엄정하게 요구되는 선거 중립 의무에서 자신은 자유롭다고 생각하는 것인지 답변하라"고 했다.

이런 가운데 민주당 일부 의원들이 '대통령 당선인'을 공무원의 범주에 포함하기 위한 법 개정을 추진 중이라는 사실이 확인됐다.

국회 의안정보시스템에 따르면 제20대 대통령선거 민주당 후보인 이재명 전 경기지사의 최측근인 정성호 의원 등은 지난달 17일 이같은 내용의 공직선거법 개정안을 발의했다.

정 의원 등은 "대통령 당선인의 경우 가까운 시일 내에 공무원이 될 것이 확정적이며 '대통령직 인수에 관한 법률'에 따라 지위와 권한을 행사하는 한편 각종 예우를 제공 받고 있어 공무원으로 볼 수 있다"며 "대통령 당선인이라는 지위를 고려할 때 선거에서 정치적 중립의무는 당위적 의무에 해당한다"고 했다.

┃ 그래도, 대통령직인수위 시계는 돈다 ┃

신구 정권이 각 분야에서 현안을 놓고 충돌이 작렬하는 가운데 인수위는 각 분야에서 비전 발표나 현장 행보를 이어갔다.

대통령직인수위원회 대변인실은 이날 아침 〈공지〉를 통해 어제(28일) '에너지정책 정상화를 위한 5대 정책방향' 브리핑 이후 '한전의 민영화 우려'라는 일부 보도에 대해 사실 관계를 다시 알려드린다고 밝혔다.

"인수위는 한전의 민영화 여부를 논의한 적이 없습니다. 한전의 독점적 전력 판매시장에 변화가 필요하다는 것이 한전 민영화를 의미하는 것은 아닙니다. 새롭고 다양한 전력 서비스사업자가 등장하는 것이 필요하기에, 전력시장이 경쟁적 시장구조로 바뀌는 것이 바람직하다는 의미입니다."

이어 인수위 홍경희 부대변인의 '코로나특위 실외 마스크 해제 관련' 현안 브리핑이 이어졌다.

대통령직인수위 정무사법행정분과 박순애 인수위원은 이날 오후 통의동 인수위 기자회견장에서 '기부금 단체 등 시민단체의 투명성 강화'에 관한 브리핑을 했다.

안철수 인수위원장도 이날 '윤석열 정부의 복지국가 개혁방향'에 대한 브리핑을 위해 직접 마이크를 잡았다.

인수위 지역균형발전특별위원회 김병준 위원장도 이날 충남도서관과 충북도청에서 각각 대국민보고를 통해 윤석열 정부의 지역균형발전 비전체계와 국정과제, 지역별 15대 정책과제를 소개했다.

인수위는 윤석열 정부 출범 시점이 성큼성큼 다가오면서 분야별 정책비전을 선보였으나 신구 정권 간 충돌이 연일 모든 전선으로 확산하면서 국민들의 이목에서 비켜나 있었다.

Ⅰ 직무 긍정평가 윤석열 43% 〈 문재인 45% Ⅰ

한국갤럽은 29일 오전 10시 주간 정례 여론조사 결과를 발표했다.

4월26~28일 전국 만 18세 이상 남녀 1,003명을 대상으로 실시한 여론조사(표본오차 95% 신뢰수준 ±3.1%포인트)에서 국민들은 열 하루가 지나면 취임하는 윤석열 대통령 당선인의 직무에 대해 43%만 긍정 평가했다. 부정 평가는 긍정 평가보다 1%포인트 높은 44%로 집계됐고 나머지 10%는 답변을 유보했다.

이 조사에서 곧 청와대를 떠나는 문재인 대통령 국정수행에 대해 45%가 긍정 평가했고 49%는 부정 평가했다. 직선제 이후 역대 대통령 중 퇴임을 앞둔 문 대통령의 지지율이 최고치를 기록했다.

문 대통령은 지난 2021년 12월 셋째주이후 직무수행 부정 평가가 49%~54%를 오갔지만 긍정 평가도 37%~45%를 기록하며 집권말 이례적으로 고공행진을 이어갔다.

지난 3월 대선에서 윤석열 당선인이 0.73%포인트 차이로 상대 후보에게 신승한데 이어 집무실 이전과 인선 문제 등으로 업무수행 긍정 평가가 42%~50%에 머물면서 청와대와 민주당의 윤 당선인과 새 정부에 대한 '도발'이 연이어 계속되고 있었다.

다만 6월 전국 지방선거를 한 달 앞두고 3개 정당별 호감 여부를 물은 결과(순서 로테이션) '호감이 간다'는 응답은 국민의힘 41%, 민주당 33%, 정의당 23% 순으로 나타났다.

비호감도('호감 가지 않는다' 응답)는 국민의힘이 52%였고 민주당과 정의당은 60% 내외였다고 한국갤럽이 29일 밝혔다.

차기 집권여당에 대한 선호도가 민주당을 앞서자 이는 브레이크 없는 검수완박 입법 강행 여파라는 관측이 나왔다.

┃ 문재인 대통령 軍 주요직위자 고별 오찬 ┃

문재인 대통령은 29일 낮 청와대 본관 충무실로 군 주요 직위자를 초청해 오찬을 함께 하며 졸지에 국방부 청사를 새 대통령에게 내준 군심을 달랬다.

이 자리에는 서욱 국방부 장관과 박재민 국방부 차관을 비롯해 원인철 합동참모의장, 남영신 육군참모총장, 김정수 해군참모총장, 박인호 공군참모총장, 김승겸 한미연합사 부사령관, 김정수 육군 제2작전사령관, 안준석 지상작전사령관, 김태성 해병대사령관, 강동훈 해군작전사령관, 최성천 공군작전사령관, 이상철 안보지원사령관, 정석환 병무청장, 강은호 방위사업청장, 박종승 국방과학연구소장 등이 참석했다.

청와대에서는 유영민 비서실장을 비롯해 서훈 국가안보실장, 유연상 경호처장, 서주석 국가안보실 1차장, 박경미 대변인, 탁현민 의전·신지연 제1부속, 강신철 안보국방전략비서관 등이 배석했다.

행사 시작을 18분 앞두고 오전 11시 42분 강은호 방위사업청장과 원인철 합참의장 등이 도착했다.

헤드 테이블은 문 대통령 자리를 중심으로 왼쪽으로 원인철 합참의장, 김정수 제2작전사령관, 강은호 방위사업청장, 최성천 공군작전사령관, 유영민 비서실장, 서훈 국가안보실장, 강신철 안보국방전략비서관, 김태성 해병대사령관, 안준석 지상작전사령관, 김정수 해군참모총장 순으로 자리했다.

이어 다시 같은 방향으로 남영신 육군참모총장, 박인호 공군참모총장, 박재민 국방부 차관, 이상철 안보지원사령관, 유연상 경호처장, 서주석 국가안보실 1차장, 박종승 국방과학연구소장, 강동훈 해군작전사령관, 정석환 병무청장, 김승겸 한미연합사 부사령관, 서욱 국방부 장관(대통령 바로 오른쪽) 순으로 자리가 배치됐다.

행사를 10분여 앞두고 서훈 국가안보실장이 행사장에 입장해 테이블을 돌면서 군 주요 관계자들과 주먹인사를 나눴고 이어 유영민 비서실장이 입장해 테이블을 돌면서 참석자들과 악수를 했다.

이날 오찬 메뉴는 한식으로 한우 차돌박이 샐러드, 고추 간장소스, 제주산 전복죽, 고성 돌우럭 구이, 한우 떡갈비, 흑미밥과 맑은 재첩국, 찬(백김치, 명란젓갈, 참나물, 곰취나물), 후식(오미자 파나코타, 제철과일) 등이 준비됐다.

문 대통령은 행사에 맞춰 12시 정각 진한 남색 정장에 파란색 넥타이, 흰색 마스크를 착용하고 본관에 도착해 도보로 충무실로 이동했고 서욱 국방부 장관과 유영민 비서실장이 영접했다.

문 대통령이 낮 12시 1분 충무실에 입장하자 참석자 모두 자리에서 일어나 박수로 환영했고 문 대통령도 박수치며 테이블을 한 바퀴 돌면서 코로나시대 대표 인사법으로 자리잡은 주먹인사를 나눴다.

이날 행사의 사회자로 강신철 청와대 안보국방전략비서관이 마이크를 잡았다.

"대통령께서 입장하고 계십니다. 모두 환영해 주시기 바랍니다. (박수) 안보국방전략비서관입니다. 오늘 이 자리는 지난 5년 동안 국가 방위태세를 완벽히 구축하고, 또 미래를 대비하는 국방 건설을 위해 혼신의 노력을 다해 주신 분들의 노고를 치하해 주기 위해 마련되었습니다. 지난 5년간의 노력과 성과를 축하하면서 서로를 격려하는 뜻깊고 좋은 시간이 되시기를 바라겠습니다. 그러면 오찬에 앞서 대통령의 모두 말씀이 있으시겠습니다."

문 대통령의 모두 발언이 이어졌다.

"(마스크 벗은 후 마이크 들고) 여러분, 반갑습니다. 지난 5년간 우리는 각고의 노력을 기울여서 대한민국의 평화와 안보를 잘 지켜 왔습니다. 우리에게 평화와 안보는 생존의 조건이고, 또 번영의 조건이기도 합니다. 오늘 우리 국방장관님, 합참의장님, 3군 총장님, 한미연합사부사령관님, 해병대사령관님을 비롯해서 우리 군의 최고 지휘관들과 또 병무청장, 방사청장, 국방과학연구소장 이런 군 관련 주요 직위자들과 이렇게 함께 식사를 같이 하면서 그동안 우리의 평화와 안보를 지키기 위해서 각고의 노력을 기울여 주신 데 대해서 이렇게 치하하고 격려할 수 있는 그런 시간을 임기 내에 그렇게 가질 수 있게 되어서 매우 기쁘게 생각을 합니다.

우리가 평화, 안보, 이것을 잘 지키고 있기 때문에 많은 사람들이 평화와 안보라는 것이 마치 공기처럼, 그냥 저절로 있는 것처럼, 늘 있는 것처럼 그렇게 쉽게 당연한 것처럼, 그렇게 생각하는 분들이 많습니다.

　그러나 우리가 2017년 정부 출범 그 초기에 북한의 계속된 미사일 발사와 핵실험, 그것으로 인해서 빚어졌던 우리 한반도의 위기, 그리고 또 북한과 미국 간의 강대강 대치로 빚어졌던, 말하자면 금방 폭발이라도 할 수 있을 것 같은 일촉즉발의 전쟁 위기의 상황. 그 상황에서 우리는 혼신의 노력을 다해서 대결의 국면에서 대화와 외교의 국면으로 전환시켰고, 그리고 그것을 통해서 지금까지 평화와 안보를 지켜올 수 있었습니다.

　그 중심에 우리 군이 있었습니다. 우리는 대화와 외교에만 의존하거나 치중한 것이 아니라 항상 어느 때보다 강한 국방력을 유지하고 상승시키기 위해서 최선의 노력을 다했습니다. 역대 어느 정부보다 많은 국방비 예산을 증액하고, 또 많은 방위력 개선에 투자를 하고, 이래서 세계적으로 종합 군사력 6위라는 그런 평가를 받기에 이르렀고, 그렇게 강한 국방력을 바탕으로 한 대화와 외교, 또 힘을 바탕으로 한 평화, 그런 것을 이룰 수가 있었습니다.

　그 노고에 대해서 다시한번 감사를 드리고 싶습니다. 그렇게 감사에 대해서 우리의 각 군 전군 장병들에게도 잘 전해 주시기를 바랍니다.

　우리가 국방력이 높아지니 자연히 우리의 방위산업 능력도 높아지고, 국방과학의 능력도 높아져서 이제는 방산 수출에 있어서도 우리가 공개하지는 않습니다만 지난해에 70억 불 이상 그런 성과를 올려서 우리의 종합군사력 순위가 비슷한 그런 방산 수출의 실적을 올려서 이제는 드디어 방산 수출이 수입보다 많은 나라가 되었고, 올해에는 훨씬 더 많은 실적을 높일 것으로 그렇게 전망하고 있습니다. 우리 방위산업과 국방과학의 발전은 그것이 바로 민간산업의 발전, 성장에 기여하는 것이기도 합니다.

우리 군은 국방이라는 본연의 임무 외에도 포괄적 안보라는 측면에서 정말 다양한 안보에 큰 역할을 해 주셨습니다. 가장 대표적인 것이 코로나 방역입니다. 검역과 백신 수송, 그리고 또 군의료진을 통한 치료, 이렇게 코로나 방역에 있어서도 군은 아주 핵심적인 역할을 해 주었고, 우리가 성공적인 방역을 이루어내면서, 또 경제에서도 가장 빠르게 회복할 수 있는 토대가 되어 주었습니다.

뿐만 아니라 고성 산불 같은 자연 재난, 아프리카돼지열병 같은 확산을 막아내는 그런 일까지도 정말 군이 없었으면 제대로 하지 못했을 것이라는 생각이 듭니다. 앞으로 산불 같은 경우에 우리가 산림청이 보다 많은 장비, 특히 또 강풍이나 야간 진화에도 할 수 있는 그런 대형 헬기를, 소방헬기를 갖춘다든지 하는 노력을 기울여 나가야겠지만 그것이 하루아침에 되지 않을 것이라고 생각하면 역시 그 기간 동안 군의 역할이 매우 중요하다고 생각합니다. 소방당국하고도 끊임없이 합동훈련 등을 통해서 군이 보유하고 있는 대형 헬기 장비들이 산불 진화에도 유용하게 활용될 수 있도록 그렇게 노력해 주시기 바랍니다.

한편으로 우리가 그동안 애써서 지켜온 그런 평화와 안보 덕분에 우리 정부 5년 동안 우리는 단 한 건도 북한과 군사적 충돌이 없는 그런 성과를 이룰 수 있었습니다. 그것은 노무현 정부에 이어서 두 번째의 일이라고 생각합니다. 역대 과거 정부에서 천안함, 연평도, 목함지뢰 같은 여러 군사적 충돌이 있었고, 그 때문에 항상 전쟁의 공포들이 있었던 것과 비교하자면 정말 우리가 얻은 아주 소중한 성과라고 생각합니다.

그런데 지금 최근의 북한이 ICBM 발사나 북한이 보여주고 있는 여러 가지 징후들을 보면 이제 다시 또 한반도의 위기가 엄중해질 수 있다, 또 경우에 따라서는 과거 우리 정부 출범 초기에 겪었던 것과 같은 그런 비상한 상황이 정권 교체기나 다음 정부 초기까지 계속될 수도 있겠다라는 그 우려를 가지고 있습니다. 그런 우려를 불식할 수 있도록 우리 군이 빈틈없는 그런 방위태세를 잘 유지해 주시기 바랍니다.

특히 요즘 대통령 집무실의 이전과 그로 인한 국방부와 합참의 이전, 이런 것 때문에 혹시라도 그런 부분에 빈틈이 있지 않을까 이런 염려들을 국민들이 하시는데, 그런 걱정을 하시지 않도록 더 철저한 방위태세를 유지해 주시기를 당부드리겠습니다.

다시 한번 5년간의 우리 군이 이룬 안보, 평화 성과에 대해서 감사드리고, 또 그것이 다음 정부에까지 그런 평화와 안보가 이어질 수 있도록 계속해서 우리 군이 중심적인 역할을 잘해 주시기를 당부드리겠습니다. 고맙습니다. (박수)"

문 대통령의 연설이 끝나자 사회자가 다시 마이크를 잡았다.

"대통령님, 감사합니다. 그러면 이어서 강한 안보, 자랑스러운 군, 그리고 함께하는 국방을 건설하기 위해 애쓰고 계시는 국방장관의 말씀을 들어 보겠습니다."

서욱 국방부 장관의 답사가 이어졌다.

"(일어나서 마스크 착용한 채 마이크 들고) 국방부 장관입니다. 바쁘신 국정운영 일정에도 불구하고 이렇게 국방 관련 주요 직위자들을 위해서 특별한 시간을 마련해 주신 대통령께 우선 감사드립니다.

대통령께서는 언제나 저희 군에 대해서 무한한 애정과 신뢰를 보내 주셔서 여기에 있는 국방 관련 주요 직위자들은 물론이고, 지금 전후방 각지에서 애쓰고 있는 국군 장병들도 대통령께 늘 감사하다는 그런 말씀을 제가 전해 듣고 있습니다.

지난 5년간 대통령님의 전폭적인 지원과 지지 속에서 우리 국방 관련한 많은 성과들이 있었습니다. 첫째로는 국방개혁 2.0을 시행하면서 전방의 안보 위협에 대비할 수 있는 국방태세를 잘 갖출 수 있었다고 생각합니다.

두 번째로는 4차 산업혁명 신기술을 우리 국방에 접목시켜서 미래 국방을 준비할 수 있는 토대가 마련되었다 이렇게 생각합니다.

세 번째로는 한미동맹을 강화하고, 또 우방국들과의 국방 교류 협력을 통해서 한반도의 평화 정착은 물론이고, 국제 평화 유지, 또 대통령께서 언급하셨지만 방산 수출에도 큰 성과가 있었다고 생각합니다.

네 번째로는 병 봉급 인상을 비롯한 군의료 체계 개선이라든가 여러 가지 복무 여건 개선에도 크게 관심을 가져 주셔서 군이 국민으로부터 신뢰받는 군으로 거듭 날 수 있도록 노력하였다는 말씀을 드리고.

다섯 번째로는 역대 정부보다도 훨씬 더 많은 국방비를 지원해 주셔서 방위력 개선은 물론이고, 저희들 병력들이 복지 또는 사기 증진에도 크게 기여했다고 생각합니다.

이렇게 전폭적으로 지원해 주신 대통령께 다시 한번 감사드리고, 우리 군은 본연의 임무 완수에 최선을 다해서 노력할 것을 다짐드립니다.

다시 한번 이런 훌륭한 자리를 마련해 주신 대통령께 감사드리고, 여기 계신 대통령님과 주요 직위자들, 그리고 국군 장병들 모두의 건승을 기원드립니다. 감사합니다."

뒤이어 원인철 합동참모의장의 답사도 이어졌다.

"(자리에서 일어나 마스크 착용한 채 마이크 들고) 정말 지금 가장 바쁘신 시간을 보내고 계실 대통령님께서 우리 군 주요 지휘관들을 위해서 이런 시간을 만들어 주시고 직접 격려의 자리를 만들어 주신 것에 대해서 진심으로 감사드립니다.

돌아보면 지난 5년간 굉장히 국내외적으로 여러 가지 어려운 여건들이 많이 있었고, 특히 또 코로나 상황이라고 하는 초유의 사태를 맞았지만 우리 대한민국은 계속 발전했고, 또 크게 성장했다고 생각을 합니다.

특히 우리 군은 지난 5년간 250조에 가까운 국방예산을 지원해 주신 덕분에 방위력 개선 분야뿐만이 아니고, 여러 가지 전력 운용 분야에 있어서도 많은 발전이 있었고, 또 저희들은 그런 기반하에 우리 군 사력을 그 어느 때보다도 강하게 건설할 수 있는 그런 계기가 되었다고 생각을 합니다.

대통령님과 5년 동안 또 군의 지휘관으로서, 이렇게 또 공군참모총장으로서, 또 합참의장으로서 함께했던 그 시간들은 저 개인적으로는 큰 영광이었고, 큰 보람과 긍지를 느끼고 있습니다. 제가 이런 역할을 잘할 수 있도록 했던 그 배경에는 다 아시겠지만 우리 대통령님께서는 우리 군에 대한 무한한 사랑, 또 군 지휘관들에 대한 큰 신뢰를 늘 보내주셨기 때문에 그런 자신감 속에서 저희들이 임무를 수행할 수 있었고, 또 지난 5년 동안 육해공군 사관학교를 비롯해서 국군간호사관학교, 또 제3사관학교 졸업식을 다 참석하셨고, 국군의날 모든 육해공군 부대와 또 특수전부대, 해병대사령부까지 모든 부대를 격려해 주셨던 그 하나하나의 발걸음들을 저희가 잘 기억하고 있습니다.

늘 강조하셨던 것처럼 누구도 흔들 수 없는 나라를 만들겠다는 그런 각오를 늘 마음에 새기고 제가 대통령님 앞에서 말씀드렸던 '봉산개도 우수가교(逢山開道 遇水架橋)', 앞에 산이 나타나면 길을 내고 물이 나타나면 다리를 놓아서라도 꼭 우리 대한민국을 굳건하게 지키고 우리 국민들을 안전하게 지키는 우리 국군의 사명을 다하도록 최선을 다하겠습니다.

　사실 오늘은 대통령님께서 저희를 격려하기 위해서 이렇게 마련해 주신 자리인데, 사실 제가 가진 이 작은 책임의 무게도 참 견디는 게 쉽지 않았는데 국정운영이라고 하는 이 책임을 5년 동안 짊어지고 오신 대통령님의 그 하루하루는 얼마나 힘드셨을까 하는 그런 생각이 듭니다. 그래서 제가 만든 자리는 아니지만 죄송하지만 이런 우리의 감사의 마음과 대통령님의 앞으로 건강과 또 우리 국민들 곁에서 늘 친숙하신 모습으로 함께하시기를 기원하는 그런 마음을 담아서 큰 박수를 한번 보내주시면 고맙겠습니다. (박수) 감사합니다."

　합참의장이 유도한 문 대통령을 향한 박수소리가 청와대 본관 충무실 오찬장을 가득 메워갔다.

　이날 오찬장에서 김정수 제2작전사령관은 한미 연합지휘소 훈련에 참가한 왓슨 미 해군 대위(81년생, Man H. Watston, 한국이름 허만향)가 한국군의 도움으로 17년 전에 헤어진 여동생을 만나게 된 사연을 전했다.

　한국에서 태어난 왓슨 대위는 가정 사정으로 1997년 미국으로 여동생과 함께 입양됐다가 2005년 동생이 한국으로 다시 돌아오게 되면서 연락이 끊어지게 됐는데 이번에 한국군의 도움으로 여동생을 찾은 것이라고 청와대는 소개했다.

　이날 오찬을 마치며 문재인 대통령은 군 주요 직위자들에게 감사와 당부의 마무리 발언을 했다.

　"국방, 안보, 평화는 혼자 힘으로 되는 것이 아니라 3군이 통합적인 역할을 해야 하고 군과 정치가 함께 노력해야 하며 경제력이 뒷받침해 주어야만 안보와 강한 국방을 이룰 수가 있다.

이제는 안보나 국방에 있어서도 국제적인 시각을 갖추면 좋겠다. 우리의 안보현안은 북한이고, 북한이 미사일이든 핵이든 전력을 높여가면 높여갈수록 우리가 그것을 방어할 수 있는 능력, 응징할 수 있는 능력을 높여갈 수밖에 없다. 그것이 우리의 절반의 과제라고 한다면 나머지 절반은 세계 속에서 우리의 안보를 지킬 수 있는 그렇게 강한 나라가 되는 것이다.

우리 역사를 되돌아보면, 우리의 평화를 침해했던 것은 주변의 열강들로, 한번 당했으면 다시는 당하지 않겠다는 절치부심(切齒腐心)의 마음을 가져야 한다.

돌아보면 어느 역대 정부보다 국방비를 증가하고 국방을 개혁하고 국방력을 높인 정부가 노무현 정부와 문재인 정부였고 북한과의 군사적 충돌도 없었고, 보훈도 열심히 했다.

우리나라 지도를 남북을 뒤집어 놓고 보면 우리 앞에 펼쳐져 있는 광활한 해양이 보인다. 우리가 왜 제주도를 국제평화의 상징적인 섬으로 의미를 부여하고, 해군기지를 설치했는지, 왜 경항모와 핵추진 잠수함 등을 언젠가 보유해야겠다 생각하는지 지도를 뒤집어서 보면 한눈에 보인다.

요즘 우크라이나 전쟁을 보면 한 나라만의 전쟁이 아니라 국제전의 양상을 띠게 된다. 만약 우리 안보에 직접 위협을 받는 지역에서 전쟁이 발생한다면 우리도 여러 가지 군사적인 협력을 해야 할지도 모른다. 이제는 세계가 모두 얽혀 있고 대한민국이 세계 10위권 국가이기 때문에 그에 걸맞은 역할을 요구받는 것이다.

전시작전권 전환 문제도 단지 우리가 자주국가이기 때문에 해야 할 어떤 당위적인 목표 이것을 넘어서서 세계적인 시각, 국제적인 시각 속에서 바라볼 필요가 있다.

평화나 안보가 당연히 지켜지는 것이라고 생각할 수 있지만 우리는

세계 어느 나라로부터 침탈당하지 않고 강한 국방을 유지할 수 있어야
한다. 당장은 북한이지만 북한을 넘어서서 세계 어느 열강으로부터도
우리가 침탈당하지 않을 수 있는 능력을 가져야 한다. 그런 것을 목표
로 삼아야 한다.

　우리 정부는 어느 정부보다 국방과 안보 분야를 열심히 했고, 또 그
결과 평화도 잘 지켜 왔다. 그러나 우리의 평화가 아직은 잠정적인 것
이고 취약하다. 우리가 이를 공고하게 굳히려면 평화 체제가 더 강고
해져야 하는데 아직 거기까지 이르지 못했다. 그것이 또 다음 정부의
과제가 될 것이다.”

　이날 문 대통령의 일부 발언은 국민들의 상식과 배치돼 논란이 제기
됐다.

　문재인 정부의 ‘평화’를 강조하면서 천안함, 연평도, 목함지뢰를 ‘군
사적 충돌’이라고 평가했다.

　국민들은 천안함은 2010년 3월 26일 북한 잠수함의 어뢰 공격에 의
한 폭침이라고 알고 있다. 연평도도 2010년 11월 23일 북한의 일방적
선제 포격에 의한 우리 민간인과 군인들의 사상이 있었고, 이에 대응
차원에서 대북 포격이 이뤄졌다. 목함 지뢰는 2015년 8월 4일 우리
군장병 보행로에 북한군이 지뢰를 매설해 우리 장병들에게 전사상 등
막대한 피해를 입혔다.

　하지만 문 대통령이 이날 북한의 계획적 도발과 이로인한 우리 군의
손실을 남북 간 ‘군사적 충돌’이라고 밝혀 논란을 예고했다.

　청와대는 29일 낮 문재인 대통령이 군 주요 직위자 초청 오찬을 가
진뒤 이날 오후 4시 박경미 청와대 대변인 명의의 관련 서면 브리핑을
내고 행사에 의미를 부여했다.

　박경미 대변인은 브리핑에서 “문재인 대통령은 29일(금) 청와대로

군 주요 직위자를 초청 오찬 간담회를 갖고 지난 5년간 추진해 온 군사 대비태세 유지, 국방개혁, 병영문화 개선 등 안보환경과 시대 변화 속에서 묵묵히 소임을 다해 온 노고를 치하했다"고 했다.

또 "문 대통령은 급변하는 안보환경과 주변국의 군사력 증강에 대비해 국가와 국민의 안전을 보장하는 최후의 보루로서 역할을 다해 줄 것을 당부했다"고 했다.

박경미 대변인은 아울러 "참석자들은 문 대통령이 다섯 개 사관학교 졸업식에 모두 참석한 것, 국군의 날 행사를 각 군이 번갈아 주도한 것, 미사일 지침 종료를 통해 우주 개발의 초석을 닦은 것, 서울 국제항공우주 및 방위산업 전시회(ADEX)에서 직접 국산 전투기를 탑승해서 우리 전투기의 우수성과 안정성을 전 세계에 알린 것 등을 언급하며 특전사 출신 대통령과 함께 일한 5년이 행복한 시간이었다고 입을 모았다"고 전했다.

이어 "참석자들은 군에 대한 지대한 관심과 무한한 신뢰를 바탕으로 지난 5년 동안 국방비 증액과 군사력 강화가 이뤄질 수 있었다며 사의를 표했다"고 소개했다.

| "문재인은 권위주의 권력의 마지막 대통령" |

꾹꾹 참던 울분이 터졌다.

대통령직인수위원회는 29일 오후 대통령 집무실 용산 이전에 대해 문재인 대통령이 공개적으로 반대하자 곧바로 맞대응하고 나섰다.

윤석열 정부 출범을 열 하루 앞두고 신구 정권 간 충돌이 전방위로 확산한 것이다.

대통령직인수위 청와대이전 TF는 이날 입장문을 발표하고 "청와대가 독재와 권위주의 권력의 상징이라던 문재인 대통령은 그 독재와 권위주의 권력의 마지막 대통령으로서 남은 임기 동안 국민께 예의를 지키기 바란다"고 문 대통령을 정조준했다.

문 대통령은 이날 오전 청와대 국민청원에 답하는 형식을 빌려 윤석열 당선인의 대통령 집무실 용산 이전을 공개적으로 비판했다.

인수위 청와대이전 TF는 "지난 2012년 '조선총독부 관저, 경무대에서 이어진 청와대는 지난 우리 역사에서 독재와 권위주의 권력의 상징'이라던 문재인 대통령은 끝내 그 독재와 권위주의 권력을 포기하지 못하고 청와대를 국민들께 돌려드리지 못한 채 임기를 마친다"고 했다.

이어 "2017년 5월 10일 (취임식에서) '권위적인 대통령 문화를 청산하고, 준비를 마치는 대로 지금의 청와대에서 나와 광화문 대통령 시대를 열겠다'고 약속한 문재인 대통령은 4월 29일 임기 종료 불과 10여 일 앞둔 오늘 대통령 집무실 이전과 청와대 개방을 '마땅치 않게 생각한다'는 말로 스스로 두 차례의 대통령 선거를 거치며 국민께 했던 약속을 다시 부정했다"고 했다.

인수위 청와대이전 TF는 "지난 5년, 우리 국민들은 실제 그 어느 때보다 권위적인 대통령의 모습을 좌절과 분노 속에 지켜 보았다"며 "문재인 정권은 국민을 내 편 네 편으로 갈라 상식과 공정, 법치를 내팽개쳤고, 경제상식을 무시한 소득주도 성장 및 시장과 싸우는 주택정책을 고집했으며, 법과 국민의 의견을 무시하고 세계 일류 기술을 사장시킨 탈원전 정책을 고수했다"고 문재인 정부의 실정을 조목조목 비판했다.

그러면서 "국민과 수시로 소통하는 대통령이 되겠다. 주요 사안은 대통령이 직접 언론에 브리핑하겠다. 퇴근길에는 시장에 들러 마주치는 시민들과 격의 없는 대화를 나누겠다. 때로는 광화문 광장에서 대토론회를 열겠다던 문 대통령의 취임사 중 그 어느 것이 지켜졌는가"

라고 청와대에 물었다.

인수위 청와대이전 TF는 "윤석열 당선인은 이런 무도한 정권을 종식시키고 오로지 국익만을 위해 공정과 상식, 그리고 실용을 바탕으로 국정을 운영할 것"이라며 "독재와 권위주의 권력의 상징인 청와대는 전면 개방해 취임 즉시 국민품으로 돌려드린다"고 밝혔다.

인수위 청와대이전 TF는 "문재인 대통령은 현직 대통령으로서 본인이 경호를 핑계로 파기한 청와대 개방 약속을 실천하는 윤석열 당선인의 노력을 돕기 위한 방안을 함께 모색하는 것이 마지막 도리"라며 "문재인 대통령은 편가르기를 위한 반대에 집중하며 대통령으로서의 품위를 저버리기보다는 남은 임기 10여 일을 소중히 여겨 국민의 이익을 위해 마지막으로 할 수 있는 일을 찾아 최선을 다하길 바란다"고 했다. 그러면서 "그것이 지난 5년간 이어진 권위적인 독재를 엄중히 심판하신 국민께 대한 예의일 것"이라고 했다.

청와대와 인수위는 이날 하루종일 야외 마스크 착용의무 해제와 대통령 집무실 용산 이전을 놓고 문재인 대통령과 윤석열 대통령 당선인을 거명하며 사실상 전쟁을 벌였다.

청와대 시대 마감과 용산시대 개막을 앞두고 신구 정권 간 대치가 정점을 향해 치닫고 있었다.

하지만 싸움의 양상이 청와대는 문재인 대통령이 직접 나선 반면 인수위는 인수위 실무 차원에서 교전이 전개됐다는 점이 눈길을 모았다.

┃취임준비위 "권양숙 초청장 전달 협의중"┃

대통령취임준비위원회(위원장 박주선)는 29일 오후 28~29일 양일간 임기철 위원을 통해 제20대 대통령 취임식 초청장을 전직 대통령

배우자 및 유가족에게 전달했다고 밝혔다.

임기철 위원은 28일 고 김영삼 전 대통령 자택을 찾아 차남 김현철 김영삼민주센터 상임이사 내외를 만나 초청장을 전달했고, 이명박 전 대통령 자택도 방문해 김윤옥 여사에게 전달했다고 소개했다.

또한 고 윤보선 전 대통령의 장남인 윤상구 윤보선사업회 이사 내외에게도 초청장을 전달했다.

29일에는 고 전두환 전 대통령 자택을 찾아 이순자 여사를 만나 초청장을 전달했고 고 노태우 전 대통령의 장녀인 노소영 아트센터나비 관장에게 초청장을 전달했다. 그리고 고 김대중 전 대통령 유족에게는 김대중평화센터를 통해 전달했다고 설명했다.

윤석열 대통령 당선인은 전직 대통령 유족 초청에 각별한 관심을 보이며 정중히 예우하여 꼭 참석을 부탁드린다고 당부했고, 유족들 역시 새 정부의 출범을 축하하며 꼭 참석해 응원하겠다는 뜻을 밝혔다고 대통령취임준비위는 전했다.

이와 별도로 노무현 대통령 유족인 권양숙 여사를 포함한 이승만 대통령, 최규하 대통령 유족 초청은 취임준비위가 초청장 전달 일정을 조율중에 있다며 추후 초청장 전달이 완료되는 즉시 관련 소식을 전하겠다고 했다.

∣ 뜨거워 지는 6월 지방선거전 ∣

언론들은 29일 오후 더불어민주당 6·1 지방선거 서울시장 후보에 송영길 전 대표가 선출됐다고 일제히 보도했다.

지난 3월 대선이후 신구 권력 간 제2의 선거전쟁이 시작된 것이다.

이날 민주당의 선택에 따라 서울시장 선거는 송 전 대표와 국민의힘 오세훈 현 시장의 구도로 치러지게 됐다.

민주당 중앙당선거관리위원회는 이날 브리핑을 통해 지난 28~29일 국민여론조사 100%로 치러진 당내 서울시장 후보 경선에서 송 전 대표가 김진애 전 의원을 누르고 1위를 했다고 밝혔다.

오세훈 현 시장과 대결하는 송 전 대표는 인천시장을 역임했으며 인천 계양을 선거구에서 5선 국회의원을 지냈다.

지난 3월 대선에서 당 대표 겸 상임선대위원장으로 선거를 지휘했으나 정권 재창출에 실패했다.

또 대선 과정에서 당의 인적쇄신을 강조하며 차기 총선 불출마를 선언해 주목을 받기도 했지만 서울시장 선거에 출마하면서 당 안팎에서 논란이 이어졌다.

당내 반발의 가장 큰 이유는 대선결과 책임론과 서울에 연고가 없다는 점이 작용했지만 대안 부재속에 후보를 맡았다.

송 전 대표는 후보 확정뒤 국회 기자회견에서 "이번 서울시장 선거는 단순히 오세훈 후보와 경쟁이 아니라 윤석열 검찰공화국 정부와 맞서 시민의 인권과 민주주의, 재산권을 지키기 위한 한판 승부"라면서 필승을 다짐했다.

그의 출마 회견내용이 공허하다는 지적이 나왔고 일찌감치 오세훈 현 시장 재선을 점치는 전망도 이어졌다.

| 문재인 대통령 마지막 주 공식일정 |

청와대 춘추관은 29일 오후 6시 58분 청와대 출입기자들에게 문재인 대통령의 임기 5년 마지막 주(5월 2일~8일) 일정을 문자 메시지를 통해 공지했다.

5월 2일(월) 9:30   제15차 세계산림총회 개회식 / 서울 (경호 엠바고)

5월 3일(화) 10:00   국무회의 / 여민관

5월 4일(수) 12:00   백서 발간 기념 국정과제 위원회 초청 오찬 /
본관

5월 5일(목) 14:00   (가제) 어린이날 100주년 청와대 어린이 초청
행사 / 경내.

5년전, 2017년 5월 '촛불혁명정부'를 자임하고 적폐청산을 외치며 호기롭게 출발했던 문재인 정부가 5년만에 정권을 '탄핵정당'에 다시 내주고 이렇게 마지막 역사를 쓰고 있었다.

그들은 민심 반전의 원인을 알고 떠나는 것일까? 하는 의문이 들었다. 또 새롭게 출발하는 윤석열 정부는 문재인 정부의 실패에서 교훈을 얻을 수 있을까? 하는 생각도 들었다.

청와대 D−9일
(4월 30일)

퇴임을 앞두고 선보인 문재인 대통령 초상화

일일 뉴스

ǀ 주말 휴전 ǀ

토요일은 기자들에게 모처럼 휴식시간이다.

청와대 출입기자들이 이용하는 단톡방은 전날인 29일 오후 9시 35분 방역관계자 초청 행사 관련 영상링크 전송후 30일 내내 조용했다.

29일 청와대와 인수위 간 불꽃 튀겼던 전쟁이후 잠시 휴전이다.

제20대 대통령직인수위원회 출입기자 1,015명이 이용하는 단톡방도 이날은 조용했다.

전날 당선인 대변인실은 오후 7시 12분 문자공지를 통해 '배현진 당선인 대변인의 내일(30일, 토) 일일브리핑은 없습니다. 현안이 있을 시 서면 브리핑 예정입니다. 당선인 대변인실'이라고 공지했다.

출입기자들에게 토요일 휴가를 준다는 알림이다.

인수위가 공지한 이날 유일한 일정은 안철수 인수위원장이 이날 오전 10시 30분 동그라미 재단이 서울동대문디자인플라자에서 개최하는 TEU-MED 제2기 오리엔테이션이 전부였다.

그래도 인수위의 물밑 활동은 계속됐다.

이날 오전 인수위 대변인실은 소상공인과 자영업자 지원대책에 대한 혼선을 해명하는 자료를 냈다.

"대통령직인수위원회가 발표한 소상공인, 자영업자 지원 대책과 관련하여 혼선이 발생한 측면이 있어 몇가지 정리하여 알려드립니다.

작년 9월 발표한 코로나 긴급 구조 대책은 당선인께서 취임 후 바로 50조원 정도의 재원을 투입하여 소상공인, 자영업자에 대해 손실보상, 금융, 재창업 지원 등 다양한 지원을 하겠다는 것입니다. 이후 당선인께서는 일관되게 이러한 지원을 약속해왔습니다.

이러한 소상공인들과의 약속 그대로 당선인께서는 (올해 정부가 추경을 통해 이미 지원을 하기로 한 16.9조를 제외한) 33.1조 이상(33.1조 +α)을 취임 즉시 소상공인, 자영업자를 위한 긴급 지원에 사용할 것입니다.

긴급 구제책에는 소상공인의 피해를 추계해서 차등 지급하는 것, 금융, 재창업 지원을 하는 것 등이 포함되어 있습니다. 또한 대선 바로 전에 소상공인에게 민주당 정부가 일괄 지급하기로 한 300만원보다 더 많은 액수를 피해에 따라 차등해 지급하겠다는 약속을 했는데, 약속한대로 취임 즉시 모든 소상공인에게 민주당 정부가 지급했던 것보다 더 많은 액수를 지급할 계획입니다. 일부 소상공인을 대상으로는 1,000만원을 초과하는 지원도 계획하고 있습니다.

당선인께서 말씀하신 긴급 구조 지원은 약속 그대로 시행할 것입니다. 또한 소상공인, 자영업자에 대한 지원은 이것으로 끝나는 것이 아니라, 지속적으로 지원 방안을 모색해 단순히 피해 보상 차원이 아니라 소상공인, 자영업자의 완전한 회생과 희망찬 미래를 위해 노력할 것입니다."

┃ 청와대 관람신청 112만 명 돌파 ┃

대통령직인수위원회 청와대 이전 TF는 30일 오전 청와대 개방 관람 신청 현황을 발표했다.

4월 30일 0시 기준. 청와대 관람 누적 신청자는 112만 4,372명으로 집계됐다는 소식이었다.

문재인 대통령은 전날 국민청원에 직접 답변하는 형식을 빌려 '대통령 집무실 용산 이전'에 대한 반대 입장을 공개적으로 밝혔다.

인수위 청와대 이전 TF는 이에 대해 이날 오후 입장문을 발표하고 "문재인 대통령은 국민들에게 약속한 '광화문 대통령 시대'를 경호를 이유로 스스로 파기하고 이제 윤석열 대통령 당선인의 집무실 용산이전을 방해하고 있다"고 공개 저격했었다.

인수위 청와대 이전 TF는 문 대통령이 집무실 용산이전 반대 입장을 밝힌 4월 29일 하루에만 10만 1,815명이 추가로 청와대 관람을 신청했다고 덧붙였다.

자료에 따르면 청와대 개방 첫날(5월 10일) 관람을 희망하는 신청자는 8만 3,355명으로, 당일(10일) 관람가능 인원 2만 6,000명보다 5만 7,355명이 많은 국민들이 청와대 관람을 신청했다.

5월 10일 관람을 희망하는 신청자에 대한 당첨 알림은 오는 5월 2일(월) 오후 2시전까지 당첨된 신청자에 한해 개별 통지되며, 당첨되지 않은 경우에는 새롭게 원하는 날짜에 재신청이 가능하다고 청와대 이전 TF는 밝혔다.

┃ 민주당 검수완박 '검찰청법' 처리 ┃

결국 '검찰 수사권을 완전히 박탈하는' 법안인 검찰청법 개정안이 30일 국회 본회의를 통과했다.

5월 3일 형사소송법 개정안까지 처리되면 더불어민주당이 '검찰개혁'을 명분으로 강행한 '검수완박' 입법은 완성되는 셈이다.

야권은 물론 여권 일부, 법조계, 학계, 시민사회, 언론계 등이 그 폐해와 위헌적 요소 등을 우려하며 반대해온 법안이 열흘이 지나면 야당으로 위상이 바뀌는 거대 여당에 의해 강행된 것이다.

야권은 물론 여권 일각에서도 문재인 대통령과 이재명 전 대선후보

지키기 법안이라는 지적이 제기됐었다.

국회는 30일 오후 4시 22분 본회의를 열어 검찰 수사대상 범죄를 6대 범죄에서 부패·경제범죄로 축소하는 검찰청법 개정안을 의결했다.

법안은 찬성 172명, 반대 3명, 기권 2명으로 가결됐다. 민주당에서는 박범계 법무부 장관 등 현직 국무위원들과 지방선거 출마로 사퇴한 송영길, 오영훈, 이광재 의원, 코로나 확진자 등을 제외하고 161명이 참석해 찬성표를 던졌다. 범여권 무소속과 정의당 의원 6명도 찬성했다. 국민의당 소속 3명 중 이태규, 최연숙 의원은 반대했지만 경찰 출신의 권은희 의원은 찬성표를 던졌다. 시대전환 조정훈 의원은 반대했고 기본소득당 용혜인 의원과 민주당 출신의 무소속 양향자 의원은 소신대로 기권표를 던졌다.

국민의힘은 표결에 참여하지 않고 단상 앞으로 나가 고함을 지르며 강하게 항의의 뜻을 표출했다.

개정안은 4월 27일 본회의에서 상정돼 국민의힘은 필리버스터(무제한 토론)로 저지에 나섰다. 그러나 민주당이 하루짜리 회기로 잘게 쪼개는 '살라미 전술'을 구사해 같은 날 밤 12시 회기 종료와 함께 토론이 종결됐고 새 임시국회가 시작된 이날 본회의에서 곧바로 표결이 이뤄졌다.

이 법안이 문재인 정부 임기 중 국무회의를 통과하면 오는 9월부터 검찰의 직접 수사범위는 기존 6대 범죄에서 2대 범죄(부패·경제범죄)로 축소된다. 아울러 수사 검사와 기소 검사가 분리된다. 검찰총장은 부패·경제범죄 수사를 담당하는 일선 수사부서와 검사 등 현황을 분기마다 국회에 보고해야 한다.

민주당은 '검수완박' 2차 법안인 형사소송법 개정안도 곧바로 상정했다.

이 개정안은 '별건수사 금지'와 경찰 수사에 대한 이의 신청권자에서 고발인을 제외하는 내용이 핵심이다.

민주당은 5월 3일 임시 국회를 열어 형사소송법 개정안을 의결하겠다는 태세다.

동시에 민주당은 사법개혁특별위원회도 출범시켜 검찰 대신 주요범죄 수사를 맡을 중대범죄수사청(한국형 FBI)을 1년 6개월 내 출범시키겠다는 구상이다.

박홍근 원내대표는 이날 "더 무거운 책임감으로 여야 합의사항을 지키고 권력기관 개혁을 완수해야 한다. 중수청 설치를 6개월 내 입법화하고 1년 이내에 남은 검찰 직접 수사권을 폐지하기 위해 사개특위를 가동하기로 한 여야 합의도 지체 없이 추진해야 한다"고 했다.

곧 집권여당이 되지만 절대 소수당인 국민의힘은 민주당의 검수완박 폭주에 무너졌다.

권성동 원내대표는 이날 의총에서 "171석의 민주당이 단 한번의 공청회나 토론도 없이 국회법 절차와 국회선진화법 정신을 유린하며 국민 반대가 거센 검수완박 악법을 강행하고 있다"고 했다.

또 "백번 양보해 청와대 이전이 백년대계라면 대한민국 형사사법 시스템을 고치는 문제는 천년대계라 할 수 있다. 충분하게 국민 여론을 수렴하고 숙의를 거쳐 결정해야 한다"고 비판했지만 공허하게 들렸다.

선거범죄를 전담 수사해온 서울중앙지검 공공수사2부는 다음날인 5월 1일 부장을 포함한 검사 전원 명의로 성명을 내고 "국회에서 가결된 검찰청법 수정안은 선거범죄와 공직자범죄를 검사 수사대상에 제외해 부패한 정치인과 고위공무원의 선거개입에 면죄부를 주는 내용"이라고 했다. 그러면서 "이것이 과연 국민을 위한 검찰개혁인지, 그동안 정부가 일관되게 추진해 온 반부패정책에 부합하는 것인지 도저히 의문을 품지 않을 수 없다"고 했다.

이날 검찰청법 개정안 의결에 반대를 던진 민주당 출신의 무소속 양향자(광주 서구을) 의원은 앞서 여야 검수완박 대치 국면에서 입장문을 내고 "저는 문재인 대통령 영입인사다. 누구보다 문 대통령의 성공을 바라는 사람이다. 그래서 저는 이번 법안이 이런 방식으로 추진되는 것에 동의할 수 없다"고 밝히며 소신을 보였다.

양 의원은 "저는 민주주의는 소통과 협치라고 믿는 사람이다. 지금 행정부 강자인 윤석열 당선자는 소통하거나 협치하지 않는다. 입법부 강자인 더불어민주당도 똑같이 대응한다면 이 땅의 민주주의는 사라진다"고 했다.

그는 "저는 국가이익을 위해 양심에 따라 이번 법안을 따르지 않겠다. 사법 행정의 일선에서 선량한 국민이 고통 받지 않을지, 저는 자신이 없다"고 했다.

양 의원은 또한 "강경파 (민주당) 모 의원은 (검수완박 안 하면) 죽는다고 했다. 다른 분한테서는 '검수완박을 처리하지 않으면 문재인 청와대 사람 20명이 감옥 갈 수 있다'는 말도 들었다"고 언론과 가진 인터뷰에서 폭로했다.

양 의원은 4월 21일 오전 공개된 조선일보 인터뷰에서 "얼마나 많이 고민했는지 모른다. 법사위에 오고 나서 여러 번 회의를 하는데 말이 안 됐다"며 이같이 밝혔다.

이어 "나름 공부 열심히 해서 질문도 많이 했는데, '처럼회' 이런 분들은 막무가내였다. 입장문이 유출되니까 내가 국민의힘에서 과학기술정보통신부 장관 자리를 약속받았다고 하는 말까지 나오더라. 너무 황당했다"고 했다.

양 의원은 '검수완박에 반대하면 민주당 복당이 어려울 것'이라는 지적에 "이미 복당도 다 하기로 결정됐었다. 그 상황에서 민주당이 나에게 도와 달라고 하더라. 그러나 법안을 보니 도와줄 수가 없었다. 이거 해주면 복당시켜준다? 그건 내게 모욕"이라고 했다.

그는 국회 법사위 소속으로 민주당에서 '검수완박'을 위해 탈당한 민형배(무소속·광주 광산구을) 의원에 대해서는 "국회의원을 탈당시키는 발상에 경악했다. 정말 상상도 하지 못했던 일"이라고 했다. 또 "민주당이 이 법을 이런 식으로 통과시킨다면 국민으로부터 심판받아도 할 말이 없다"고 했다.

양향자 의원은 1967년생으로 광주여자상업고를 졸업했다. 글로벌 기업인 삼성전자에 1985년 반도체 메모리설계실 연구보조원으로 입사했다. 그뒤 메모리사업부 플래시설계팀 수석연구원을 거쳐 고졸출신으로는 처음으로 임원인 메모리사업부 플래시설계팀 상무, 메모리사업부 플래시개발실 상무 등을 역임했다. 주경야독 한국디지털대에서 인문학을 공부하고, 성균관대대학원에서 전기전자컴퓨터공학과 석사과정을 졸업했다.

민주당 영입 케이스로 2020년 제21대 총선 당시 광주 서구을에서 당선된 후 민주당 최고위원을 역임했다. 2021년 7월 지역 보좌진의 성비위 사건이 불거지자 책임을 지고 민주당을 탈당했다.

반대로 '검수완박'에 앞장선 민형배 의원은 1961년생으로 목포고와 전남대 사회학과를 졸업했다. 전남일보 기자와 논설위원을 지냈다. 노무현 청와대에서 문재인 대통령이 비서실장으로 일할 당시 사회조정비서관으로 일했다. 그뒤 2010년부터 2018년까지 광주에서 광산구청장으로 재직했다. 문재인 대통령 취임후 문재인 청와대에서 자치발전비서관과 사회정책비서관을 지냈고, 2020년 제21대 총선에서 광주 광산을에 출마해 당선됐다. 1988년부터 10년 이상 언론인으로 일하면서 무슨 일을 했는지는 잘 알려져 있지 않다.

민형배 의원은 검수완박 법안 처리과정에서 민주당을 탈당해 무소속으로 국회 법사위 안건조정위에 들어갔다. 그리고 국민의힘과 여권 일각, 법조계 등이 반대하는 법안을 안건조정위 총 6명 중 민주당 의원 3명과 민 의원 등 4명의 찬성으로 통과시켰다. 안건조정위는 여야 의원 각각 3명으로 구성되는데 사실상 여당인 민 의원이 야당몫으로 의사 결정 과정을 왜곡시켰다는 평가다. 여의도 안팎에서 민 의원의 탈당을 놓고 '위장탈당'이라는 비판과 '꼼수'라는 지적이 나왔다.

진중권 전 동양대 교수는 30일 자신의 페이스북에 민주당이 '검수완박' 법안 중 하나인 검찰청법을 국회 본회의에서 통과시키자 "민주당의 집단광기"라고 강하게 비판했다. 또 "나라 말아먹은 하나회의 역할을 처럼회가 하고 있다"고 지적했다.

그는 민주당이 검수완박법을 강행한 이유에 대해 "대선 패배로 인지부조화에 빠진 지지층에게 뭔가 상징적 승리를 안겨줘야 했던 것"이라며 "(러시아의) 푸틴과 비슷한 처지라고 할까"라고 했다.

진 전 교수가 언급한 '하나회'는 1980년 신군부의 군사 쿠데타를 주도했던 전두환·노태우 전 대통령이 중심을 이뤘던 육군 내 사조직이다. '처럼회'는 검수완박법을 주도해온 황운하(대전 중구) 등 민주당 내 강경파 초선 모임이다.

노무현 대통령 시절 사법개혁국민연대 상임대표와 한국헌법학회장 등을 역임한 신평 변호사는 앞서 4월 25일 자신의 페이스북에 민주당의 검수완박 입법 추진을 '입법 쿠데타'로 규정했다.

그는 "민주당 측은 과거 쿠데타를 일으킨 군부세력이 탱크로 밀어붙이듯이, 입법 절차를 일방적으로 강행하려 한다"며 "보통의 입법절차에서 당연하게 따라붙는 공청회 등을 통한 의견수렴절차 하나 없다"고 했다. 그러면서 "지난 70년간 내려온 국가의 근본 형사사법질서를 바꾸려는 중대한 입법에서 말이다"라고 지적했다.

청와대 D-8일
(5월 1일)

청와대 시대 마지막 기자들

일일 뉴스

07:00	황사 곳곳 미세먼지 나쁨 기온 평년보다 낮아
07:30	오늘부터 유류세 30% 인하 휘발유 83원, 경우 58원 낮춰진다
09:30	신규확진 3만 7,771명, 사망 81명, 위중증 493명
14:00	새 대통령실 국가안보실장에 김성한 전 외교통상부 1차관

| 문재인 대통령 마지막 노동절 메시지 |

청와대는 1일 오전 8시 청와대 출입기자 단톡방을 통해 문재인 대통령의 노동절 SNS 메시지를 공개하며 오전 8시 30분 이후 보도를 요청했다.

임기 5년 동안 문재인 정부의 노동정책 성과를 알리며, 노동자들에 대한 감사 인사를 전하는 내용이었다.

문재인 대통령은 제132주년 노동절 메시지에서 먼저 "132주년 세계 노동절을 축하합니다"라고 인사했다.

문 대통령은 "노동은 지루하게 반복되지만, 조금씩 겸손하게 세상을 좋은 방향으로 밀어갑니다. 우리가 노동을 존중할 때 노동은 행복이 되고, 노동의 결과물에서 땀방울의 고귀함을 느낄 때 노동은 자긍심이 될 것입니다.

정부는 지난 5년, 노동 기본권 보장에 온 힘을 기울였습니다. ILO 핵심 협약을 비준했고, 최저임금 인상과 52시간제 시행으로 노동 분배를 크게 개선했고 일과 생활의 균형에 진전을 이뤘습니다. 특히 코로나 위기 이전의 고용 수준을 조기에 회복한 것은 봉쇄 없는 방역의 성공 덕분이었습니다.

노동은 고용안전망의 보호를 받아야 합니다. 정부는 사각지대에 놓인 예술인, 특수형태 근로종사자, 플랫폼 종사자에 대한 고용보험 적용을 확대하여 전 국민 고용보험 시대로 한 걸음 더 나아갔습니다. 중대재해처벌법의 시행이 산재사고의 획기적인 감축으로 이어지길 기대합니다.

우리는 코로나를 이겨내며 필수 노동자의 헌신이 얼마나 고마운지 알게 되었습니다. 노동의 숭고함은 우리가 발견하는 것이며, 우리의 인식을 바꾸는 것입니다. 노동절을 맞아 보건의료와 돌봄 서비스, 환경미화, 배달운송 노동자들을 비롯해 이 나라의 모든 노동자들께 다시 한번 깊은 존경과 감사의 인사를 드립니다."

이날 메시지는 퇴임을 여드레 남겨두고 지난 5년 동안 노동자를 위해 노력한 문재인 정부의 법적 제도적 성과를 소개하며, 임기중 마련한 중대재해처벌법 시행을 계기로 산재사고 감축을 희망하는 내용이었다.

중대재해처벌법은 산업계와 경제계는 물론 고용노동부 등 정부 관련 부처와 국회에서도 개정 목소리가 높았다.

언론은 중대재해처벌법이 기업에 대한 처벌 강화에 무게를 두다 보니 재해를 근본적으로 예방할 수 있는 시스템 마련에 구멍이 생겼다는 점을 지적했다.

┃ 인수위 '인구정책 청사진' 제시 ┃

대통령직인수위원회 기획위원회(위원장 원희룡)는 1일 오전 9시 30분 서울 통의동 인수위 공동 기자회견장에서 브리핑을 갖고 윤석열 정부의 인구정책을 발표했다.

조영태 기획위원회 '인구와 미래전략 TF' 공동자문위원장은 이날 원희룡 위원장 등이 참석한 가운데 '인구구조 변화에 대응하기 위한 인구정책 방향'을 제시했다.

이날 브리핑에서 조영태 공동자문위원장은 인수위 기획위원회는 그동안 인구구조 변화에 대한 정책 방향을 모색하기 위해 '인구와 미래전략 TF'(이하 인구TF)를 구성·운영했다고 했다.

이어 인구TF는 인구, 경제, 산업, 교육, 국방 등 각 분야 전문가들로 구성된 자문위원회와 함께 다양한 의견을 수렴하고 면밀한 논의를 거친 후 오늘 정책 제언을 내놓게 됐다고 밝혔다.

이날 발표에서 인구 TF는 현재 대한민국은 세계 최저 수준의 합계출산율과 OECD 최고 수준으로 진행되고 있는 고령화로 인한 인구위기에 처해 있으며 이에 대응하기 위한 새로운 인구전략을 수립해야 하는 시점이라고 했다. 주요 발표 내용은 다음과 같다.

인구정책은 인구감소 속도를 '완화'하는 정책, 변화하는 인구구조에 '적응'하는 정책, 그리고 예견되는 위기를 기회로 바꾸고 '기획'하는 정책으로 구분할 수 있다. 지금까지는 완화정책에 중심을 두고 저출산 고령사회 대책을 수립해 왔다.

지난 16년간 우리나라의 인구정책은 저출산과 고령화 속도를 '완화'하는 데 초점을 맞춰왔지만 출산율은 지속해서 떨어졌고 고령화 속도도 둔화세를 보이지 않았다.

그러는 동안 대한민국의 총인구 수는 줄어들기 시작했으며 청년 인구의 수도권 집중은 가속화되고 출생아 수는 2005년 44만여 명에서 2021년 26만여 명으로 18만여 명이 감소하기에 이르렀다.

따라서 지금은 체감도 높고 효과적인 '완화' 정책 추진과 인구변동으로 인해 발생할 것으로 예견되는 미래 상황에 잘 '적응'하고 위기를 기회로 바꿔 저출산 고령화에도 국민의 삶의 질이 향상되도록 미래를 '기획'하는 방향으로 인구정책의 초점을 수정해야 할 시점이다.

현재 우리 사회의 제도와 각종 정책의 대부분은 고도 성장기에 인구 규모가 커지던 시기에 마련된 것들로, 축소하거나 다양해지는 인구변동에서 제대로 작동하고 기능을 할 수 있을지 알 수 없다. 만약 제대로 작동하지 못하면 궁극적으로 국민의 삶의 질이 악화되고 지역·세대·집단 간 격차를 키우는 결과를 초래할 것이다.

'완화'는 직접 사업이 수반되는 정책의 영역이지만 '적응'과 '기획', 특히 '기획'은 직접 사업보다는 변화의 방향을 제시하는 전략의 영역에 더 가깝다.

새로운 인구전략은 미래를 바라보며 현재부터 준비해야 할 것들의 우선 순위를 세워보는 것으로, 후속 세대인 청년과 청소년이 기성 세대가 되었을 때 지금보다 더 살기 좋고 희망차며 세대·지역 그리고 다양한 사람들이 공존하는 대한민국을 만드는 주춧돌이 될 것이다.

오늘의 인구는 미래 사회와 밀접하게 맞닿아 있다. 오늘의 인구변동으로 대한민국의 미래가 언제, 어떤 모습이 될 것인지 어느 정도 예측이 가능하며 인구변동 추이는 국가안보와 경제, 국가경쟁력과 직결되어 있어 우리는 인구로 미래를 기획해야 한다. 제도와 정책은 인구변동 속도에 맞춰 바꾸기 어렵다.

많은 제도와 정책은 만들어지고 정착되는 데 오랜 시간이 걸리는 것이 기본적 속성이며 변화의 필요성이 있다고 해도 변경·수정·폐기·대체하는데 오랜 시간이 소요되는 것이 일반적이다.

성장하던 인구가 수축으로 돌아서고 세대 간 인구수가 크게 차이나며 지역 간 인구변화의 양상이 다르면 사회는 질적으로 완전히 다른 사회로 바뀌게 되므로 오늘까지 작동하던 제도와 정책은 앞으로 제대로 기능을 수행하기 어려워지게 된다.

사회와 제도 및 정책 간 부조화가 발생하면 국민의 삶의 질이 저하될 수밖에 없으며 쓸 수 있는 자원이 부족한 취약계층 삶의 질이 더 악화되어 그 격차는 더욱더 벌어질 수 있다.

새로운 사회 변화에 맞춰 제도와 정책을 바꾸기 위해서는 적지 않은 시간이 필요한데 인구는 언제 얼마만큼의 변화가 나타나게 될지 예측할 수 있어 미래를 바라보며 현재 우리가 무엇을 준비해야 할지를 알 수 있게 해준다.

현재의 제도 및 정책을 유지할 때 미래 사회가 언제 어떻게 될 것이라는 예측을 기반으로, 필요한 제도 및 정책을 새롭게 기획하며 맞이

하는 '준비된 미래'와 아무런 준비 없이 맞게 되는 '어쩌다 미래'는 국민의 삶의 질 수준에서 비교할 수 없을 정도의 차이를 낳게 될 것이다.

윤석열 정부는 '인구를 기반으로 정부의 제도, 정책은 물론 사회 시스템 전반을 점검하여 범정부적으로 필요한 변화나 수정 혹은 전면 재구조화를 추진'함으로써 국민의 미래에 대한 불안을 최소화하고, 세대 간 갈등을 완화하며 지역 간 격차를 줄이는 동시에 모두의 기회를 확대하고 넓히는 대한민국의 미래를 기획해 나가야 할 것이다.

인구와 미래전략의 성공적 추진을 위해 5대 전략 영역을 아래와 같이 설정했다.

첫째, 격차 완화 및 해소(인구변동으로 촉발된 격차 해소)

인구와 자원의 수도권 집중, 유·초·중·고등교육 생태계, 보건의료 서비스, 복지와 돌봄 서비스 등 현재의 제도와 정책이 유지되면 격차가 커질 수 있는 대상을 발굴해 필요한 정책 및 제도 수정과 변화를 추진한다. 특히 오늘은 물론이고 미래의 청년 관점에서 지역 간 격차 완화를 위한 실효성 있는 방안을 모색한다.

둘째, 공존(노동 시장에선 세대 간 공존이 가능한 시스템으로)

인구구조가 역삼각형으로 바뀌어도 세대 간 일자리 및 자원분배가 세대를 거듭하여 지속될 수 있도록 정책과 제도 변화, 미래세대 공존을 고려한 정년연장, 근로의 유연성 확대, 가정-생활과 일의 조화로운 블렌딩(워라블), 연금제도 개혁 등을 추진한다.

셋째, 지속되는 성장(위기가 아닌 기회로, 고령사회 부담을 넘어 성장으로)

우리나라 경제성장에 있어 중추적인 역할을 했으며 앞으로 실버산업에서 규모의 경제를 일으킬 수 있는 베이비붐 세대, 이들로 채워질 초고령 인구를 대상으로 한 실버산업의 적극적 육성, 해외 우수인력 유치를 위한 장기 프로젝트, 중장년층의 생산성 유지 및 향상을 위한 재교육 제도 등 역삼각형 인구구조에서도 성장이 가능한 사회, 제도, 문화적 여건을 조성한다.

넷째, 안전과 정주여건(수축사회 전환에도 국민이 안전을 느끼는 사회)

성장사회에서 수축사회로 전환되어도 국가와 사회를 안전하게 유지할 수 있는 국방 및 경찰 인프라 구축과 수축사회에 맞는 새로운 생활 정주여건을 조성하고 재편한다.

다섯째, 인구감소 충격 완화(기존완화 정책도 최근 인구·가구 변동에 맞추어 강화)

인구 규모의 급격한 축소가 예정된 가운데 그 충격을 최대한 완화하고 최근 가구변동에 적합한 가족정책 발굴 및 추진, 외국인 관련 법령 및 정책 등에 대한 방향 설정, 혁신적으로 난임 부부 지원 강화 및 지역 분만 환경 개선 등의 임신 및 출산 지원 시스템 혁신, 육아 휴직 기간 확대, 배우자 출산 휴가 확대, 육아기 근로시간 단축 제도 개선 등으로 가정과 일의 조화로운 어울림이 가능하도록 지원한다. 즉, 저출산 관련 대책은 보다 체감도 높고 효과적인 정책 중심으로 추진한다.

이와 함께 국가 전체적인 인구전략을 통해 인구 관련 정책을 기획, 조정, 평가하는 제도적 기반을 마련할 필요가 있다.

또한 미래를 기획하기 위해서는 우선 과학적이고 합리적인 근거와 둘째 그 근거를 지지하는 전문가 집단의 동의, 셋째 근거를 만들 수 있는 정확한 인구 통계와 해석, 그리고 초 정부 부처적 사고가 가능한 융합적 인사이트가 있어야 한다.

이를 위해 가칭 '인구정책기본법'을 제정해 핵심 인구정책을 기획, 조정, 평가할 수 있어야 하며 자유로운 융합연구가 가능하도록 연구 기반을 조성해야 할 필요가 있다.

인구정책은 초(超)정부적, 초당적, 초부처적 속성을 가지고 있다.

윤석열 정부는 미래에 선제적으로 대응할 수 있는 인구전략을 종합적인 관점에서 수립·실행해야 할 것이다.

그리고 이를 통해 미래에 발생할 수 있는 혼란을 미연에 방지하고 후속세대가 주역이 될 미래 대한민국은 오늘보다 더 밝고 희망찬 나라가 되도록 만들어 나갈 것이다.

인구정책과 미래전략 마련에는 조영태(서울대 보건대학원 교수), 전주혜(국회의원) 공동자문위원장을 비롯해 진미정 서울대 아동가족학과 교수, 백진 서울대 건축학과 교수, 장환영 동국대 교육학과 교수, 정준오 국제정책연구원 선임연구위원, 이성주 서울대 산업공학과 교수, 이상림 한국보건사회연구원 연구위원, 고우림 서울대 인구정책연구센터 연구교수, 배금주 보건복지부 인구아동정책관, 김충환 보건복지부 인구정책총괄과장 등이 인구 TF위원으로 참여했다.

┃윤석열 대통령실, 국가안보실 주요 인선 마무리 ┃

윤석열 대통령 당선인은 1일 오후 2시 서울 통의동 인수위 공동 기자회견장에서 대통령실 주요참모 인선 내용을 발표했다.

이날 인선 발표는 장제원 당선인 비서실장이 맡았다.

초대 국가안보실장에 외교통상부 제2차관을 역임한 김성한(62) 대통령직인수위원회 외교안보분과 간사가 기용됐다.

국가안보실 제1차장에 이명박 청와대 대외전략기획관을 지낸 김태효(55) 성균관대 정치외교학과 교수, 제2차장에 제26기계화 보병사단장을 지낸 신인호(59·육사 제42기) 카이스트 을지국방연구소장, 대통령 경호처장에 김용현(63·육사 제38기) 전 합참 작전본부장을 각각 발탁했다.

정무수석은 부산 동래에서 3선 국회의원을 지낸 이진복(65) 전 국회의원을, 시민사회수석은 대한야구협회장 등을 지낸 강승규(59) 전 국회의원을, 홍보수석은 최영범(62) 전 SBS 보도본부장을 기용했다.

아울러 경제수석에 기획재정부 제1차관을 역임한 최상목(59·행정고시 제29회) 인수위 경제1분과 간사를, 사회수석에 안상훈(53) 서울대 사회복지학과 교수를, 대변인에 강인선(58) 전 조선일보 외교에디터를 각각 내정했다고 밝혔다.

이날 발표된 윤석열 대통령 비서실 주요 참모의 출신지는 서울 6명을 비롯해 부산 2명, 경남 마산 1명, 충남 예산 1명으로 파악됐다.

5월 10일 윤석열 정부 출범을 앞두고 윤석열 당선인은 이날 2개실(비서실·국가안보실)과 5개 수석(경제·사회·정무·홍보·시민사회)을 중심으로 하는 대통령실 주요 인선을 마무리했다.

윤 당선인은 앞서 국무총리를 비롯해 18개 정부부처 장관 후보자 인선도 모두 마무리했다.

윤 당선인은 4월 14일 농림축산식품부 장관에 정황근(62) 전 농촌진흥청장을, 고용노동부 장관에 이정식(61) 전 노사발전재단 사무총장을 각각 내정하며 제1기 내각 3차 인선안을 발표했다.

또한 4월 13일 제1기 내각 2차 인선을 발표하고 외교부 장관과 통일부 장관에 박진(66) 의원과 권영세(63) 의원을 각각 기용했다.

이날 법무부 장관에 대검 반부패강력부장 등을 역임한 윤 당선인의 최측근인 한동훈(49·사법시험 제37회) 사법연수원 부원장이 전격 발탁됐다.

이어 사회부총리 겸 교육부 장관에 김인철(65) 전 한국외국어대 총장, 행정안전부 장관에 이상민(57) 전 국민권익위원회 부위원장, 환경부 장관에 한화진(63) 한국환경연구원 명예 연구위원, 해양수산부 장관에 조승환(56) 전 해양수산과학기술진흥원장, 중소벤처기업부 장관에 이영(53) 국회의원을 각각 내정했다.

이날 대통령실 비서실장에는 김대기(65) 전 이명박 청와대 정책실장을 기용했다.

윤 당선인은 앞서 4월 10일 초대 경제부총리 겸 기획재정부 장관에 추경호(62) 국회의원을 내정하는 등 제1기 내각 1차 인선을 직접 발표했다.

이날 국방부 장관에 이종섭(62·육사 40기) 대통령직인수위원회 외교안보분과 인수위원(전 합참 차장), 문화체육관광부 장관에 박보균(68) 전 중앙일보 편집인, 보건복지부 장관에 정호영(62) 전 경북대병원장을 각각 발탁됐다.

또 여성가족부 장관에 김현숙(56) 인수위 정책특보(전 국회의원), 산업통상자원부 장관에 이창양(60·행정고시 제29회) 인수위 경제2분과 간사, 국토교통부 장관에 원희룡(58) 전 제주지사, 과학기술정보통신부 장관에 이종호(56) 서울대 반도체연구소장을 각각 기용했다.

윤 당선인은 장관후보 발표후 기자회견에서 인선 기준과 관련 "국가와 국민을 위해 해당 분야를 가장 잘 맡아 이끌어줄 분인가에 기준을 두고 선정했다. 저는 선거과정에서부터 할당이나 안배를 하지 않겠다고 말씀드렸다"고 했다.

윤 당선인은 앞서 4월 3일 1기 내각 국무총리 후보자에 한덕수(73·사진) 전 국무총리를 지명했다. 그는 노무현 정부에서 국무총리를 지낸 인물이었다. 국회 인준을 염두에 둔 통합형 포석이었다.

윤 당선인은 이날 "한 후보자는 정파와 무관하게 실력과 전문성을 인정받아 국정 핵심 보직을 두루 역임하신 분"이라고 했다. 한 전 총리는 전북 전주 출신으로 경기고, 서울대 경제학과를 졸업했다.

청와대 D-7일
(5월 2일)

문재인 대통령이 2일 서울에서 개최된 제15차 세계산림총회 개회식에 참석해 입장하고 있다.

일일 뉴스

07:00	전국 맑고 동부지역 오후 소나기 낮 최고 20도
07:30	오늘부터 야외 체육수업, 결혼식, 승강장에서 마스크 벗는다
09:30	신규 확진 2만 84명, 감소세 87일 만에 2만명대
15:50	문 대통령, "MB, 김경수, 이재용 사면 안한다."

∣ 문재인 대통령 세계산림총회 개막식 참석 ∣

문재인 대통령은 2일 오전 임기중 마지막 외부 공식일정으로 제15차 세계산림총회를 찾았다.

세계산림총회는 국제연합식량농업기구(FAO) 주관으로 6년마다 개최되고 있다. 전 세계 산림 관계자들이 모여 기후변화, 생물다양성 감소, 사막화 등 산림·환경 문제를 공유하고 산림을 통한 해결방안을 모색하는 국제회의로서, 산림분야에서 가장 크고 영향력 있는 대표 회의다.

우리나라는 이날 황폐화된 산림 복구에 성공한 나라로서, 산림복구 성과와 우수한 산림정책을 인정받아 제15차 세계산림총회 개최국이 됐다.

제15차 산림총회는 이날 개막식을 시작으로 6일까지 5일 동안 열렸다.

이날 개막식은 이날 오전 9시 30분 서울시 강남구 코엑스 무역센터 3층 D홀에서 아미나 모하메드 유엔(UN) 사무부총장(영상), 취 동위 UN 식량농업기구(FAO) 사무총장, 녹색기후기금(GCF) 사무총장, 프랭크 리즈버만 글로벌녹색성장기구(GGGI) 사무총장, 막달레나 요바노비치 세계산림대학연합회장(청년대표) 등이 참석했다.

또한 바스마 빈트 알리 요르단 공주(제15차 세계산림총회 홍보대사), 우즈베키스탄 국가생태환경보호위원장, 몽골 환경관광부 장관, 주한EU대표부 대사, 김현수 농림축산식품부 장관, 최병암 산림청장 등이 참석했다.

청와대에서 유연상 경호처장, 박경미 대변인, 탁현민 의전·신지연 제1부속실 비서관이 문 대통령을 수행했다.

행사 개막을 앞두고 사회를 맡은 조주연 아리랑TV 아나운서는 세계 산림총회에 대해 간략히 소개하고 제15회 총회는 당초 지난해 개최할 예정이었지만 코로나 때문에 1년 연기하게 된 것과 올해 주제는 '숲과 함께 만드는 푸르고 건강한 미래'라는 점을 소개했다.

문재인 대통령은 행사직전 오전 9시 28분 입장해 취동위 FAO 사무총장과 인사했다. 이어 그의 소개로 바스마 빈트 알리 요르단 공주 등과 악수를 나눈 뒤 자리에 앉았다.

이어 9시 30분 개막에 맞춰 숲의 과거, 현재, 미래를 보여주는 미디어아트 공연이 펼쳐졌다.

사회자 조주연 아리랑TV 아나운서가 개막에 맞춰 인사말을 했다.

"내외 귀빈 여러분, 여러분 모두 즐거운 시간 되셨기를 바랍니다. 저 또한 아주 즐거운 시간이었습니다. 화려한 영상과 함께 어울리는 멋진 공연을 보여주었습니다.

산림의 현재와 미래를 논의하는 가장 영향력 있는 국제산림행사인 제15차 세계산림총회에 직접 참석해 주신 여러분 모두를 환영합니다. 본 총회를 통해서 미래와 현재를 논의하도록 하겠습니다. 지금부터 개회식을 시작하도록 하겠습니다. 가장 먼저 최병암 산림청장님의 환영사를 듣도록 하겠습니다. 큰 박수 부탁드립니다. (박수)"

최병암 산림청장이 환영사를 했다.

"존경하는 문재인 대통령님, 바스마 빈트 알리 공주님, 취동위 FAO 사무총장님, 또 각국에서 오신 장·차관님을 비롯한 정부대표단, 이 자리에 참석하신 내외 귀빈 여러분, 그리고 전 세계에서 화상으로 함께 하고 계신 참여자 여러분, 제15차 세계산림총회에 오신 것을 진심으로 환영합니다.

그리고 제15차 세계산림총회의 시작을 알리는 개회식에 참석하신 모든 분들께 대한민국을 대표해서 감사의 말씀을 드립니다. 아울러 총회 개최를 위해 힘써 주신 FAO의 리더십과 협력에도 각별한 감사의 말씀을 드립니다.

세계산림총회는 우리가 직면하고 있는 기후변화, 생물다양성 손실, 사막화 등 전 지구적 위기를 극복하는 데 산림의 역할과 과제를 함께 공유하고, 산림을 통해 해결 방안을 논의하는 가장 중요한 회의입니다.

오늘부터 5일간 개최되는 총회에는 정부, 국제기구, 학계, 기업, 시민사회는 물론 미래 세대도 함께 참여할 것입니다. 전 세계 144개국에서 약 1만 2,500명의 참가자가 함께 '숲과 함께 만드는 푸르고 건강한 미래'를 주제로 다채로운 논의를 진행하게 될 것입니다.

오늘 개회식을 시작으로, 고위급 회담, 산림재원 장관급 포럼, 지속 가능한 목재 이용에 관한 장관급 포럼 등과 더불어 산림 협력을 강화하는 각종 특별행사와 과학기술세션, 부대행사 등이 많이 진행될 예정입니다.

오늘날 우리는 우리의 삶을 위협하는 기후위기에 직면해 있습니다. 기후위기는 인간은 물론 지구의 모든 생명체에게 위협이 되고 있습니다. 조금 전에 우리 모두는 이 미디어아트 공연에서 산불을 상징하는 큰 화염을 보았습니다. 대한민국의 경우에도 올 3월에 강원도와 경상북도 동해안지역에서 초대형 산불이 발생했습니다. 저는 그때 산불 진화를 일선에서 지휘하면서 10일 동안 밤낮을 가리지 않고 산불과 싸워야 했습니다. 가뭄, 고온과 같은 이상기후가 산불을 더 자주, 더 크게 만들고 있습니다. 기후변화는 바로 우리의 코앞에 와있는 현실적인 위기인 것입니다.

여러분, 저는 오늘부터 개최되는 제15차 세계산림총회가 기후위기에 대한 국제사회의 논의를 한 걸음 더 발전시켜 나가는 계기가 되기를 바랍니다. 이번 총회는 기후변화에 취약한 국가들, 또 산림복원에 노력하는 국가들에게 실질적인 비전을 제시하는 플랫폼이 되어야 할 것입니다.

또한, 지난 2년 동안 인류는 코로나19 팬데믹으로 고통받고 있습니다. 과학자들은 인간이 산림을 파괴하여 생물다양성을 감소시켰기 때문에 전염병의 위험을 증가시키고 있다고 경고하고 있습니다.

저는 전염병 위기를 극복하는 해답 중 하나가 바로 '산림'에 있다고 생각합니다. 대한민국 산림청은 지난 2년 동안 코로나19로 지친 의료진, 방역 관계자, 그리고 국민들의 신체적, 정서적 회복을 돕기 위해 산림 치유 프로그램을 운영하였습니다. 또 숲 가꾸기, 산림부산물 수집 등과 같은 공공일자리 사업을 전개하여 경제적으로 어려운 사람들의 회복을 지원하기도 하였습니다.

산림은 팬데믹을 예방하는 방패의 역할을 하고 있습니다. 이렇게 잘 가꾸어진 산림은 팬데믹으로 고통받는 우리의 건강과 경제를 회복하는 데 기여를 할 수 있습니다. 따라서 저는 산림을 본래의 모습으로 되돌리고 지키는 것이 우리가 미래세대를 위해 바로 지금 시작해야 하는 행동이라고 생각합니다.

다들 잘 아시겠지만 현재 전 세계의 산림은 육지 면적의 약 31%를 차지하고 있습니다. 이것을 2030년까지 34%로 높이자는 것이 유엔의 목표입니다. 과학자들에 따르면 약 1만년 전에는 거주 가능한 지역의 약 57%가 숲이었다고 말합니다. 저는 만약 인류가 잃어버린 산림을 회복한다면 우리 인류가 직면하고 있는 기후위기, 생태위기, 보건위기의 3대 문제가 해결될 수 있다고 믿습니다. (박수)

하지만 아쉽게도 현실에서는 산림 면적이 지속적으로 감소하고 있습니다. 이를 되돌리기 위해 2019년 유엔총회에서는 2021년부터 2030년까지 10년간을 '생태계 복원의 10년'으로 선포하면서 자연을 복원하자는 결정을 내린 바 있습니다. 또 '산림 및 토지 이용에 관한 글래스고 정상선언'에서는 2030년까지 산림 황폐화를 멈추자고 온 인류가 합의하였습니다.

저는 이번 세계산림총회가 다시 한번 전 세계의 강력한 의지를 모아서 연대와 협력을 통해 산림 파괴의 중단과 잃어버린 산림의 복원을 다짐하고 지속가능한 발전을 실천하는 계기가 되기를 희망합니다. (박수)

제15차 세계산림총회를 통해 세계가 실천 가능한 비전을 만들고, 산림 협력을 강화하는 장을 확대한다면 '숲과 함께 만드는 푸르고 건강한 미래'는 꿈이 아닌 현실이 반드시 될 것입니다. 제15차 세계산림총회가 오늘 이 자리에 참석하신 모든 분들에게 잊을 수 없는 뜻깊은 추억이 되기를 희망합니다. 감사합니다. (박수)"

이어 문재인 대통령이 무대 위 연단으로 이동해 마스크를 벗고 기조연설을 했다.

"존경하는 요르단의 알리 공주님, 또 취동위(Qu Dongyu) 유엔식량농업기구 사무총장님, 전 세계의 산림관계자 여러분, 제15차 세계산림총회 개막을 축하합니다.

이번 행사를 위해 서울을 찾아주신 분들과 온라인으로 함께하고 계신 분들 모두 진심으로 환영합니다.

우리는 코로나를 겪으며 자연과의 공존이 얼마나 중요한지 절실하게 깨닫고 있습니다.

100년의 역사를 쌓으며 숲의 보존과 복원에 앞장서 온 산림총회의 노력이 어느 때보다 소중하게 다가옵니다.

오늘, 코로나 이후 처음으로 전 세계 산림전문가들이 한곳에 모였습니다. '숲과 함께 만드는 푸르고 건강한 미래'를 위해 새로운 백년대계를 준비하는 자리를 갖게 되어 매우 기쁩니다.

전 세계 산림관계자 여러분.

숲은 그 자체로 살아있는 생태계이며 육상 동식물의 80%가 서식하는 생물다양성의 보고입니다. 우리는 숲이 지닌 생명력과 풍요로움을 활용해 생존과 번영에 필요한 식량과 목재, 연료를 얻었고, 숲이 주는 상상력으로 다양한 종교와 문학과 예술을 창조했습니다.

지금 생명의 원천인 숲이 안타깝게 사라지고 있습니다. 매년 470만 헥타르씩 전 세계 산림 면적이 줄어들고 있습니다. 대한민국 서울의 80배에 달하는 크기입니다. 지난 30년 동안 감소한 산림 면적은 한반도의 8배인 1억 8천만 헥타르에 이릅니다.

숲의 위기는 곧 인간의 위기입니다. 살아있는 온실가스 흡수원이며 물을 보존하는 숲이 줄어들면서 기후 위기가 가속화되고, 자연재해가 급증하며, 야생동물과 인간 간의 접촉이 늘어나 코로나와 같은 신종 감염병 위험이 증가했습니다.

숲에 의존해 살아가는 수억 명 인구의 생활기반 또한 흔들리고 있습니다. 숲을 울창하게 지키고 가꾸는 것은 지구 생명 공동체의 일원으로서 우리 모두에게 주어진 의무입니다.

다음 세대를 위해 지속가능한 미래를 만드는 일입니다. 지난해 11월, 141개국 정상들은 영국 글래스고에 모여 2030년까지 산림손실을 막고 숲을 되살리기 위해 노력하기로 합의했습니다. 이제 구체적인 실천계획을 수립하고 함께 행동해야 합니다.

익숙한 생활 습관부터 경제·사회 전반에 이르기까지 광범위한 변화가 필요합니다. 결코, 쉽지 않은 일입니다. 숲을 지키고 가꾸면서도 새로운 소득과 일자리를 창출할 수 있는 방법을 찾아야 모든 나라 국민과 기업의 지속적인 지지와 참여를 담보할 수 있습니다.

선진국과 개발도상국이 함께 보조를 맞춰 나가는 것도 매우 중요합니다. 숲을 개간해 농지와 산업용지를 늘리고 산림자원을 활용해 산업을 키워야 하는 개발도상국은 산림 보존과 복원 목표가 매우 버거울 수밖에 없습니다.

선진국은 선진국대로 이미 많은 개발과 도시화가 이루어져 새롭게 산림을 늘리기가 수월치 않을 수 있습니다.

숲과 인간이 상생하는 지속가능한 번영의 길로 함께 나아갈 수 있도록 선진국과 개도국이 서로 다른 여건을 이해하며 보다 적극적으로 협력하고 부담을 나누어야 합니다.

전 세계 산림관계자 여러분, 한국 국민들은 식민 지배와 전쟁으로 인해 산림이 파괴되었던 아픔을 실제로 경험했습니다. 황폐해진 국토를 바라보며 숲이 우리 삶에 얼마나 중요한지를 깨달았고, 온 국민이 함께 100억 그루 이상의 나무를 심어 산과 들을 다시 푸르게 바꾸어 냈습니다.

유엔식량농업기구로부터 '2차 세계대전 이후 산림녹화에 성공한 유일한 나라'라는 평가도 받게 되었습니다. 한국은 연대와 협력을 통해 산림 회복을 이루어낸 경험을 바탕으로 숲을 지키고 가꾸기 위한 국제사회의 노력에 적극 동참할 것입니다.

첫째, 개도국의 산림 복원을 위한 재정에 기여하겠습니다.

한국은 2030년까지 ODA 규모를 2배 이상 늘릴 계획입니다. 산림분야 ODA도 이에 맞춰 확대해 나가겠습니다. 지난해 '글로벌 산림 재원 서약'에 동참하며 약속했던 6천만 달러 공여도 차질없이 이행할 것입니다.

둘째, 개도국의 지속가능한 산림자원 활용을 돕겠습니다.

한국은 베트남 맹그로브 숲 복원사업을 추진하면서 맹그로브 숲의 갯벌을 활용한 친환경 양식 기술을 함께 지원하고 있습니다. 되살아난 나무들은 수상 생물들이 잘 자라날 수 있는 양분을 제공하고 현지 주민들에게 새로운 일자리를 만들어줄 것입니다. 주민들도 지속적인 소득 창출을 위해 산림보호에 더 많은 노력을 기울이게 될 것입니다. 앞으로도 단순한 재정지원을 넘어 개도국 국민들이 숲과 더불어 살아갈 수 있도록 돕겠습니다. 생태관광, 휴양림 조성, 혼농임업과 같이 다양한 협력사업 모델을 개발해 나갈 것입니다.

셋째, 한국 내에서의 산림 확충에도 최선을 다하겠습니다.

한국은 2050 탄소중립을 위한 자연 기반 해법으로서 산림의 온실가스 흡수량을 2배가량 확대한다는 목표를 세웠습니다. 유휴토지에 나무를 심고 도시 숲을 가꾸며 산림 면적을 넓혀나갈 것입니다. 특히, 나무를 더 많이 심고 가꾸어 수확하는 산림 순환경영이 확대될 수 있도록 경제림 조성부터 인프라 확충까지 종합적으로 지원할 계획입니다. 이미 한국의 다양한 기업들이 ESG 경영에 나서며 숲 가꾸기와 산림 분야 기술개발에 참여하고 있습니다.

해외 산림 보존 사업에 참여하고자 하는 기업도 늘어나고 있습니다. 민관 파트너십을 통한 산림 확충의 성공사례를 만들어 국제사회와 함께 나누도록 하겠습니다.

취동위 사무총장님.

전 세계 산림관계자 여러분.

서울에서 약 200킬로미터 떨어진 경상북도 봉화에는 전 세계에 둘밖에 없는 종자 금고, 시드 볼트(Seed vault)가 있습니다. 자연재해, 핵

폭발과 같은 지구 대재앙을 대비해 식물 유전자원을 보존하는 현대판 노아의 방주입니다.

종자 금고의 지하 저장고에는 6만 종의 야생식물 씨앗들만 담겨있는 것이 아닙니다. 미래 세대를 생각하고 지구를 사랑하는 우리 모두의 마음이 간직되어 있습니다.

나무와 나무가 어우러져 푸른 숲을 이루듯 숲과 자연을 아끼는 마음이 하나로 모인다면 우리는 지속가능한 녹색 미래를 만들 수 있을 것입니다.

인간이 자연과 공존하는 새로운 시대를 향해 마음과 지혜를 더해 행동의 속도를 높여 나아갑시다.

제15차 세계산림총회가 그 출발점이 될 것입니다.

감사합니다.

2022년 5월 2일
대한민국 대통령 문재인."

문 대통령은 기조연설뒤 오전 10시 37분 최병암 산림청장, 취동위 FAO 사무총장, 바스마 빈트 알리 요르단 공주, 막달레나 요바노비치 IFSA 회장 순으로 서서 마스크를 착용한 채 기념촬영했다. 이어 주요 참석자들과 악수하고 행사장을 떠났다.

임기중 마지막 외부 공개행사를 마친 것이다.

┃ 윤석열 당선인 경기권 지역순회 ┃

윤석열 당선인은 2일 오전 여섯번째 '약속과 민생의 행보'로 경기지역 일산, 안양, 수원, 용인을 찾았다.

윤 당선인은 이날 1,390만 경기도민의 불편을 해소하고 생활을 더욱 윤택하게 뒷받침할 교통 및 주택건설 현장을 점검하고 경기도민이 직접 느끼는 다양한 애로사항을 청취했다.

또 당선 후 다시 찾겠다는 약속대로 경기도민의 곁에서 지난 대선에 보내주신 성원에 감사의 마음을 전했다.

당선인 대변인 측은 "이번 여섯번째 '약속과 민생의 행보' 역시 지역민들의 살아있는 목소리를 담아내 '오로지 민생'이라는 윤 당선인의 국정철학을 다시한번 확인하고 다짐하는 계기가 될 것"이라고 했다.

윤 당선인은 이날 오전 11시 30분 고양 일산 GTX-A 터널구간 공사 현장을 점검한데 이어 오후 2시 안양 제1기 신도시 현안 점검 및 평촌신도시 노후아파트를 찾았다.

이어 오후 3시에는 수원으로 이동해 군비행장 소음 피해 주민들과 간담회를 갖고 민심을 청취한뒤 오후 4시 30분에는 용인 중앙시장을 방문해 소상공인 등 지지자들과 주먹악수를 하며 지역경제 활성화 등을 약속했다.

대통령직인수위는 이날 윤 당선인 외부 일정과 별도로 사회복지문화분과는 관광산업 생태계 복원을 위한 정책과 스포츠 마일리지 도입에 관한 정책을 선보였다.

과학기술교육분과는 '포털 뉴스서비스의 신뢰성 및 투명성 제고를 위한 정책방향'을 발표했고, 기획조정분과 청소년소통 TF는 '청년소통 TF 활동 종합보고회'를 가졌다.

인수위 디지털플랫폼정부 TF는 이날 '디지털 플랫폼 정부로 달라지는 대한민국'에 대해 브리핑을 했고, 경제1분과는 '청년도약계좌'와 관련한 브리핑을 가졌다.

| 청와대이전 TF 민주당 우상호 의원에 레드카드 |

대통령직인수위원회 청와대 이전 TF는 2일 오후 1시 37분 인수위 출입기자들이 이용하는 단톡방에 '입장문'을 공지했다.

내용은 윤석열 대통령 당선인 공관 이전에 대해 더불어민주당 우상호(서울 서대문갑) 의원이 제기한 의혹에 법적 책임을 묻겠다는 내용이었다.

청와대 이전 TF는 입장문에서 아래와 같이 밝혔다.

"민주당의 허위사실 날조와 거짓선동 습관은 영원히 못 고치는 불치병인가. 우상호 의원의 '아니면 말고 식' 허위 사실 유포에 법적 책임을 묻겠다. 우상호 의원이 '익명의 소식통'에게 들었다며 김건희 여사에 대한 '날조된 허위사실'을 유포하였으므로 법적 조치를 취할 것임을 알려드린다.

외교부장관 공관을 방문한 과정과 상황을 명확히 밝히겠다.

청와대를 국민의 품으로 돌려드리면서도 안보·경호·의전 등 여러 사정을 종합적으로 고려하기 위해 청와대이전TF가 현장 답사를 하는 것은 너무나 당연한 절차다.

거듭 밝힌 바와 같이 김건희 여사가 동행한 것은 이미 외교부장관 공관을 유력한 장소로 검토한 이후이며, 리모델링 비용을 최소화하기 위한 방문으로 전혀 문제될 것이 없다.

청와대이전TF는 외교부공관 방문 과정에서도 외교부와 사전 조율을 통해 외교부 측이 불편함이 없는 시간을 충분히 협의한 후 외교부의 승인 하에 현장 답사를 진행했다.

외교부와 사전 조율을 통한 방문이었기 때문에 당연히 외교부 장관

이 행사 중인 상황이 아니었고, 장관 배우자와 아예 마주친 사실 자체
가 없다.

　당시 외교부 장관 공관 관리직원이 함께 있어 장관 배우자와 마주
친 일이 없다는 사실은 명백히 확인된다.

　김건희 여사가 강아지를 안고 집안을 둘러보며 외교부장관 배우자
를 내쫓았다는 식의 주장은 매우 악의적이고 날조된 허위사실이다. 도
대체 그 주장의 근거가 무엇인가.

　우상호 의원은 즉시 허위사실의 근거라며 들이댄 '믿을만한 소식통'
이 누구이고 무엇을 근거로 그런 주장을 한 것인지 밝혀야 할 것이다.

　언제까지 허위사실 날조로 국민을 선동하는 행위를 계속할 것인가.
국민들은 더 이상 속지 않는다. 우상호 의원의 허위사실 유포에 대하
여 강력한 법적 조치를 취하겠다."

　이날 입장문은 우상호 의원이 대통령 관저로 이용할 외교부 장관 공
관 답사과정에 대한 의혹 제기에 대응한 강한 톤의 반론이었다.

　인수위 청와대이전 TF는 집무실 용산 이전에 대해 공개적으로 반대
하고 나선 문 대통령을 비롯한 청와대에 대해 4월 29일 비판 성명에
이어 이날 공관 이전에 대해 '묻지마 의혹'을 제기한 여권에도 다시 국
민선동을 중지하라고 했다.

┃ 문재인 대통령 국무총리와 마지막 주례회동 ┃

　문재인 대통령은 2일 낮 김부겸 국무총리와 임기 중 마지막 오찬 주
례회동을 가졌다.

　대통령과 국무총리 주례 회동은 임기 내내 매주 월요일 오찬 형식으

로 개최됐으며 주요 국정 현안을 논의하는 자리다.

문 대통령은 이날 오후 SNS 메시지를 통해 이같이 전하고 "그동안 세 분의 국무총리와 총 148회 오찬 주례회동을 했고 1,449건의 안건을 논의했다"고 했다.

이어 "해외순방 등 불가피한 경우 외에는 거르지 않았던 정례적인 주례회동은 대통령과 총리 또는 내각 간의 국정 전반에 대한 소통과 협의의 장으로 자리매김하면서 원활한 국정운영에 크게 기여했고 책임총리제의 기반이 됐다"고 평가했다.

문 대통령은 끝으로 "그동안 국정현안을 정리하고 부처 간 쟁점을 조율하면서 협의해주신 이낙연, 정세균, 김부겸 세 분 총리 님들과 국무조정실장, 총리실 공무원들의 노고에 감사드린다"고 했다.

한편 이날 문 대통령과 김부겸 국무총리의 마지막 오찬 주례회동에서 두 사람이 나눴던 정국 현안이 3일 김 총리 입을 통해 전해졌다.

김 총리는 이날 세종공관에서 가진 출입기자단 간담회에서 지난 2일 문 대통령과의 마지막 주례회동 당시 사면 문제를 두고 오간 대화 내용을 전했다.

김 총리는 회동에서 사면과 관련한 여론을 전한 다음 "다들 (사면을) 기대하는데 결심하셨나"라고 물었다고 한다.

문 대통령은 이에 대해 자신이 그동안 해 왔던 여러 고민을 드러내며 "국가적, 국민적 동의를 받았다고 보기 어렵지 않나"라고 했다는 것이다.

그러면서 "임기 말에 사면권을 남용하는 듯한 모습은 적절치 않은 것 같다"며 사면 불가에 쐐기를 박았다고 김 총리가 전했다.

한국사회여론연구소(KSOI)가 TBS 의뢰로 4월 29일부터 이틀간 전국 만 18세 이상 1천 12명을 대상으로 사면 찬반 의견을 조사(표본오차 95% 신뢰수준 ±3.1%포인트)한 결과, 이명박 전 대통령 사면에 대한 반대는 51.7%로 집계됐다.

김경수 전 지사(56.9%), 정경심 전 교수(57.2%) 등에 대한 사면 반대 의견도 절반을 훌쩍 넘었다. 반면 이재용 삼성전자 부회장 사면에 찬성한다는 의견은 68.8%였다.

김 총리는 이런 정황을 소개하며 "경제인 부분은 따로 볼 만한 여지가 없겠는가"라며 문 대통령의 의중을 물었다는 것이다.

그러나 문 대통령은 '바둑돌' 이야기를 꺼내면서 조심스러워했다는 게 김 총리의 설명이다.

이는 정치인 사면을 배제한 상황에서 일부 경제인만 사면할 경우 이들에 대한 특권으로 비칠 수 있다는 점, 새 정권이 들어서서 국민통합을 명분으로 큰 폭의 사면을 단행할 가능성 등을 종합적으로 고려한 것으로 보인다는 해석이 나왔다.

문 대통령은 김 총리와의 주례회동 후 참모들과의 회의에서 다시 한번 이 문제를 논의했고 결국 임기 말 마지막 사면은 하지 않는 것으로 결론을 내렸다.

| 안철수 위원장 북한군 피살 공무원 유족 만남 |

안철수 대통령직인수위원장은 2일 2020년 서해상에서 북한군에 피살된 해양수산부 공무원 유족을 만났다.

안 위원장은 이날 오후 4시쯤 자신의 페이스북에서 "북한군에 의해 서해상에서 피격돼 돌아가신 해양수산부 공무원의 유족을 만났다. 유가족의 피눈물은 여전히 마르지 않고 있었다"고 전했다.

그는 "사건 초기부터 정부의 설명에 납득이 가지 않았다. 그 지역 해류를 누구보다 잘 알고 구명조끼를 입고는 일정 시간 이상 생존할 수 없음을 잘 아는 분이 헤엄쳐 월북을 시도했다는 것 자체가 어불성설"이라고 했다.

안 위원장은 "그런데도 정부 당국은 뭐가 무서운지, 누구 비위를 맞추려는지 몰라도 월북으로 단정하며 돌아가신 분의 명예를 훼손하고 제대로 된 진상규명에 나서지 않았다. 심지어 유가족이 제기하고 법원이 인용한 정보공개 결정에 당연히 응해야 함에도 항소하며 여전히 유가족을 괴롭히고 있다"고 했다.

안 위원장은 이같은 사실을 전하면서 유족들에게 시일이 걸리더라도 철저히 진상을 규명하고, 윤석열 정부가 출범하는 즉시 정보공개 결정에 대한 청와대의 항소를 철회하도록 요청할 것을 약속했다고 했다.

이어 "(윤석열) 당선인도 후보 시절 철저한 진상규명을 약속한 만큼 새 정부가 들어서면 실체적 진실규명에 적극적으로 나설 것이다. 이번 정부 동안 흰 것이 검은 것이 되고 검은 것이 흰 것으로 둔갑하는 사례가 많았다. 새 정부에서는 당연히 정치 보복은 없겠지만 국민의 죽음에 대한 진실규명 노력에는 최선을 다해야 할 것"이라고 했다.

안 위원장은 "앞으로 서해 공무원 피격사건 진실규명을 시작으로, 지난 5년간 왜곡되고 은폐된 많은 사안들이 하나하나 바로 잡혀지기를 기대한다"며 글을 맺었다.

피격 해수부 공무원 이모씨는 지난 2020년 9월 서해 북측 해상에서 북한군에게 사살됐다. 북한군은 이씨를 사살한 뒤 시신을 불태운 것으로 알려졌다.

하지만 우리 정부는 진실이 규명되지도 않은 가운데 공무원 이씨를 '월북자'라고 규정했고, 북측에 우리 국민 긴급구호 및 사후 시신요청 등의 조치도 취하지 않았다.

숨진 이 씨의 형 이래진 씨를 비롯한 유족은 피살 경위를 확인하기 위해 청와대 및 국방부를 상대로 정보공개청구 소송을 냈고 지난해 11월 일부 승소했지만 정부는 항소했다. 이에 유가족들은 진실 규명을 약속했던 문재인 대통령의 편지를 청와대에 반납하기도 했다.

이날 안철수 인수위원장이 윤석열 정부 출범후 진실 규명을 약속하면서 그동안 진상 알리기에 반대했던 문재인 정부와의 충돌 가능성이 제기됐다.

▎ 권양숙 여사 "윤석열 취임식 불참" 통보 ▎

노무현 전 대통령의 부인인 권양숙 여사가 제20대 윤석열 대통령 취임식에 참석하지 않기로 했다.

노무현재단 관계자는 2일 "(권 여사가) 건강상 연세도 있고 해서 봉하마을에서 서울까지 원거리 이동이 힘들다"고 불참 이유를 밝혔다.

대통령취임준비위원회 관계자는 이와관련 "저희 취임준비위에 공식적으로 불참 의사가 전달된 것은 아니다. 취임준비위 차원에서 예우를 다해 초청장을 전달해드리려고 일정을 조율 중"이라고 했다.

취임준비위 측은 앞서 전직 대통령 유가족들에게 초청장을 전달했지만 권 여사를 비롯해 이승만·최규하 전 대통령 유족과는 일정을 조율 중이라고 밝혔었다.

▎ 문재인 대통령 MB, 김경수 패키지 사면 보류 ▎

문재인 대통령 임기 말 거론됐던 이명박 전 대통령과 김경수 전 경남지사 사면이 보류됐다는 뉴스가 2일 오후 청와대발로 언론에 일제히 보도됐다.

연합뉴스는 이날 문 대통령은 최근까지 이명박 전 대통령, 김경수 전 경남지사, 이재용 삼성전자 부회장 등의 사면 가능성을 두고 고심을 거듭했으나 누구도 사면을 하지 않는 쪽으로 결론을 내린 것으로 알려졌다고 보도했다.

청와대 관계자는 이날 언론에 "사면론에 대해서는 아는 바가 없다. 공식적으로 사면과 관련해서는 논의된 바가 없다"고 전했고, 또다른 여권 핵심 인사는 "임기말 마지막 사면은 없는 것으로 최종 가닥이 잡혔다"고 전했다.

문 대통령이 주재하는 마지막 국무회의가 3일 오전 예정된 가운데 이날 오후까지 법무부 사면심사준비위원회는 열리지 않았다.

중앙일보도 이날 오후 부처님오신날(8일)을 계기로 검토했던 특별사면을 하지 않기로 했다고 청와대 관계자 발언을 인용해 보도했다.

청와대 관계자는 "사면을 하려면 법무부 사면심사위원회를 열어 절차를 거쳐야 하는데 문 대통령이 이날까지 사면에 대한 지시를 하지 않았다. 물리적으로 임기 내에 특별사면을 하기는 쉽지 않다"고 전했다.

문 대통령이 특별사면을 보류한 것은 국민여론이 영향을 미쳤다.

이명박 전 대통령 사면에 김경수 전 경남지사를 '패키지 사면'할 경우 국민의힘은 물론 중도층으로부터도 비판이 거세게 제기될 수 있다는 판단을 한 것으로 보였다.

문 대통령은 그동안 대통령 사면권과 관련해 국민 여론과 국민 공감대를 강조해왔다는 점에서 사면에 대한 부정적인 민심 흐름을 고려했다는 관측이 나왔다.

또 더불어민주당이 강행하고 있는 '검수완박' 관련 법안이 국회에서 처리된데 이어 문 대통령이 주재하는 3일 마지막 국무회의에서 이 법안들이 공포를 앞둔 가운데 국민들의 이목을 무시할 수 없었을 것이라는 분석이다.

여기에 한달 여 앞으로 다가온 6.1 전국동시 지방선거 등도 사면보류 결정에 일정 부분 영향을 미쳤을 것이라는 해석도 나왔다.

청와대 D-6일
(5월 3일)

문재인 대통령이 3일 청와대 세종실에서 열린 국무회의에서 검수완박 법안 공포를 의결하고 있다.

일일 뉴스

｜ '다시 도약하는 대한민국,
함께 잘사는 국민의 나라' 선포 ｜

제20대 대통령직인수위원회는 3일 오전 서울 삼청동 인수위 대회의실에서 전체회의를 갖고 윤석열 정부의 국정 비전으로 '다시 도약하는 대한민국, 함께 잘 사는 국민의 나라'를 제시했다.

또 대한민국 재도약의 선결 조건으로 '지역 불균형 해소'를 강조하며 '어디서나 살기좋은 지방시대' 관련 15대 국정과제를 비롯해 '국민께 드리는 20개 약속'과 '110대 국정과제'를 선정해 윤석열 대통령 당선인에게 보고했다.

안철수 위원장은 곧이어 브리핑을 갖고 '국민께 드리는 20개 약속'과 '110대 국정과제'를 국민들에게 직접 브리핑했다.

안 위원장은 이날 "새 정부 국정비전은 '다시 도약하는 대한민국, 함께 잘 사는 국민의 나라'로 설정했다. 다시 도약하는 대한민국은 시대적 소명을 반영했다. 대한민국이 직면한 대내외적 도전과 엄중한 시대적 갈림길에서 국민역량을 결집해 국가 경쟁력을 회복하고 선진국으로 재도약하자는 의미를 담았다"고 했다.

또한 "함께 잘 사는 국민의 나라는 국민의 요구를 반영한다"면서 "국민의 삶과 직결된 문제들을 해결하고 국민 한 사람 한 사람의 삶이 나아지는 나라를 실현하고자 했다"고 했다.

안 위원장은 국정과제를 추진하는 공직자들의 행동 규범인 국정운영 원칙으로는 △국익 △실용 △공정 △상식 4가지를 제시했다.

안 위원장은 "윤석열 정부의 국정비전은 6대 국정목표를 통해 구현해 나가겠다. 국정목표는 정치행정, 경제, 사회, 외교안보 등 국정의 4대 기본 부문에 미래와 지방시대를 더했다. 새 정부의 미래 지향성과 함께 대한민국 재도약의 선결 조건으로 지역 불균형 해소 의지를 담았다"고 밝혔다.

이날 제시된 6대 국정목표로는 △상식이 회복된 반듯한 나라 △민간이 끌고 정부가 미는 역동적 경제 △따뜻한 동행, 모두가 행복한 사회 △자율과 창의로 만드는 담대한 미래 △자유, 평화, 번영에 기여하는 글로벌 중추국가 △대한민국 어디서나 살기 좋은 지방시대를 제시하고 6대 국정 목표별로 110개의 국정과제를 제시했다.

인수위는 동시에 지역균형발전특별위원회가 4월 25일 선보인 강원특별자치도 등 15개의 '대한민국 어디서나 살기좋은 지방시대' 관련 국정과제를 설명했다.

안철수 위원장은 "어디에 살든 균등한 기회를 누리는, 희망의 지방시대를 만들고자 한다. 이를 위해 지역이 주도하는 균형발전을 추진하면서 지역 스스로 고유한 특성을 극대화하도록 지원해 지역별 혁신성장 기반을 마련해 나가겠다. 지방시대 국정과제는 지역균형발전특별위원회에서 대국민 보고회와 공청회 등 지역과의 충분한 의견수렴 과정을 거쳐 곧 구체화할 계획"이라고 했다.

대통령직인수위는 "윤석열 당선인에게 보고한 110대 국정과제는 새 정부 출범 후 각 부처에서 추가적인 논의를 거쳐 '윤석열 정부 국정과제'로 확정될 것"이라며 "윤석열 정부가 시대적 소명과 국민적 염원을 반영한 110대 국정과제를 성공적으로 이행해 나갈 수 있도록 국민 여러분의 관심과 애정을 부탁드린다"고 했다.

| 민주당 '검수완박' 완결판 형사소송법 처리 |

제20대통령직인수위원회가 새 정부의 국정비전을 발표하던 그 시각, 3일 오전 10시 30분 서울 여의도 국회에서 더불어민주당이 강행해온 '검수완박' 법안 중 형사소송법 개정안이 국회를 통과했다.

지난달 30일 가결된 검찰청법에 이어 형소법까지 통과하면서 민주당이 윤석열 정부 출범을 앞두고 일사천리로 추진해온 '검찰 수사권 완전 박탈'에 대못을 박았다.

국회는 이날 오전 본회의를 열어 별건수사 금지규정 등이 담긴 형소법 개정안을 의결했다. 박병석 국회의장이 개의를 선언하고 3분 만에 찬성 164명, 반대 3명, 기권 7명으로 가결됐다.

반대 투표한 의원은 국민의당 이태규, 최연숙 의원과 시대전환 조정훈 의원 등 검찰청법 처리 때와 같았다. 국민의당 권은희 의원은 이번에도 찬성했다.

국민의힘 의원들은 이날도 검찰청법 개정안 표결 당시와 마찬가지로 고성을 지르거나 구호를 외치는 등 항의하면서 표결에 불참했지만 소용이 없었다.

형소법 개정안이 통과됨에 따라 앞으로 수사기관의 이른바 '별건 수사'는 원칙적으로 금지된다.

경찰 수사 중 시정조치 요구가 이행되지 않았거나 위법한 체포·구속이 이뤄진 경우 고소인 등의 이의신청으로 검찰에 송치된 사건의 경우 검찰은 '해당 사건과 동일한 범죄사실의 범위' 안에서 보완수사를 할 수 있도록 했다.

이날 국회 본회의를 통과한 개정안은 4월 30일 본회의에 상정됐다.

국민의힘은 이를 막기 위해 필리버스터(무제한 토론)에 나섰으나 민주당이 회기를 잘게 쪼개는 '살라미 전술'로 대응하면서 같은 날 자정 회기 종료와 함께 토론도 종결됐고 새 임시 국회가 시작된 이날 본회의에서 곧바로 표결이 이뤄졌다.

앞서 검찰 수사권을 대폭 축소하는 내용의 검찰청법 역시 지난달

27일 상정된 후 같은 과정을 거쳐 사흘 뒤 가결됐다.

청와대는 당초 이날 오전 10시 국무회의를 예고했으나 나중에 오후 2시로 연기했다.

두 법안은 이날 오후 2시 열리는 문재인 정부 마지막 국무회의에서 공포됐다.

검수완박 법이 공포되면 오는 9월부터 시행된다.

민주당은 이날 사법개혁특별위원회 구성 결의안도 단독으로 처리하고 '한국형 FBI'로 불리는 중대범죄수사청을 1년 6개월 내에 설립, 검찰의 남은 수사권한을 모두 이관시키겠다는 강한 의지를 보였다.

민주당은 이날 형소법 통과 이후 사개특위 구성 결의안도 국민의힘 의원들이 모두 퇴장한 가운데 가결시켰다.

민주당 박홍근 원내대표는 "개혁은 특정 세력을 위한 수단이 될 수 없고, 오로지 국민의 자유와 인권 보장을 위한 투쟁"이라며 "중대범죄수사청을 설치해 검찰에 남은 수사권을 폐지하는 것은 사개특위를 통해 매듭짓겠다"고 밝혔다.

국민의힘은 문재인 대통령의 거부권 행사를 재차 요구했다. 권성동 원내대표는 의원총회에서 "더불어민주당은 국민이 잠시 내준 172석의 권력이 원래부터 자기 것인양 착각하고 있다. 전체주의 정당처럼 일사불란하게 초유의 악법을 찬성하는 거수기가 됐다"고 했다.

송언석 의원은 의사진행 발언에서 "문 대통령마저 꼼수와 탈법의 입법독재에 동참하려는 것이냐. 국무회의는 대한민국의 국무회의지 '문재명 지키기' 국무회의가 돼서는 안 된다. 헌정을 수호하는 대통령의 책무를 다할 마지막 기회로 거부권을 행사하길 바란다"고 했다.

국민의힘 김형동 수석대변인은 이날 민주당이 '검수완박' 법안을 강행 처리한 데 대해 "헌법 위에 군림하며 거대 의석을 무기로 '검수완박' 입법이 본회의에서 강행 처리됐다. 오늘의 폭거를 역사가 기억할 것이고, 국민들이 판단할 것"이라고 했다.

┃송영길 "재집권하면 청와대 다시 가겠다"┃

송영길 더불어민주당 서울시장 후보는 3일 언론 인터뷰에서 윤석열 대통령 당선인의 집무실 용산 이전 계획과 관련 "(윤석열) 정권이 지나고, 민주당이 재집권하면 (대통령 집무실이) 청와대로 다시 갈 것"이라고 했다.

그는 이날 국민일보와 가진 인터뷰에서 "국민 입장에서 정부는 임차인인데, 임차인이 임대인 동의 없이 집을 마음대로 고치면 되겠느냐"며 이같이 말했다.

송 후보는 "청와대에 다시 못 갈 이유가 있나"라며 "(청와대를) 국민에게 돌려주겠다는 (윤 당선인의) 말은 틀린 말이다. 이미 문재인 대통령 재임 때 국민 80만 명이 청와대를 구경했다. 이미 돌려준 것이다. 내가 전에 청와대에서 봤는데 녹지원 쪽에 유치원생이 방문 오면 문 대통령이 지나가다가 악수도 해주고 사진도 찍어주더라. 이게 훨씬 더 실감나지 않겠나. 조선시대 왕릉도 아니고 국민 입장에서 대통령이 떠난 청와대를 보고 싶겠나"라고 했다.

그는 집무실 용산 이전을 반대하는 이유에 대해 "국방부 청사로 들어가면 오히려 접근이 더 어려워진다. 공간이 의식을 지배한다는 말이 있는데 군인이 총 들고 있는 공간이 훨씬 요새처럼 소통을 차단하는 공간이 될 것이다. 검찰 독재시절이 될 것"이라고 했다.

| 비위 의혹 김인철 교육부장관 후보자 사퇴 |

윤석열 정부의 초대 사회부총리 겸 교육부 장관에 내정됐던 김인철 후보자가 3일 자진 사퇴했다.

김 후보자는 이날 오전 입장문을 발표하고 "저는 오늘 부총리 겸 교육부 장관 후보직을 사퇴한다"고 했다.

그는 "국가와 사회로부터 받은 혜택을 마지막 봉사를 통해 돌려드리고 싶었지만 많이 부족했다. 어떤 해명도 하지 않겠다. 모두 저의 불찰이고 잘못"이라고 고개를 숙였다.

김 후보자는 "저를 믿고 중책을 맡겨주신 윤석열 대통령 당선인께 죄송한 마음을 가눌 길이 없다. 윤석열 정부의 성공을 멀리서나마 응원하겠다. 다시 한번 국민 여러분께 사과와 양해의 말씀을 드린다"고 했다.

윤 당선인은 지난 4월 13일 서울 통의동 인수위원회 기자회견장에서 제1기 내각 2차 인선을 발표하며 사회부총리 겸 교육부 장관 후보에 김인철 전 한국외국어대 총장을 내정했지만 각종 비위의혹이 드러나며 퇴진 압력을 받아왔다.

| 문재인 정부 국무위원 고별 오찬 |

문재인 대통령은 3일 낮 청와대에서 김부겸 국무총리를 비롯해 국무위원과 장관급 위원장 등 30명을 초청해 고별 오찬을 갖고 그간의 노고에 감사 인사를 했다.

문 대통령은 이날 오찬에서 "우리 정부 내내 위기였는데 우리만의 위기이기도 했고 전 세계적 위기이기도 했다. 국무위원들이 부처 소관 따지지 않고 원팀으로 대응해 위기를 잘 넘었고 더 크게 도약하는 계기가 됐다"고 했다.

또 "대한민국은 위기 속에서 더 강한 나라, 더 당당한 나라가 되었고, 선도국가라고 자부할 수 있게 됐다. 위기극복 과정에서 어려움을 이기는 방법을 찾고 자신감을 갖게 되었으며 우리의 역량을 새롭게 발견하게 됐다. 이런 경험은 대한민국이 더 큰 위기와 도전과제를 헤쳐 나가는 밑거름이 될 것이다. 문재인 정부가 대한민국의 새로운 시대를 연 정부로 평가되고 기억되길 바란다"고 했다.

문 대통령은 끝으로 "대한민국의 새로운 시대를 여는 데 함께해 주고 그 첫 차에 동승해 주어서 고맙다. 문재인 정부와 함께했던 것이 두고두고 보람이 되길 바란다"고 했다.

이날 오찬에 앞서 국무위원들은 문재인 대통령과 함께 청와대 본관 2층 발코니에서 청와대 경내를 둘러보는 시간도 가졌다.

오찬장은 문 대통령을 기준으로 왼쪽에 홍남기 경제부총리 겸 기획재정부 장관, 오른쪽에 김부겸 국무총리, 정의용 외교부 장관 등의 순으로 배치됐으며 문 대통령의 인사말에 이어 김 총리 등이 발언을 했다.

문 대통령은 전현직 국무위원들과 자유롭게 이야기를 하며 환한 표정을 자주 지었으나 중간 중간 어둡고 심각한 표정을 보였다.

문 대통령은 이날 오후 2시 마지막 국무회의를 주재하고 '검수완박' 법안 공포를 앞두고 있었다. 역사적 순간이 다가오고 있었던 것이다.

｜'검수완박' 국무회의 "대통령님, 역사속으로"｜

3일 오후 청와대에서 문재인 대통령이 마지막으로 주재하는 제20회 국무회의가 열렸다.

'검수완박' 법안 공포를 앞두고 정치권은 물론 법조계, 시민사회, 언론계 등 전 국민들이 문재인 정부 마지막 국무회의를 주목했다.

그동안 대부분의 국무회의가 여민관 국무회의실에서 열렸지만 이날 국무회의는 청와대 본관 1층 세종실에서 열렸다.

이날 국무회의에는 김부겸 국무총리, 홍남기 경제부총리 겸 기획재정부 장관, 유은혜 사회부총리 겸 교육부 장관, 전해철 행정안전부 장관, 임혜숙 과학기술정보통신부 장관, 정의용 외교부 장관, 이인영 통일부 장관, 박범계 법무부 장관, 서욱 국방부 장관, 문승욱 산업통상자원부 장관, 한정애 환경부 장관, 안경덕 고용노동부 장관, 문성혁 해양수산부 장관, 권칠승 중소벤처기업부 장관, 정영애 여성가족부 장관, 노형욱 국토교통부 장관, 권덕철 보건복지부 장관, 황희 문화체육관광부 장관, 김현수 농림축산식품부 장관, 한상혁 방송통신위원장, 구윤철 국무조정실장, 조성욱 공정거래위원장, 고승범 금융위원장, 전현희 국민권익위원장, 윤종인 개인정보보호위원장, 황기철 국가보훈처장, 오세훈 서울특별시장, 김우호 인사혁신처장, 이강섭 법제처장, 김강립 식품의약품안전처장, 여한구 통상교섭본부장, 최성호 감사원 사무총장, 윤창렬 국무1차장, 오영식 국무총리 비서실장이 참석했다.

또 청와대에서 유영민 비서실장, 서훈 국가안보실장, 이호승 정책실장, 유연상 경호처장, 이철희 정무수석, 박수현 국민소통수석, 김영식 민정수석, 방정균 시민사회수석, 김외숙 인사수석, 임서정 일자리수석, 박원주 경제수석, 이태한 사회수석, 남영숙 경제보좌관, 박수경

과학기술보좌관, 서주석 국가안보실 1차장, 김형진 국가안보실 2차장, 이진석 국정상황실장, 박경미 대변인, 탁현민 의전·신지연 제1부속·오종식 기획·신동호 연설·조용우 국정기록·윤재관 국정홍보·서영훈 일자리기획조정비서관이 참석했다.

5년 동안 문재인 정부를 경영해온 행정부 국무위원과 '청와대 정부'라는 평가답게 청와대 실장 3명과 주요 수석비서관 등이 모두 출동했다.

오후 2시 회의 시작을 앞두고 오후 1시 42분 청와대 박원주 경제수석, 남영숙 경제보좌관, 박수경 과학기술보좌관이 먼저 세종실 앞에 있는 세종전실에 도착해 처음으로 공개되는 문 대통령 초상화 앞에서 사진 촬영을 했다.

이날 국무회의가 본관 세종실에서 열린 것은 세종전실에 역대 대통령 초상화가 걸려 있고, 임기가 끝나가는 문재인 대통령 초상화도 이날 걸릴 예정이었기 때문이다.

잠시후 국무회의 초청 멤버인 오세훈 서울특별시장이 도착해 박수현 국민소통수석과 대화를 나눴다.

이어 청와대 비서관, 수석비서관들도 차례로 도착해 문재인 대통령과 노무현 전 대통령 초상화 앞에서 차례로 기념촬영을 했다.

오세훈 서울시장은 이날 박원순 시장시절 서울시 국제관계대사를 역임한 김형진 국가안보실 2차장과 대화를 나눴다. 구윤철 국무조정실장이 오세훈 서울시장에게 커피를 권하는 장면도 목격됐다.

오후 2시 10분 오세훈 서울시장은 세종실에 남고, 청와대 참모진은 세종전실로 입장했다.

잠시후 문 대통령이 국무위원들과 함께 세종전실에 입장했고 그뒤를 탁현민 의전비서관이 수행했다.

문 대통령은 역대 대통령들 초상화 가운데 걸린 자신의 초상화를 한동안 말없이 바라봤다.

국무위원들이 "이제 역사의 세계로 들어가셨네요. (웃음) 손 한번 잡아보시죠. (웃음) 박수 한번 쳐 주시죠. (일동 박수)"라고 했다.

문 대통령이 웃으며 입을 열었다.

"잠시 설명을 드리면 이 작가는 김형주라는, 지역에서 활동하는 청년 작가입니다. 청년이지만 나이가 어린 것은 아니고 1980년생이니까 마흔두 살인데 중앙무대에는 거의 알려지지 않은 그런 작가이고, 나는 사실은 아직 못 만났습니다. 제가 다른 정부 때 어떻게 했는지 일일이 알지는 못하지만 대부분의 (대통령)공식 초상화라서 무슨 작가들 선정하는 그런 식의 절차를 거쳐서 보통은 그 시기에 초상화가로서는 가장 잘한다 이렇게 평가받는 분들 가운데 선정해서 작품을 의뢰하는 것이 보통인데, 나는 그렇게 하기 이전에 그런 절차나 초상화에 신경을 제대로 쓰지 못하고 있을 때 아까 말한 김형주라는 청년 작가가 어려운 시기에 임기 마지막까지 수고가 많으시다고, 말하자면 자기가 응원하는 마음으로 성의껏 그려서 보낸다고 이런 선물을 나한테 보내온 것이에요."

국무위원들 "대통령님, 직접 한번도 안 뵌."

문 대통령이 다시 말을 이었다.

"네, 그렇습니다. 이쪽(다른 대통령들)은 요즘은 사진을 보고 그리고 나중에 실물을 보고 보정을 하거든요. 그래서 그냥 받아 두었었는데 나중에 초상화하는 시기가 와 가지고 그렇다면 새삼 새롭게 할 것 없이 이 초상화가 어떤가 하고 두루 의견을 들어보니까 청와대 내부에서는 다들 작품이 좋다고 평가가 됐고, 또 전문가들도 그런 의견이어서 굳이 옛날같은 방식 없이 기왕에 제가 선물로 받아 둔 초상화를 이렇

게 선정하고 대신에 우리가 예상하지 않았던 것이기 때문에 공식 초상
화로 걸리게 된 이상 우리가 약간의 성의 표시는 하려고요."

국무위원들 "그러니까 대통령님 사진 보고 한 다음에 실제 뵙고 나
서 약간 보정 작업을 안 한,"
문 대통령이 다시 소개를 이어갔다.

"별로 시간이 없어서 그렇게 못했어요. 우리가 그냥 보기만 보고 입
술 부분이 너무 색깔이 붉은 것 같다든지 약간의 의견을 이야기해서
직접 보지는 못한 채 보정 작업을 좀 하기는 했어요."

국무위원 "마음에는 드세요?"
문 대통령이 답변을 했다.

"사실은 그래서 예를 들면 초상화 장르에서 대가인 분들은 그런 절
차로 초상화가 선정된 것에 대해서 약간 아쉬워할 수는 있습니다. 그
분들에게 양해 말씀드리고 싶고요. 또 한 가지만 더하면 손연칠 선생
님이라고 혹시 아시려는지 모르겠는데 우리 한국화로서 인물화 초상
화를 그리는 대가로 평가받는 분이 계세요. 그분이 저의 초상화 그린
것을 봤는데 정말 저한테는 마음에 딱 드는 거예요. 참 좋던데, 근데
다만 역대 대통령님들이 전부 서양화로 해 왔는데, (국무위원 중 "유화
로 해 왔는데") 혼자 또 한국화로 전혀 이질적으로 그린 것이 그게
너무 결심하기가 어려워서 그것은 또 다음에 달리 활용될 수 있을 것
이라고 생각하고, 보지는 못했는데 앞으로 한국화 이런 것을 선택하는
부분도 한번 진지하게 고민을 할 때가 되었다고 생각합니다."

한 국무위원이 "일단 좋습니다"라고 했고, 유영민 비서실장도 "선물로 보내왔지만 그림 값은 지불을 했습니다. (일동 웃음)"라고 소개했다.

문 대통령은 이에 "조금 아끼기는 했겠죠.(일동 웃음)"라고 했다.

이때 국무회의 참석을 위해 세종실에 있던 오세훈 서울시장이 문 대통령에게 다가와 90도로 고개 숙여 인사를 했다.

문 대통령은 "(오세훈 서울시장에게) 참석해 주셔서 고맙습니다."라고 화답했다. 박범계 법무부 장관은 "좋은 이야기하러 오신거죠? (웃음)"라고 농담반 진담반을 했다.

국무회의를 위해 오후 2시 22분 문 대통령과 국무위원들이 세종실에 입장했고, 국기에 대한 경례에 이어 곧바로 국무회의가 시작됐다.

문재인 대통령 5년 임기 중 마지막 국무회의 모두발언이다.

"(마스크 벗은 후) 제20회 국무회의를 시작하겠습니다. (의사봉 3번) 대통령으로서 주재하는 우리 정부 마지막 국무회의입니다. 오늘 국무회의는 시간을 조정하여 개최하게 되었습니다. 국회에서 통과되어 정부에 공포를 요청한 검찰청법과 형사소송법 개정안 등 검찰개혁 관련 법안에 대해 우리 정부 임기 안에 책임 있게 심의하여 의결하기 위한 것입니다.

우리 정부는 촛불정부라는 시대적 소명에 따라 권력기관 개혁을 흔들림 없이 추진했고 공수처 설치, 검경 수사권 조정, 자치경찰제 시행과 국가수사본부 설치, 국정원 개혁 등 권력기관의 제도개혁에 큰 진전을 이뤘습니다. 견제와 균형, 민주적 통제의 원리에 따라 권력기관이 본연의 역할에 충실하도록 하면서 국민의 기본권을 보장하기 위한 것입니다.

이와 같은 노력과 성과에도 불구하고 검찰수사의 정치적 중립성과 공정성, 선택적 정의에 대한 우려가 여전히 해소되지 않았고 국민의 신뢰를 얻기에 충분하지 않다는 평가가 있었습니다. 국회가 수사와 기소의 분리에 한 걸음 더 나아간 이유라고 생각합니다.

오늘 공포 여부를 심의하는 검찰청법과 형사소송법 개정안은 검찰이 수사를 개시할 수 있는 범죄를 부패범죄와 경제범죄로 한정하는 등 검찰의 직접 수사범위를 축소하고 검찰 내에서도 수사와 기소를 분리해 나가는 한편 부당한 별건수사를 금지하는 등의 내용을 담고 있습니다. 입법 절차에 있어서는 국회의장의 중재에 의해 여야 간 합의가 이루어졌다가 합의가 파기되면서 입법과정에 적지않은 진통을 겪은 아쉬움이 있습니다. 국민의 삶과 인권에 지대한 영향을 미치는 만큼 국무위원들은 부처 소관을 떠나 상식과 국민의 시각에서 격의 없이 토론하고 심의해 주시길 바랍니다.

코로나 상황이 안정되면서 국무위원 모두 한자리에 모인 자리에서 마지막 국무회의를 주재할 수 있게 되어 무척 뜻깊습니다. 마지막이 될 청와대에서 화상회의실이 아닌 역대 정부부터 우리 정부에 이르기까지 전통적으로 사용해 왔던 국무회의실에서 마지막 국무회의를 갖게 된 것도 무척 감회가 깊습니다. 국무위원 여러분, 그동안 정말 수고 많았습니다. 소관 부처의 사령탑으로서 뿐만 아니라 국익과 국민을 중심에 두고 다른 부처들과 긴밀하게 소통하고 협력하며 대격변과 대전환의 시기를 헤쳐 나가는 핵심적 역할을 해 주었습니다. 덕분에 우리 정부는 거듭되는 위기 속에서도 많은 성과를 남기며 무사히 임기를 마칠 수 있게 되었습니다.

우리 정부 5년은 국가적 위기를 범정부적 역량을 총동원하여 극복했던 시간이었고 위기를 기회로 만들며 더 크게 도약해 나갔던 과정이었습니다. 일본의 부당한 수출 규제에 맞서 소·부·장 자립의 길을 걸으며 '아무도 흔들 수 없는 나라'의 토대를 확고히 만들었습니다. 미증유의 코로나 위기에서는 방역중대본, 경제중대본 양 날개로 범정부 비상체제를 가동하며 국민의 생명과 경제를 보호하는 데 총력을 다했으며 봉쇄 없는 방역과 경제 대응 모두에서 세계적 모범이라는 평가를 받았습니다. 특히 위기 극복 과정에서 사람 중심 회복과 포용성 강화의 방향을 지켰고 신성장동력 창출과 디지털 전환, 탄소중립 시대 개척이라는 새로운 도전에 과감히 나섰습니다.

한편으로는 튼튼한 국방과 한반도 평화 구축을 위해 매진했고 국제협력을 강화하면서 외교 지평을 크게 확대해 나갔습니다. 최근 급변하는 대외경제안보 환경을 마주해서는 경제 부처와 안보 부처가 손을 잡고 기민하게 대응해 나가고 있습니다.

우리 정부는 마지막까지 위기 극복에 전력을 기울이며 선도국가 도약을 위해 최선을 다한 정부입니다. 지난 5년의 성과와 노력이 다음 정부에 도움이 되고 대한민국이 계속 발전해 나가는 밑거름이 되길 기대합니다.

각 부처 장관들과 공무원 여러분, 정말 고생 많았습니다. 그동안 한마음이 되어 국민과 나라를 위해 헌신한 노고를 잊지 않겠습니다. 오늘 마지막 국무회의에 참석해 주신 우리 오세훈 서울특별시장님께도 감사드립니다. 고맙습니다. (박수)"

청와대는 이날 오후 국무회의를 마친뒤 신혜현 부대변인 명의의 국무회의 관련 서면 브리핑을 발표했다.
브리핑 내용은 다음과 같다.

"문재인 대통령은 오늘 오후 2시 청와대 본관 세종실에서 문재인 정부의 마지막 국무회의를 주재했습니다. 오늘 국무회의에서는 「검찰청법 일부개정법률 공포안」 등 법률공포안 2건, 법률안인 「할부거래에 관한 법률 일부개정 법률안」과 「국가교육위원회 설치 및 운영에 관한 법률 시행령안」 등 대통령령안 21건, 〈2022년도 일반회계 일반예비비 지출안〉 등 일반안건 3건을 심의·의결했습니다.

아울러 기재부의 「G20 재무장관회의 및 IMFC 참석 결과」와 권익위의 「문재인 정부 5년간 권익위 제도개선 효과분석」에 대한 보고가 있었습니다.

먼저, 국회에서 의결되어 정부로 이송된 2건의 법률공포안을 심의·의결하였습니다. 「검찰청법 일부개정법률 공포안」은 검사가 수사를 개시할 수 있는 범죄를 기존 6개에서 부패범죄·경제범죄 등 2개로 축소하고 자신이 수사한 범죄는 기소할 수 없도록 규정한 것입니다.

「형사소송법 일부개정법률 공포안」은 경찰이 수사한 사건에 대해 검사는 동일 범죄사실 내에서만 보완수사가 가능하며 별개 사건의 부당 수사를 명백히 금지하는 내용입니다.

「국가교육위원회 설치 및 운영에 관한 법률 시행령안」은 사회적 합의에 기반한 중장기 교육정책 추진을 위해 대통령 소속 독립기구인 '국가교육위원회'를 설치하는 내용으로 모법이 제정됨에 따라 위원 추천 또는 지명 방법, 국가교육발전계획의 수립 기한과 내용 등 법률에서 위임한 사항을 구체화한 것입니다. 오랜 논의 끝에 오는 7월 출범하는 국가교육위원회가 국민의 다양한 의견을 수렴해 미래교육 비전을 제시하고 안정적이고 일관된 교육정책을 수립·추진하는 데 제 역할을 다할 수 있기를 기대합니다.

「국가유공자 등 예우 및 지원에 관한 법률 시행령 일부개정령안」 등 보훈처 소관 7개의 대통령령안은 고령 참전유공자 등이 진료 편의를 위해 보훈병원이 아닌 위탁병원을 이용하는 경우에도 보훈병원과 동일하게 진료비용뿐만 아니라 약제비용까지 지원받을 수 있도록 지원을 확대하는 등의 내용을 담고 있습니다. 문재인 정부는 '국가에 대한 헌신을 잊지 않고 보답하는 나라'를 국정과제로 삼고 추진해 왔습니다.

이번 시행령 개정 또한 국가를 위해 헌신하신 분들에 대한 마땅한 예우와 보상을 확대하는 의미 있는 진전이 되기를 기대합니다.

일반 안건으로 '군인권보호관 운영경비'가 포함된 〈2022년도 일반회계 일반예비비 지출안〉에 대한 심의가 있었습니다. 지난 1월 「국가인권위원회법」 개정에 따라 군대 내 인권 관련 진정사건 조사와 피해자 법률지원 등의 업무를 수행하는 '군인권보호관'을 국가인권위원회 내 전담기구로 설치하게 되었습니다. 오는 7월 시행에 앞서 군인권보호관 제도가 원활히 운영될 수 있도록 소요 비용을 일반예비비에서 지출하도록 의결하였습니다.

의안 심의 후 G20 재무장관 회의 및 국제통화금융위원회(IMFC) 참석 결과에 대한 기획재정부의 보고가 있었습니다. 기재부 장관은 지난 4월 미국과 싱가포르를 방문해 기후행동연합장관회의, G20 재무장관 회의, IMFC 등 다자회의 및 주요국 장관 등과의 개별 면담을 진행한 바 있습니다. MSCI(Morgan Stanley Capital International Index)에는 우리 증시의 선진국 지수 편입 당위성을 설명한 한편 CPTPP 의장국인 싱가포르 부총리 등과 만나 한국의 '포괄적·점진적 환태평양동반자협정(CPTPP)' 가입 지지를 요청했다고 말했습니다. 특히 IMF 총재는 한국 경제의 회복력과 한국판 뉴딜에 대해 긍정적으로 평가했다고 보고했습니다.

한편 그간 전통적으로 국무회의가 개최되어 온 청와대 본관 세종실의 전실에는 역대 대한민국 대통령의 초상화가 걸려 있습니다. 오늘 국무회의 시작 전 문재인 대통령의 초상화를 공개했고 문 대통령은 국무위원들에게 직접 본인의 초상화에 대해 소개했습니다.

중앙 무대에는 아직 잘 알려지지 않은 1980년생 창원 출신 김형주라는 청년 작가가 문 대통령에게 보내온 선물을 공식 초상화로 선정한 것입니다. 공식초상화인 만큼 초상화 분야의 대가에게 제작을 의뢰하지 않은 아쉬움이 있을 수 있지만 지방의 청년작가가 성의를 다해 보내온 작품을 채택하는 것도 의미 있는 일이라고 생각한 것입니다.

초상화를 그린 이 청년 작가를 아쉽게도 문재인 대통령은 아직 만나보지 못했고 약간의 보정작업도 직접 보지는 못한 상태에서 진행했다고 합니다. 그리고 문 대통령은 우리의 한국화로 인물화를 그리는 대가인 손연칠 선생님의 초상화도 언급하며 앞으로는 한국화를 공식 초상화로 선택하는 것 또한 진지하게 생각해볼 필요가 있다고 말했습니다."

▎청와대 '검수완박' 논리 전파 브리핑 ▎

청와대 박경미 대변인은 3일 오후 5시 51분 '검수완박 국무회의'로 평가된 제20회 국무회의에 대한 서면브리핑을 발표했다.

"오늘 국무회의에서 의결된 검찰청법·형사소송법 일부개정법률 공포안과 관련하여 참석자들의 발언이 있었습니다.

오세훈 서울특별시장은 수사지연과 수사력 약화, 사회적 약자의 보호 문제, 절차적 공정성에 대한 우려를 표했습니다.

박범계 법무부 장관은 수사권 배분은 입법정책의 문제이고 일각에서의 주장과 달리 검찰 수사권의 완전 박탈이 아니며 헌법재판소 판시에 비추어 심의의결권의 침해도 아니라고 말했습니다. 또한 이번 개정안은 양당이 합의하고 의총에서 추인됐던 것보다 축소된 안으로 의회주의를 존중한다는 차원에서도 의결시키는 것이 타당하다고 말했습니다.

전해철 행정안전부 장관은 검찰 직접 수사와 별건 수사에 대한 폐해가 적지 않으며 국회의장의 중재안에 대해 양당이 합의서에 서명했을 뿐 아니라 의총에서 추인되었는데 일부에서 문제 제기를 한다고 번복한다면 어떻게 의회를 신뢰할 수 있겠느냐고 말했습니다."

문재인 대통령은 검찰청법·형사소송법 일부개정법률 공포안과 관련하여 다음과 같이 말했습니다.

"권력기관 개혁은 촛불정부의 큰 사명이자 국민의 염원이다. 문재인 정부는 '국민이 주인인 정부'를 국정목표의 제일 앞자리에 놓고 권력기관이 정치적으로 이용되지 않고 본연의 역할을 다할 수 있도록 민주적 통제를 위해 기관 간 견제와 균형의 원리에 입각한 제도개혁을 추진해 왔다.

검찰청법과 형사소송법 일부개정안은 검찰이 직접 수사를 개시할 수 있는 범죄를 6대 범죄에서 부패 범죄와 경제 범죄의 2개 범죄로 좁히고 검찰 내의 수사·기소 분리를 실현하는 한편, 수사기관은 수사 중인 사건의 범죄 혐의를 밝히기 위한 목적으로 합리적인 이유 없이 별건 수사를 하거나 다른 사건의 수사를 통해 확보한 증거나 자료로 관련 없는 사건에 대한 자백이나 진술을 강요할 수 없도록 규정하여, 그간 비판받아 온 과도한 별건 수사에 의한 인권 침해가 발생하지 않도록 하고 있다.

한편 영장청구나 공소 제기·유지 여부를 판단하기 위해 필요한 검찰의 보완수사 권한은 기존과 같이 유지하여, 검찰이 소추기관 및 적법성 통제기관으로서의 역할을 계속 수행하도록 보장하고 있으며, 선거범죄에 대한 국민적 우려와 오해를 불식시키기 위해 이번 6월 지방선거 등에 대한 검찰의 수사권한을 잠정적으로 유지하도록 하고 있다.

이와 같은 내용의 검경 수사권 조정과 검찰개혁은 역사적·시대적 소명에 부합하는 정책 방향이라고 본다. 관련 부처는 앞으로 하위 법령 등 제도적 근거 마련과 여야 간 사법개혁특위를 통한 중대범죄수사청 설치 등 입법 심의 과정에서 개혁 취지를 제대로 살릴 수 있도록 신속하고 건설적인 논의를 통해, 국민의 요구에 부합하는 바람직한 검찰상을 확립하고, 형사사법 절차에 대한 국민적 신뢰를 회복할 수 있는 중요한 역사적 진전이 이루어지도록 최선의 노력을 기울여 줄 것을 당부한다. 또한 제도가 어떻게 달라지든 경찰의 수사 역량을 높이고 검경이 수사를 위해 유기적으로 협력하는 것은 국가 수사의 질을 높이고 국민을 보호하는 데 반드시 필요한 일이라는 것을 명심해 달라."

┃ 각계 '검수완박' 비판 확산 ┃

3일 오후 검수완박 법안의 국무회의 공포를 전후해 각계 비판이 쇄도했다.

국민의힘은 이날 더불어민주당의 검수완박 법안 처리에 이어 문재인 대통령의 국무회의 법안 공포가 일사천리로 이뤄진 데 대해 강력 반발했다.

김형동 수석대변인은 검수완박 법안 국무회의 공포직후 논평을 내고 "문 대통령이 국무회의 연기라는 꼼수로 당일 오전 본회의를 통과한 법안을 자신이 주재한 국무회의에서 불과 6시간이 채 되기 전에 바로 공포했다. 민주당과 문 대통령은 본인들의 정치적 이해득실을 위해 삼권분립을 완전히 무시한 채 '검수완박' 완성을 위해 폭주했다"고 했다.

또 "문 대통령이 취임사에서 유일하게 지킨 말은 '한 번도 경험하지 못한 나라를 만들겠다'는 말이다. 오늘의 폭거를 국민은 똑똑히 지켜봤고 역사가 심판할 것"이라고 했다.

박형수 원내대변인도 논평에서 "오늘 74년 된 형사사법체계가 무너지고 대한민국 의회주의와 법치주의가 조종을 고했다. 범죄자만 발 뻗고 자게 될 무모한 법안을, 그 사실을 모를리 없는 법조인 출신 대통령이 국무회의를 연기까지 해가며 완성시켰다는 사실에 실망을 넘어 분노를 금할 수 없다"고 했다.

이어 "이제 억울한 고소인이 경찰 수사를 못 믿겠다면서 이의신청을 해도 더이상 여죄를 수사할 수 없다. 검수완박법 통과로 고발인은 경찰 단계에서 사건이 덮여도 검찰에 이의신청조차 할 수 없어 변호사를 쓰기 어려운 힘없는 서민이 향후 억울한 일을 많이 당할 게 자명하다"고 했다.

김기현 전 원내대표는 페이스북에서 "역사는 민심을 거스르며 검수완박의 입법 폭거를 자행한 문 대통령과 민주당에게 정치적, 사법적 책임을 반드시 물을 것이다. (문 대통령은) 잊혀진 대통령이 되고 싶다더니, 의회농단 정권의 수장으로 두고두고 회자되게 생겼다"고 했다.

보수성향 대학생 단체 신전대협은 이날 오전 청와대 앞 분수대에서 기자회견을 열고 "검찰 수사권 완전 박탈은 헌법 정신에 위배되는 것이다. 정치인의 원한과 안위 때문에 국민의 삶을 파탄 내지 말라"고 했다.

대학생들은 직권남용 범죄가 검찰의 직접 수사 개시 가능 범위에서 빠지게 되는 것을 놓고 "울산시장 선거개입 사건, 산업통상자원부 원전 불법 폐쇄 사건, 환경부 블랙리스트 사건 등이 모두 직권남용이 문제가 되는 사안인데 검수완박에 숨은 의도가 없다고 말할 수 있느냐"고 했다.

신전대협은 이날 전국 113개 대학 캠퍼스에 대통령의 검수완박 법안 거부권 행사를 촉구하는 내용의 대자보를 부착했다.

더불어민주당을 탈당한 민형배 의원을 고발한 시민단체 법치주의바로세우기행동연대(법세련)도 이날 고발인 조사 전 서초경찰서에서 기자회견을 열었다.

법세련은 민 의원이 검수완박 법안 통과를 위해 탈당해 야당 몫으로 안건조정위원회에 배치된 것은 위계 및 위력에 의한 업무방해에 해당한다며 4월 22일 민 의원을 형사 고발했다.

법세련은 "박광온 법사위원장은 민 의원이 탈당하자마자 안건조정위원회 위원으로 그를 선임한 뒤 군사 작전하듯 위헌이라 평가받는 법안을 통과시켰다. 지금이라도 반민주적인 법안 통과를 중지하고 사회적 합의를 통해 검찰 개혁을 해야 한다"고 했다.

❘ "기자가 국가공무원?" 재산고지 요구 논란 ❘

문재인 대통령이 검수완박 법안을 공포하던 그 시각, 윤석열 당선인 대변인실은 3일 오후 대통령실 출입기자 등록 신청을 받으면서 기자들의 재산정보 등을 요구하다 비판에 직면했다.

당선인 대변인실은 이날 출입기자 등록을 위한 제출서류로 '신원 진술서' 양식을 공지했다. 이 진술서에는 신상정보를 비롯해 본인 및 배우자와 미혼 자녀의 재산을 기재토록 했다. 부동산·동산·채무를 만원 단위까지 적어내는 방식이다.

또한 '친교 인물'의 성명, 직업, 연락처를 비롯해 정당·사회 단체활동, 병역 사항, 고교 이상 학력, 해외 거주 사실 등을 기재하도록 요구했다.

부모·배우자·자녀·배우자 부모의 직업과 거주지 등 다른 정보도 요구했다. 밑에는 북한 거주 가족의 정보를 적는 칸도 있었다.

신원 진술서 하단에는 '기재사항을 누락하거나 허위로 기재할 경우

국가공무원법 등 관계 법령에 따라 불이익을 받을 수 있다'는 문구도
실렸다.

이런 요구에 기자 1,008명이 이용하는 대통령직인수위원회 출입기
자단 단체 채팅방에서는 "공직자 수준의 검증을 받아야 하는 것이냐",
"경호처가 경호 레벨을 올린다는 이유로 기자들의 재산 상황·친교 관
계까지 검증할 권한이 있느냐", "민간 영역인 언론인의 재산 등 사생
활을 국가가 들여다본다는 것이냐" 등 기자들의 비판이 쏟아졌다.

결국 당선인 대변인실은 파장이 확산하자 "새 기자실은 기존 청와대
춘추관과 달리 대통령 집무실과 동일 공간에 위치해 이전보다 강화된
보안 기준이 적용된다. 한층 보강된 신원 진술서 양식을 공지하면서
내용 확인 절차에 소홀함이 있었다. 재산·친교인물·북한 거주 가족
등의 기재란이 빠진 기존 약식 신원진술서로 접수하기로 정리했다"고
해명하며 고개를 숙였다.

청와대 D-5일
(5월 4일)

윤석열 대통령 당선인이 4일 강원 원주를 찾아 지역 현안을 보고받고 있다.

일일 뉴스

07:00	전국 맑고 건조 강원영동 바람 산불 주의
09:30	신규확진 4만 9,064명, 사망 72명, 위중증 432명
12:10	합참 "북한, 동해상으로 미상 발사체 발사"
16:20	인수위 "北, UN 안보리 결의 정면위반 억제책 마련할 것"

∣ 윤석열 당선인 강원권 지역순회 ∣

　윤석열 대통령 당선인은 4일 일곱번째 '약속과 민생의 행보'로 강원지역을 찾았다.

　이날 강원방문은 윤 당선인이 취임을 앞두고 약속한 일곱 번째 지역순회 일정의 마지막 코스다.

　윤 당선인은 4월 11일 경북을 시작으로 대구(4월 12일), 전북·광주(4월 20일), 전남·경남(4월 21일), 부산·울산(4월 22일), 인천(4월 26일), 대전·충청(4월 28일~29일), 경기(5월 2일)에 이어 이날 춘천, 원주, 강릉을 차례로 찾았다.

　윤 당선인은 강원 방문을 통해 춘천에서 지역균형 발전의 핵심 인프라인 철도망 확충 현장을 점검하고, 원주 부론산업단지에서 강원 맞춤형 주력산업 조성 현장을 살폈다.

　윤 당선인은 이날 오전 11시 30분 춘천역을 찾아 철도인프라 현장을 점검한뒤 원주로 이동해 오후 2시 30분 부론산업단지를 방문해 지역 중소기업들의 어려움을 경청했다.

　이철규 대통령 당선인 총괄보좌역은 "윤석열 당선인은 어린 시절 강릉 외가를 갈때나 1996년~1997년 춘천지검 강릉지청 검사로 일하며 청량리에서 기차를 타고 강릉을 오갔다"며 "이런 경험을 통해 강원도 발전에 있어 교통 인프라 확충의 중요성을 실감해왔다"고 전했다.

　윤 당선인은 이날 대관령을 넘어 오후 4시 30분 지역경제 현실을 피부로 느낄 수 있는 강릉 중앙시장을 찾아 대선 당시 보내준 지지와 성원에 감사하며 '어디서나 살기좋은 지방시대'를 위해 지역 균형발전에 앞장서겠다고 약속했다.

　이날 윤 당선인 강원 방문에는 기획재정부 출신의 김명중 강원도 경제부지사가 동행하며 지역 현안을 보고했다.

배현진 당선인 대변인은 "강원지역을 끝으로 취임전 다시 찾아 뵙겠다는 약속을 실천하고 지역의 생생한 민생을 살핀 '약속과 민생의 행보'를 마무리한다"며 "대한민국 구석구석을 돌며 윤석열 당선인이 가슴에 새긴 현장의 목소리는 취임 후 국정운영의 방향계 역할을 할 것"이라고 했다.

이날 윤 당선인 강원방문에는 6월 1일 강원지사 선거와 원주갑 국회의원 보궐선거에 출마한 김진태 후보와 박정하 후보 등이 동행했다.

❙ 송영길 "0.73%포인트짜리" 공격 ❙

더불어민주당 송영길 서울시장 후보는 4일 윤석열 대통령 당선인을 겨냥해 '0.73%포인트 짜리'라고 지칭했다.

송 후보는 이날 오전 서울 여의도 민주당 중앙당사에서 열린 송 후보 및 서울 49개 지역위원장 간담회에서 "0.73%포인트 짜리가 모든 권력을 전횡하고 독단하지 않도록 지방선거에서 승리해 국민통합을 일구겠다"고 했다.

송 후보가 지목한 '0.73%포인트 짜리'는 지난 3월 대통령 선거에서 득표율 0.73%포인트 차이로 민주당 이재명 대선 후보에게 승리한 윤석열 대통령 당선인을 지목한 것이다.

그는 또한 "출마 과정에서 충분한 공감이 부족했던 점은 죄송하다. 늦었지만 많은 의원의 마음을 겸허히 수용해서 원팀을 이루겠다"고 했다.

이날 윤호중 공동비상대책위원장은 "이번 지방선거에 우리 당은 물론 대한민국의 미래가 걸려있다"며 "송 후보의 우직한 충심을 서울 시민이 받아들인다면 민주당의 지방선거 승리 신화는 이어질 것"이라고 했다. 그러면서 "취임도 전에 벌써 불통·무능으로 상징되는 불안한 '윤석열 정부'를 어떻게 바로잡을 것이냐, 국회의 제1당으로서 국민의 걱정과 불안을 어떻게 희망으로 바꾸느냐가 결정되는 선거"라고 했다.

박지현 공동비상대책위원장은 "지방선거까지 겨우 28일 남았다. 짧은 시간이지만 우리가 국민 눈높이에 맞게 반성하고 사과할 것은 사과해야 한다. 정권은 못 지켰지만 자치 권한은 지켜내야 한다"고 했다.

박홍근 원내대표는 "이번 지방선거는 대선의 연장선이며 지난해 보궐선거 이후 딱 1년 만이기도 하다. 어제 수사·기소 분리라는 개혁을 책임 있게 마무리했듯 이제는 책임 있는 지방정부를 위해 힘을 모아야 한다"고 했다.

그는 "서울은 이제 더는 민주당의 믿는 구석이 아니다. 다시 선택을 받으려면 10배, 20배 노력해야 한다. 서울 시민에게 희망을 드리는 입법·정책에 매진하겠다"고 했다.

서울시당 위원장인 기동민 의원은 "비 온 뒤 땅이 더 굳는다는 옛 어른들의 말을 믿는다. 그 땅 위에 비료를 줘 송영길 당선이라는 열매를 얻도록 노력하겠다"고 했다.

간담회에는 송 후보와 경쟁했던 박주민 의원과 김진애 전 의원도 참석해 힘을 보탰다.

이날 송영길 후보의 '0.73%포인트짜리' 발언이 눈길을 모은 가운데 문화일보는 이날자 신문에서 한동훈 법무부 장관 후보 등의 사퇴를 요구하며 한덕수 국무총리 임명 동의안과 연계하겠다는 민주당 지도부의 공개 발언을 전했다. 그러면서 민주당이 한 후보자를 조준해 윤석열 정부 제1기 내각 마비를 노린다는 분석 기사를 내놨다.

｜北 대륙간탄도미사일(ICBM) 또 도발 ｜

북한이 4일 윤석열 대통령 당선인 취임을 앞두고 탄도미사일을 발사했다.

합동참모본부는 북한이 이날 낮 12시 3분 평양 순안에서 동해상으로 탄도미사일 1발을 발사했다고 밝혔다.

이 탄도미사일은 비행거리 470km, 고도 780km로 탐지됐으며 속도는 마하 11로 분석됐다. 일본 방위성 관계자는 미사일이 최고고도 약 800km로, 약 500km를 날아서 일본의 배타적경제수역(EEZ) 밖에 떨어진 것으로 추정된다고 밝혔다.

한미 정보 당국은 세부 제원을 정밀 분석하는 가운데 화성-17형보다는 화성-15형이라고 추정했다.

이종섭 국방부 장관 후보자는 이날 국회 국방위원회 인사청문회에서 이날 발사된 미사일과 관련, "대륙간탄도미사일(ICBM)일 수도 있는데 그보다 사거리가 좀 짧은 것일 수도 있다"고 했다.

이날 도발은 4월 16일 오후 함흥 일대에서 대남용으로 평가되는 '신형 전술유도무기' 2발을 발사한 지 18일 만이다. 또 올해 공개된 14번째 무력시위라고 군당국은 밝혔다.

북한이 미사일을 발사한 직후 원인철 합참의장은 폴 러캐머라 한미연합사령관과 화상회의를 통해 상황을 공유하고, 연합방위태세를 굳건히 할 것을 확인했다고 합참은 전했다.

합참은 "북한의 연이은 탄도미사일 발사는 한반도는 물론 국제사회의 평화와 안정을 해치는 중대한 위협 행위이며 유엔(UN) 안보리 결의에 대한 명백한 위반이다. 즉각 중단할 것을 강력히 촉구한다"고 했다.

전문가들은 이날 ICBM 발사는 김정은 국무위원장이 4월 25일 조선인민혁명군 창건 90주년 열병식에서 "핵무기를 전쟁 방지뿐 아니라 근본이익 침탈 시도에도 사용하겠다"며 '선제 핵공격' 가능성을 공개적으로 언급한 이후 첫 '도발'이라는 점에서 주목된다고 했다.

또한 4월 김일성 주석 생일 110주년과 창군 90주년 행사 등이 끝나면서 눈을 밖으로 돌려 취임을 앞둔 윤석열 정부와 5월 21일 한미정상회담 등을 겨냥한 전략적 도발이라는 관측도 나왔다.

┃문재인 "尹정부는 우리 文정부 성과 부정"┃

문재인 대통령은 4일 청와대 본관 1층 충무전실과 충무실에서 백서 발간기념 국정과제위원회 초청 오찬을 가졌다.

이날 오찬에는 조대엽 정책기획위원장을 비롯해 김용기 일자리위원회 부위원장, 윤성로 4차산업혁명위원장, 김사열 국가균형발전위원장, 김순은 자치분권위원장, 김진경 국가교육회의 의장, 서형수 저출산고령사회위원회 부위원장, 박종수 북방경제협력위원장, 정현찬 농어업·농어촌특별위원장, 문성현 경제사회노동위원장이 참석했다.

또 남영숙 신남방정책특별위원장, 김유선 소득주도성장특별위원장, 김선혁 국민주권분과위원장, 양종곤 국민성장분과위원장, 문진영 포용사회분과위원장, 곽채기 분권발전분과위원장, 구갑우 평화번영분과위원장, 추장민 미래정책연구단장, 윤태범 국정과제지원단장이 같이했다.

청와대에서는 유영민 비서실장, 서훈 국가안보실장, 이호승 정책실장, 박수현 국민소통수석, 임서정 일자리수석, 박원주 경제수석, 이태한 사회수석, 서주석 국가안보실 1차장, 김형진 국가안보실 2차장, 박경미 대변인, 탁현민 의전·신지연 제1부속·한정우 홍보기획·서영훈 일자리기획조정비서관이 참석했다.

오전 11시 39분 행사를 앞두고 충무전실 병풍 앞에 놓인 하얀 테이블 위에 국정백서 총 22권이 자리했다.

백서 밑단에 '위대한 국민과 함께 위기를 넘어 선진국으로'라는 글귀가 쓰여 있었다.

백서 스물 두권 중 한 권이 펼쳐져 있고 지난해 한미정상회담 당시 문 대통령과 조 바이든 미 대통령 사진이 보였다.

이호승 정책실장, 서주석 국가안보실 1차장, 김형진 국가안보실 2차장, 남영숙 경제보좌관, 조대엽 정책기획위원장, 문성현 경제사회노동위원장이 입장해 행사를 기다렸다.

이어 이태한 사회수석, 서훈 국가안보실장, 박경미 대변인, 유영민 비서실장, 박수현 국민소통수석 순으로 입장했다.

오전 11시 51분 참석자들이 테이블 좌우에 한 줄로 서있는 가운데 오전 11시 53분 문 대통령이 짙은 회색 양복에 스트라이프 넥타이 차림에 마스크를 쓰고 입장해 참석자들과 일일이 악수하며 인사했다.

조대엽 위원장이 곧바로 문 대통령에게 진열된 백서를 가리키며 1권부터 22권까지 설명했다.

"총 348명 참여했다. 시작하기 전에 역대정부 백서들을 쭉 봤는데 우리 정부가 압도적이다. 전반부에 대통령 사진들이 배치돼 있으며 문 대통령의 깊이를 알 수 있는 기회가 될 것 같다."

조대엽 위원장이 문 대통령에게 백서를 전달했고, 참석자들이 일제히 박수를 쳤다. 이어 문 대통령과 참석자들이 백서 뒤로 이동해 기념사진을 촬영했다.

문 대통령은 이어 오찬장인 충무실로 이동해 오전 11시 58분 마스크를 벗은 후 모두발언을 시작했다.

"조대엽 정책기획위원장님과 국정과제위원장님들, 문성현 경사노위 위원장님 그리고 또 정책기획위원회의 여러 특별위원회와 분과위원장님들 반갑습니다. 저는 국정과제위원회를 생각하면 늘 고마움과 함께 또 한편으로 미안한 마음을 갖습니다. 보통 인수위라는 과정을 겪게 되면 그 기간 동안 국정과제들을 정리해서 선정하고 그에 따라서 전체 국정과제위원회가 설계가 되면서 국정과제위원회별로 과제와 목표 이런 것이 부각이 되고 또 전체적으로 국정과제위원회가 국민들로부터 주목을 받는 그런 과정들이 있기 마련인데 우리 정부는 인수위라는 과정 없이 바로 국정에 돌입하면서 국정과제위원회도 곧바로 국정의 밑그림을 그리는 그런 작업을 하게 되었습니다.

뿐만 아니라 우리 국정과제가 출범 당시의 과제에 머물러 있지 않고 또 코로나의 위기 속에서 여러모로 대전환, 대변화를 겪으면서 국정과제도 진화하지 않을 수 없었고, 국정과제위원회는 그 진화된 국정과제들에 대한 밑그림이나 로드맵들을 아주 잘 만들어주셨습니다. 정말 깊이 감사드립니다. 한편으로 코로나는 또 대통령과 국정과제위원회 사이의 좀 더 활발한 교류를 제약하는 그런 요인이 되기도 했습니다. 그 점에서 제가 늘 미안한 마음을 갖고 있습니다.

우리나라 공무원 사회는 굉장히 유능하고 그리고 책임감이 강합니다. 저는 대한민국을 끊임없이 발전시켜 나가는 근간이 공무원 사회라고 생각을 합니다. 그러나 크게 전환하고 크게 변화하고 크게 개혁해 나가는 데는 공무원 사회가 한계가 있을 수밖에 없습니다. 그런 큰 개혁, 변화에 대해서 몸을 움츠리는 것도 있고 또 개별 부처의 틀을 벗어나지 못하는 것도 있고 그래서 전문가들로 구성된 국정과제위원회의 비전과 공무원 사회의 유능함이 만날 때 비로소 우리 공무원 사회가 더더욱 더 큰 유능함을 발휘할 수 있고 국민들이 바라는 그런 변화와 개혁을 이루어낼 수 있다고 그렇게 생각을 합니다. 이 국정과제위원회가 정부와 국민 간 그리고 또 정부와 민간 간, 또 전문가와 전문가 간, 또 전문가와 공무원 사회 간의 가교 역할을 이렇게 잘 해 주신 것에 대해서 다시 한번 감사드립니다.

그런 국정과제위원회의 역할을 다한 데 이어서 오늘 드디어 우리 정부 5년의 국정기록을 스물두 권이라는 대단히 방대한 분량으로 이렇게 집대성해 주셨습니다. 오늘 집대성된 국정백서를 받아보니 정말 뿌듯한 마음이 듭니다. 우리가 많은 일을 했다, 많은 성과를 거두었다는 것도 뿌듯한 일이기도 하지만 이 국정백서가 중요한 것은 기록의 중요함 때문입니다. 결국은 역사는 기록입니다. 기록되어야만 역사가 되는 것입니다. 지금은 우리의 국정이 항상 공개되고 항상 언론들에게 취재되고 있어서 모든 것이 기록될 것 같지만 언론은 아주 선택해서, 취사 선택해서 그것을 취재하고 보도할 뿐입니다. 때로는 편향적이기도 합니다. 그래서 전체의 균형된 국정기록을 남기는 것은 그 정부가 해야 될 하나의 책무라고 생각을 합니다.

옛날에, 옛날 이야기해서 미안합니다만 옛날에 노무현 대통령님은 훗날 나중에 시간이 지나면 역사가 알아줄 것이다. 이런 말을 좀 좋아하지 않았습니다. 그 말속에는 지금은 평가받지 못하지만 나중에 시간이 지나면 정당한 평가를 받게 될 거라는 위로, 위안, 그런 말이 내포되어 있었습니다. 그렇지만 실제로 그 말대로 되었습니다. 노무현 정부의 성과 또 노무현 대통령의 업적은 시간이 지날수록 더 높이 평가되고 있습니다. 그것은 노무현 정부가 국정기록을 통해서 당시의 국정자료와 통계자료들을 남겼기 때문입니다. 그 통계자료와 지표들은 또 다음 정부, 그다음 정부와 늘 비교가 되었습니다. 그 비교를 볼 때마다 오히려 노무현 정부가 민주주의뿐만 아니라 경제에서도 안보에서도 훨씬 유능했구나라는 사실을 사람들이 점점점 많이 알게 되는 것이고 그만큼 평가가 높아지게 되는 것이라고 생각합니다. 우리는 그때에 비하면 굉장히 여건이 좋아졌습니다. 우리 스스로 우리가 이룬 성과에 대해서 자부를 하고 있고 또 세계에서도 객관적으로 평가를 받고 있습니다.

오늘 그런 자료들을 모아서 방대한 우리 국정자료와 통계자료들을 다 포함한 국정백서를 남기게 되었기 때문에 아마 이 자료들은 앞으로 이어지는 다른 정부들과 비교를 하게 될 것이라고 생각합니다. 특히 다음 정부의 경우에는 우리 정부의 성과를 전면적으로 거의 부정하다시피 하는 가운데 출범을 하게 되었기 때문에 더더욱 우리 정부의 성과, 실적, 지표와 비교를 받게 될 것이라고 생각을 합니다. 우리와 많은 점에서 국정에 대한 철학이 다르다고 느끼고 있지만, 그러나 철학이나 이념 이런 것을 떠나서 오로지 국민과 국익 또 실용의 관점에서 우리 정부가 잘한 부분들은 더 이어서 발전시켜 나가고, 우리 정부가 부족했던 점들은 그것을 거울삼아서 더 잘해 주길 바라는 그런 마음입니다. 그렇게 생각한다면 오늘 남기는 우리의 방대한 국정기록은 우리 스스로 우리들끼리 남기는 기록에 그치는 것이 아니라 앞으로 미래의 정부들에게 계속해서 지침이 되고 참고가 된다는 점에서 매우 뜻깊은 의미가 있다고 생각합니다.

오늘 방대한 국정기록은 우리 정책기획위원회를 비롯한 국정과제위원회와 청와대 대통령비서실 그리고 또 각 부처의 합작품인데 그 가운데서도 정책기획위원회가 처음 구상에서부터 감수에 이르기까지 가장 중요한 역할을 해 주셨습니다. 다시 한번 감사드리고 또 임기가 끝나기 전에 이렇게 함께 모여서 이렇게 또 식사도 하고 함께 인사를 나눌 수 있는 그런 기회를 갖게 되어서 더없이 기쁘게 생각합니다. 감사합니다."

문재인 대통령의 이날 발언 중 "언론이 편향적이다", "다음(윤석열) 정부의 경우에는 우리(문재인) 정부의 성과를 전면적으로 거의 부정하다시피 한다"라는 주장은 언론의 주목을 받았다.

| 청와대 '문재인 대통령 연설집' 배포 |

청와대는 4일 오후 출입기자들에게 지난 4월 25일 오후 녹지원에서 있었던 출입기자단 초청 고별간담회 기념사진을 전달했다.

행사 당시 문 대통령은 기자들이 자리한 원탁 테이블을 돌며 기념사진을 촬영했다.

청와대 황금색 봉황 마크가 선명한 종이액자에 사진을 넣어 역시 청와대 황금색 봉황 마크가 또렷한 봉투에 담아 기자들에게 전달했다.

청와대는 이와함께 문재인 대통령 연설문집 제5권(2021년 5월 10일~2022년 5월 9일)을 기자들이 소속된 회사별로 한 질씩 전달했다.

'포스트 코로나 시대의 선도국가로 도약하겠습니다'라는 제목의 문 대통령의 마지막 연설문집은 상하 2권과 수석보좌관 회의와 국무회의 연설문집 별책 1권 등 총 3권으로 구성됐다.

연설문집은 유영민 비서실장의 발간사와 함께 2022년 3월 30일 문 대통령과 김정숙 여사가 나란히 참석했던 조계종 제15대 종정 추대법회 연설을 끝으로 마감됐다.

이날 연설문집 배포가 이뤄진 가운데 기자실 용산 이전을 염두에 둔 일부 기자들은 연설문집이 짐이 된다며 수령을 하지 않는 모습이 보였다.

또한 청와대 춘추관 이사를 앞두고 1층 로비에 있는 대형 휴지통과 폐지수거 포대에서 청와대가 지난 5년동안 기자들에게 배포했던 여러

권의 대통령 연설문집 등이 목격됐다.

청와대는 5년 동안 문재인 대통령 연설문집을 비롯해 '문재인 정부 100대 국정과제 추진실적', 영문으로 된 연설문 선집 '걸어온 길 나아갈 길 100년(100 years in the Past and Future)' 등의 책을 발간했다.

춘추관은 이날 청와대 출입기자들이 이용하는 e-춘추관 메인 페이지에 '시스템 개편을 위한 서비스 일시 중단'을 알렸다.

문재인 청와대 e춘추관은 5월 6일(금) 오후 7시부로 서비스를 마감하고, 윤석열 대통령실 e춘추관이 5월 10일(화) 오전 10시부터 운영에 들어간다며 그동안 운영중단을 공지했다.

청와대 개방을 앞두고 서울시와 종로구청 등은 광화문 동십자각에서 삼청로를 거쳐 청와대로 접근하는 간선도로 중간 화단에 소나무 식재를 시작했다.

또한 삼청동 국무총리 공관에서 청와대 춘추관으로 가는 인도변 화단에는 깨진 돌을 걷어낸후 형형색색 화려한 색깔의 봄꽃을 심고, 벤치를 중간중간 설치하며, 은행나무 가로수 주위에는 회양목을 새로 심는 등 손님맞이가 한창이다.

바야흐로 청와대 시대 마감이 인근 삼청동과 효자동 마을에도 변화를 몰고 오고 있었다.

┃ 청와대 "국정은 마지막 1초까지도 중단없다" ┃

청와대 박경미 대변인은 4일 오후 2시 청와대 국가위기관리센터는 오늘 '코로나19 대처 상황' 969보를 발행했다고 서면 브리핑을 통해 소개했다.

이어 '코로나19 대처 상황'은 코로나19 첫 확진자가 발생한 2020년 1월 20일(월) 1보를 시작으로 오늘까지 835일 동안 지속됐으며 코로나 상황이 심각한 시기에는 하루에 5보까지 발행하기도 했다고 전했다.

'코로나19 대처 상황'은 확진, 위중증, 사망, PCR 검사, 병상가동률, 백신 접종 등의 통계와 함께 해외 코로나 상황, 정부와 방역 당국의 노력, 국민의 고통이 담겨 있는 종합적인 보고서라고 했다.

박 대변인은 "코로나 상황에서 문재인 대통령의 하루 일과는 '코로나19 대처 상황'을 확인하는 것으로 시작했으며 주말과 해외순방 중에도 하루도 빠지지 않고 '코로나19 대처 상황'을 보고 받았다"고 했다.

또 "청와대는 2021년 11월 5일(금)부터 요소수 수급 안정을 위해 경제수석을 팀장으로 하고, 관련 비서관실들이 참여하는 '경제TF'를 일일 비상점검체제로 운영해 왔으며 12월 21일(화)부터는 공급망 전반을 점검하는 '공급망 대응 TF'로 확대 운영해 왔다"고 했다.

박 대변인은 "우크라이나 관련 긴장이 고조되고 있었던 올해 2월 4일(금)부터는 '우크라이나 사태 비상대응 TF'로 개편하였으며 최근에는 중국의 도시 봉쇄에 따른 공급망 문제도 다루며 현재까지 총 146회에 걸쳐 관련 분야별 상황을 점검하고 대응방안을 수립해 오고 있다"고 전했다.

그는 "청와대는 임기 마지막까지 경제 및 안보위기에 대응하여 에너지, 원자재, 금융시장 및 실물경제 등에 대한 리스크 요인을 최소화하고 이를 안정시킬 수 있도록 최선을 다할 것"이라며 "청와대에서 매일 이루어지는 일일상황회의와 문재인 대통령 주재 참모진 회의는 임기 마지막인 5월 9일(월)까지 계속된다"고 소개했다.

| NSC "北 ICBM 도발 강력 규탄한다" |

청와대는 4일 북한의 이날 낮 대륙간탄도미사일(ICBM) 도발과 관련해 "유엔(UN) 안보리 결의를 명백히 위반하면서 탄도미사일을 발사한 데 대해 강력히 규탄한다"고 했다.

청와대는 이날 오후 3시 30분 북한의 ICBM 발사에 대한 국가안전보장회의(NSC) 상임위 입장을 발표하고 이같이 밝혔다.

NSC는 "정부는 5월 4일 북한의 탄도미사일 발사와 관련하여 오후 1시 30분에 서훈 국가안보실장 주재로 NSC 상임위원회 긴급회의를 개최하고 원인철 합참의장으로부터 관련 동향을 보고받고 정부 교체기 우리의 안보태세와 유관국 동향을 점검하는 한편 대응방안을 협의했다"고 했다.

이날 상임위 회의에는 서훈 국가안보실장, 유영민 대통령비서실장, 정의용 외교부 장관, 이인영 통일부 장관, 서욱 국방부 장관, 박지원 국가정보원장, 원인철 합참의장, 구윤철 국무조정실장, 서주석·김형진 국가안보실 1·2차장이 참석했다.

문재인 대통령은 앞서 북한 도발직후 서훈 국가안보실장으로부터 북한의 탄도미사일 발사 동향을 보고받고 한미 간 긴밀한 공조 하에 빈틈없이 대응하라고 지시했다.

NSC 상임위원들은 이날 회의를 통해 다음과 같은 입장을 표명했다고 밝혔다.

우선 오늘 북한이 UN 안보리 결의를 명백히 위반하면서 국제사회의 평화안정 요구에 배치되는 탄도미사일을 발사한 데 대해 강력히 규탄한다.

둘째, 정부는 북한이 한반도와 지역, 국제사회에 심각한 위협을 야기하는 행동을 중단하고 대화와 외교의 길로 조속히 복귀할 것을 촉구한다.

셋째, 정부는 5월 10일 신 정부 출범을 앞두고 우리의 굳건한 군사적 대응능력과 공고한 한미동맹을 바탕으로 어떠한 위협에도 확고하게 대응해 나가면서 우리 안보수호에 만전을 기해 나갈 것이다.

넷째, 정부는 미국을 비롯한 유관국 및 국제사회와 빈틈없이 협력하면서 필요한 대응조치를 계속 취해 나갈 것이다.

청와대는 앞서 4월 22일 문 대통령과 김정은 국무위원장 간 친서교환 사실을 소개했다.

박경미 대변인은 당시 '남북 정상 간 친서교환 관련 대변인 브리핑'에서 "문재인 대통령과 김정은 국무위원장은 최근 친서 교환을 통해 지난 5년간을 회고하면서 상호신뢰와 대화 속에 한반도 평화와 통일의 노력을 계속 기울여 나가고 있는 데 대해 공감하고 남북의 동포들에게도 모두 따뜻한 인사를 전했다"고 했다.

이어 "김정은 국무위원장은 친서에서 '평화와 번영을 위해 함께 했던 나날들이 감회 깊이 회고되었다'며 '우리가 희망하였던 곳까지는 이르지 못했지만 남북관계의 이정표로 될 역사적인 선언들과 합의들을 내놓았고 이는 지울 수 없는 성과'라고 평가했다"고 했다.

박 대변인은 "친서에서 김 위원장은 '지금에 와서 보면 아쉬운 것들이 많지만 여직껏 기울여온 노력을 바탕으로 남과 북이 계속해 진함없이 정성을 쏟아 나간다면 얼마든지 남북관계가 민족의 기대에 맞게 개선되고 발전될 수 있다는 것이 변함없는 생각'이라고 했다"면서 "김 위원장은 임기 마지막까지 민족의 대의를 위해 마음써온 문 대통령의 고뇌와 수고, 열정에 대하여 높이 평가하고 경의를 표하며 문 대통령을 잊지 않고 퇴임 후에도 변함없이 존경할 것이라고 했다"고 전했다.

그는 이어 "문재인 대통령은 친서에서 '대통령으로 마지막이 될 안부를 전한다'며 '아쉬운 순간들이 벅찬 기억과 함께 교차하지만 그래도 김정은 국무위원장과 손잡고 한반도 운명을 바꿀 확실한 한 걸음을 내디뎠다고 생각한다'고 했다"고 소개했다.

또한 "문 대통령은 남북의 대화가 희망했던 곳까지 이르지 못한 데 대한 아쉬움을 표하면서 대화로 대결의 시대를 넘어야 하고 북미 간의 대화도 조속히 재개되기를 희망했다"면서 "문 대통령은 대화의 진전은 다음 정부의 몫이 되었으며 김 위원장이 한반도 평화라는 대의를 간직하며 남북협력에 임해 줄 것을 부탁했다"고 했다.

박 대변인은 "문 대통령은 남북이 만들어낸 판문점 선언과 평양 선언, 9·19 군사합의가 통일의 밑거름이 되어야 하며, 남북의 노력이 한반도 평화의 귀중한 동력으로 되살아날 것을 언제나 믿고 기다리겠다고 했다"면서 "문 대통령은 '이제 평범한 국민의 한 사람으로 돌아가지만 언제 어디에서든 한반도 평화를 위해 마음을 함께 하겠다'고 했다"고 전했다.

박경미 대변인은 브리핑에서 "이번 남북 정상의 친서 교환은 깊은 신뢰 속에서 이뤄진 것으로, 문재인 정부의 마지막 친서 교환이 앞으로 남북관계 발전에 밑거름이 될 것으로 기대한다"고 했다.

┃인수위 "北 ICBM은 중대 도발" 성명 ┃

대통령직인수위원회 대변인실은 4일 오후 북한의 대륙간탄도미사일(ICBM) 발사와 관련해 입장을 발표하고 북한 측에 즉각적인 도발 중단을 촉구했다.

인수위 대변인실은 이날 입장문에서 "북한은 3월 24일에 이어 오늘 12시 03분경 또다시 동해상으로 탄도미사일을 발사했다. 북한의 탄도미사일 발사는 유엔(UN) 안보리 결의를 정면으로 위반한 것으로, 한반도는 물론 동북아지역과 국제 평화를 위협하는 중대한 도발"이라고 규정했다.

이어 "인수위원회는 북한의 도발을 강력히 규탄하며 다시 한번 긴장을 조성하고 국제평화를 위협하는 행동을 즉시 중단할 것을 촉구한다. 문재인 정부는 이러한 북한의 위협에 대해 보다 단호한 대책을 강구하고 국민의 안전을 지켜 나가야 할 것"이라고 했다.

그러면서 "윤석열 정부는 한미간 철저한 공조를 토대로 국제사회와 협력하여 북한의 도발에 강력히 대응해 나갈 것이다. 북한 핵·미사일 위협에 대한 보다 근본적인 억제대책을 마련해 나갈 것"이라고 했다.

▎인수위 대통령 취임식 주요내용 공개 ▎

제20대 대통령취임준비위원회(위원장 박주선)는 4일 오후 5시 엿새 앞으로 다가온 윤석열 대통령 취임 행사 안내 및 준비 현황을 공개했다.

취임준비위는 이날 "오는 5월 10일 0시를 기해 대한민국 제20대 윤석열 대통령의 공식 임기 개시를 알리는 타종 행사를 개최한다. 33번의 타종으로 도성 여덟 개문을 열었던 파루(罷漏)의 전통에 따라 새 대통령의 출발을 알리는 33회 타종 행사는 조수빈 아나운서의 진행으로 20대 임기를 상징하는 20명의 국민대표가 참석한다"고 했다.

윤석열 대통령 당선인은 취임식에 참석하기 앞서 국립 서울현충원 참배를 시작으로 공식 일정을 시작한다.

이어 현충원 참배 후 국회로 이동해 취임식에 참석한다. 취임식은 10시부터 이재용·박보경 아나운서가 진행하는 식전 행사와 오전 11시부터 행정안전부 김민재 의정관이 진행하는 본행사로 구성된다.

본행사후 윤석열 대통령은 용산 대통령실로 이동해 집무를 시작할 예정이라고 취임준비위 측은 밝혔다.

경축연회는 이익선 아나운서의 진행으로 국회 로텐더홀에서 진행되며, 외빈초청 만찬은 김연주 취임준비위원회 대변인의 진행으로 신라호텔에서 진행된다고 했다.

취임식 무대 백월(Back Wall)은 4월 24일 용산공원에서 진행한 어린이 그림 그리기 축제 '어린이가 꿈꾸는 대한민국'에 참가한 100명의 어린이들이 그린 그림으로 꾸며진다.

어린이날 100주년을 기념해 유명작가가 아닌 일반 어린이들이 직접 그린 작품을 모아 디자인했으며 '어린이가 꿈꾸고 상상하는 미래가 곧 대한민국의 미래'라는 윤석열 당선인의 철학을 반영했다고 취임준비위 측은 밝혔다.

김연주 취임준비위원회 대변인은 "취임 당일 초청인들을 위한 포토존, 생수, 엠블럼 마스크, 햇빛가리개 용도를 겸한 부채를 제공할 예정"이라며 "안내요원 800명, 자원봉사요원 400명이 행사 진행을 담당해 초청인들의 불편함을 최대한 줄이고자 준비했다"고 했다.

| 인수위 마감 수순 돌입 |

대통령직인수위원회는 4일 인수위 산하 코로나비상대응특별위원회가 '코로나 100일 로드맵'의 실천과제별 이행계획을 만들었다고 발표했다.

또 서울 통의동 인수위 공동기자회견장은 5일 오후 7시까지만 운영하고 앞으로 브리핑은 삼청동 기자회견장에서 진행한다고 밝혔다.

인수위는 아울러 대통령직인수위원회 해단식을 6일 오후 5시 진행할 예정이라고 했다.

인수위 청와대 이전 TF는 이날 5월 10일 청와대 개방행사 취재를 위해 5일까지 취재 신청을 받는다고 출입기자들에게 공지했다.

청와대 개방행사 취재기자는 관람객들과 언론인들의 여유 있고 쾌적한 관람과 취재를 위해 국내 언론인 80명, 외신 언론인 30명으로 한다고 전했다.

청와대 D-4일
(5월 5일)

윤석열 대통령 당선인이 5일 어린이날을 맞아 사저 이웃 어린이들을 초청해 즐거운 시간을 갖고 있다.

일일 뉴스

문재인 대통령 어린이날 100주년 메시지

청와대는 5일 아침 8시 30분 문재인 대통령이 어린이날 100주년을 맞아 내놓은 SNS 메시지를 공개했다.

문 대통령은 이날 "100번째 어린이날을 축하합니다"라는 인사말을 시작으로 하는 축하 메시지를 통해 "모든 어린이를 나의 아이처럼 밝은 내일을 꿈꾸며 쑥쑥 자랄 수 있도록 함께 아껴주시길 바란다"고 했다.

문 대통령은 "어린이는 어른에게 삶의 지혜를 배우고, 어른은 어린이에게 삶의 순수함을 배웁니다. 아이들에게만 돌봄이 필요한 것이 아니라, 어른들도 아이들을 돌보면서 보람과 성숙함을 얻는다"고 했다.

이어 "'어린이'에는 존중의 의미가 담겨있습니다. 사랑만으로 부족합니다. 어린이의 인권과 인격을 존중하는 것도 못지않게 중요하다"라고 밝혔다.

문재인 정부가 지난 5년 동안 추진해온 어린이 정책도 소개했다.

문 대통령은 "정부는 최초로 아동수당을 도입하여 아이들에 대한 국가의 책임을 강화했습니다. 지난해 1월에는 63년 만에 민법의 친권자 징계권 조항을 폐지하여 아이에 대한 어떠한 체벌도 용인되지 않음을 확고히 했다"고 전하며 "아이들을 온전한 인격체로 존중해야 한다는 국민적 합의가 있었기 때문이며, 따뜻하게 품어주고 보듬어주신 엄마 아빠, 선생님들께도 각별한 감사를 드린다"고 했다.

아울러 "저는 오늘 아이들과 청와대 녹지원에서 만납니다. 지난해 랜선을 통해 초청을 약속했던 평창 도성초등학교와 보령 청파초등학교 녹도분교 어린이들도 함께하게 되었는데, 약속을 지킬 수 있게 되어 기쁩니다. 코로나로 인해 신나게 뛰놀 수 없는 상황에서도 어린이들은 밝고 씩씩하게 자라주었습니다. 정말 대견하고 자랑스럽습니다. 엄마 아빠는 아이들이 잘 자라는 것만 보아도 행복하다"고 했다.

문 대통령은 끝으로 "어린이 여러분, 예쁘고 멋진 우리 어린이 친구들이 마스크를 벗고 마음껏 뛰어놀면 좋겠다는 대통령 할아버지의 소원이 이루어지게 되어 정말 뿌듯하다"며 "우리 어린이들 모두가 건강하고 씩씩하게 잘 자라고 꿈도 꼭 이뤄내길 바라며 대통령 할아버지도 늘 마음을 다해 응원하겠다"고 했다. 그러면서 "어린이 여러분, 사랑합니다!"라고 글을 맺었다.

| 윤석열 대통령 당선인 사저 이웃 어린이 초청 |

윤석열 대통령 당선인은 5일 어린이날을 맞아 사저 이웃 어린이들과 함께 사진 촬영을 하며 꿈을 응원하는 시간을 가졌다.

배현진 당선인 대변인은 이날 오후 "윤 당선인은 당선인이 거주하는 아파트 입주자 대표회의 요청에 따라 오늘 오전 11시부터 50분간 어린이들과 즐거운 시간을 가졌다"고 했다.

윤 당선인은 이날 어린이들과 그림 그리기를 같이 하거나 기념촬영 요청에 하나하나 친절하게 응하며 어린이날을 맞아 이웃 어린이 친구들에게 사랑을 전하고 꿈과 희망도 심어줬다.

윤 당선인은 앞서 이날 오전 본인의 페이스북에 어린이 날을 축하하는 인사말을 내놨다.

윤 당선인은 "아이를 키우는 데 마을 하나가 필요하다는 말이 있다"면서 "아이가 온전하게 자라나는데 참으로 많은 애정과 관심이 필요하다는 말"이라고 했다. 그러면서 "아이를 키우는 것 자체가 공동체의 보람이고, 행복이며 존재 이유라는 말이기도 하다"고 했다.

또 "우리 어린이들은 한 명 한 명이 모두 소중한 존재"라며 "무한한 잠재력과 가능성을 지닌 아이들의 세계를 지켜줄 책임은 우리 모두에게 있다"고 했다.

윤 당선인은 끝으로 "아이들이 마음껏 꿈꾸고 뛰어놀 수 있는 건강한 나라를 만들겠다"고 약속했다.

❙ 윤석열 대통령실 비서관급 1차 인선 ❙

윤석열 대통령 당선인은 5일 오후 대통령실 정책조정기획관에 장성민 당선인 정무특보를, 정무비서관에 홍지만 전 의원을 각각 발탁했다.

윤 당선인은 이날 오후 이같은 내용의 대통령실 비서관 제1차 인선안을 발표했다.

이날 인선은 △경제수석실 6개 비서관(경제금융·산업정책·중소벤처·농해수·국토교통·과학기술) △정무수석실 2개 비서관(정무·자치행정) △정책조정기획관실 4개 비서관(정책조정·기획·연설기록·미래전략 비서관) △비서실장 직속 7개 비서관(총무·의전·국정과제·국정상황·공직기강·법률·관리) 등 총 19명의 비서관이 발표됐다.

이날 인사에서 김병환 기획재정부 경제정책국장이 경제금융비서관을 맡았다. 강경성 산업자원부 에너지산업실장은 산업정책비서관을, 김성섭 중소벤처기업부 지역기업정책관은 중소벤처비서관에 임명됐다. 김정희 농림축산식품부 기획조정실장은 농해수비서관에, 백원국 국토교통부 국토정책관은 국토비서관에 배치됐고 과학기술비서관은 조성경 명지대 방목기초교육대 교수가 맡았다.

정무수석실의 정무비서관은 방송기자 출신으로 19대 국회의원을 역임한 홍지만 전 의원이, 자치행정비서관은 서승우 충청북도 행정부지사가 기용됐다.

정책조정기획관은 장성민 당선인 정무특보가 맡아 조직을 이끈다. 산하 기획비서관은 기재부 출신의 박성훈 당선인 경제보좌역이, 연설기록비서관은 선대본부에서 후보 메시지를 써온 김동조 벨로서티인베스터 대표가 맡았다. 김윤일 부산시 경제부시장은 부산엑스포 유치 업무를 전담하는 미래전략비서관에 발탁됐다.

김대기 비서실장 직속 총무비서관은 윤재순 전 대검찰청 운영지원과장이 맡았다. 의전비서관은 외교부 출신의 김일범 당선인 외신공보보좌역이, 국정과제비서관은 임상준 국무조정실 기획총괄정책관이 선임됐다. 국정상황실장에는 한오섭 전 청와대 선임행정관이, 공직기강비서관에는 이시원 전 수원지검 형사2부장이, 법률비서관에는 주진우 전 서울동부지검 형사6부장이 배치됐다. 대통령실 이전 완료까지 한시적으로 운영되는 관리비서관에는 김오진 전 청와대 총무1비서관이 임명됐다.

장제원 당선인 비서실장은 정책조정기획관실 신설과 관련 "정책파트에서 생산된 중단기 정책과제를 취합해 그에 걸맞은 창조적 일정과 메시지를 만들어 내고 성과를 내야 할 단기과제를 조정 관리하는 부서"라고 했다.

이날 발표된 비서관은 출신 분야별로 관료 9명을 비롯해 정치인 4명, 검찰 3명, 교수 1명, 기타 2명이다.

| 마지막 청와대 어린이날 잔치 |

문재인 대통령과 김정숙 여사는 5일 오후 어린이날을 맞아 청와대 녹지원에서 어린이 초청행사를 마련했다.

5년 임기 중 외부인 초청 마지막 공식 행사였다.

이날 어린이날 손님은 작년에 청와대 초청을 약속했던 충남 보령시 청파초교 녹도분교와 강원 평창군 도성초교 어린이들을 비롯해 개교 100주년 학교인 경북 청도군 풍각초교, 벽지학교인 경남 의령군 부림초교 봉수분교장, 충북 옥천군 동이초교 우산분교장, 전북 장수군 번암초교 동화분교장, 전남 해남군 마산초교 용전분교장 어린이들이 청와대를 찾았다.

정부에서는 유은혜 사회부총리 겸 교육부 장관과 권덕철 보건복지부 장관이 참석해 어린이 귀빈들을 맞이 했다.

청와대에서는 유연상 경호처창, 이태한 사회수석, 박경미 대변인, 탁현민 의전·신지연 제1부속·최상영 제2부속·이승복 교육·정춘생 여성가족비서관이 자리를 같이 했다.

파란 하늘 아래 상춘재 앞 녹지원은 신록이 하루가 다르게 익어가고 있었다.

행사 시작 전 녹지원 한가운데에서 파란 모자, 하얀 모자를 쓴 어린이들 90여 명이 사회자 도티(유튜버)와 '문어의 꿈' 노래에 맞춰 율동을 하고 있었다.

이후 '피노키오', '반짝반짝 작은 별' 등의 노래가 배경음악으로 나오며 보물찾기 놀이가 이어졌다.

오후 1시 53분 문재인 대통령이 베이지색 면바지, 파란색 셔츠, 남색 점퍼, 운동화 차림에 마스크를 착용하고, 김정숙 여사도 베이지색 면바지, 노란색 스트라이프 면티셔츠, 하얀색 자켓, 운동화 차림에 마스크를 쓰고 청와대 여민관 앞에 천천히 정차하는 승용차에서 내렸다.

녹지원으로 입장한 문 대통령은 기다리고 있던 유영민 비서실장, 유은혜 사회부총리, 권덕철 보건복지부 장관 등과 악수했다.

이어 문 대통령과 김정숙 여사는 손을 흔들면서 녹지원 한 가운데 반송 나무 아래로 이동했고 어린이들이 박수로 문 대통령 내외를 맞이했다.

이날 문 대통령 등 참석자들은 각자 왼쪽 가슴에 '대통령 문재인' 등이 적힌 반짝이 명찰을 달고 놀이에 참가했다.

사회자인 유튜버 도티가 행사의 시작을 알렸다. "우리 멋지고 반짝이는 친구들을 위해서 꼭 만나고 싶다고 이 자리까지 오셨습니다. 진짜 저도 깜짝 놀랐는데요. 지금 이곳으로 오셨다고 하거든요. 안녕하세요. 우리 대통령 할아버지랑 김정숙 할머니께서 오셨어요. 우리 서로 자리를 잘 잡아볼까요. 자리에 앉아주시면 좋겠습니다, 우리 청팀, 백팀 친구들 모두."

문재인 대통령이 먼저 인사말을 시작했다.

"(마스크 벗은 후) 어린이 여러분, 반갑습니다.(박수) 우리 어린이들도 대통령 할아버지와 또 할머니 만나니까 반갑죠?(네.) 제가 작년 어린이날에 우리 어린이들을 올해 어린이날에는 청와대에 초청하겠다고 약속을 했는데, 그 약속이 지켜져서 기쁘죠?(네.) 오늘 청와대 녹지원 구경 많이 했습니까?(네.) 정말 아름다운 곳이죠?(네.) 연중에 가장 푸르고 또 아름다운 곳이에요. 어린이들이 뛰어놀기에 좋은 곳이겠죠?(네.) 그런데 올해 우리 어린이들은 이 청와대 녹지원에서 어린이날을 보내는 마지막 어린이가 되었어요. 아주 특별한 추억이죠?(네.) 또 대통령 할아버지하고 할머니하고 같이 어린이날 보내는 것도 매우 특별한 추억이죠?(네.) 그 특별한 추억 잘 간직하면서 건강하게 자라고 훌륭한 사람 되기를 바랄게요.(네.)

그동안 코로나 때문에 소풍도 못가고 운동회도 못했죠?(네.) 자, 오늘 어린이날 어린이들이 주인공이니까 오늘 마음껏 뛰어놀아야 돼요.(네.) 우리 할머니 인사말도 좀 들을까요?(박수)"

문 대통령은 다시 마스크를 쓰고 김정숙 여사가 인사말을 이어갔다.

"(마스크 벗은 후)안녕하세요.(안녕하세요.) 반갑습니다. 환영합니다.(네.) 오늘 내가 어린이 여러분하고 청와대 녹지원에서 추억을 만드는 거예요. 나도 오래도록 또 소중하게 청와대 녹지원과 여러분을 내 추억 속에 간직하겠습니다.(네.) 반갑습니다.(박수)"

간단하게 인사말을 마친 김정숙 여사가 다시 마스크를 착용했다.

사회자가 "이렇게 멋지고 행복하게 여러분들이 어린이날을 보낼 수 있도록 대통령 내외분들이 함께해 주셨습니다. 그리고 우리 장관님들도 함께 나와 계신다고 하는데요. 우리 같이 팀을 나누어서 게임을 하는 건 어떨까요?(좋아요.) 같이 하고 싶은 친구들 손.(저요.) 다들 너무 너무 좋아하는 거 같은데요. 우리 어떻게 팀을 나누기로 했을까요?"

이날 행사에서 문 대통령과 유은혜 부총리는 청팀, 김정숙 여사와 권덕철 장관, 정춘생 여성가족비서관은 백팀이 됐다. 가위바위보로 팀이 정해지며 어린이들은 즐거워했다.

문 대통령은 파란색 모자를 거꾸로 뒤집어쓰고 처음부터 끝까지 땀을 흘려가며 놀이에 참가했다.

문 대통령은 게임 시작 전 아이들과 스킨십을 하거나 무릎을 굽혀서 아이들과 눈을 마주치며 얘기를 들어주기도 했다.

오후 2시 2분 종이 뒤집기 게임이 시작됐고 문 대통령과 유은혜 부총리, 청팀 어린이들은 청색이 보이게 종이를 뒤집고, 김정숙 여사와 권덕철 장관, 정춘생 비서관과 백팀 어린이들은 백색이 보이게 종이 뒤집기를 이어갔다.

오후 2시 8분 게임이 종료되고 143 대 141로 청팀이 승리하자 문 대통령은 아이들과 한가운데 나무 아래로 돌아와 잠시 휴식을 가졌다.

문 대통령이 어린이들과 이런 저런 얘기를 나누는 모습이 보였다.

오후 2시 15분 머리 위로 큰 공 굴리기 게임이 시작되자 문 대통령과 김정숙 여사가 각자 팀 뒤에 섰다. 앞쪽부터 공을 머리 위로 던져서 뒤로 가져오고, 다시 어린이들과 굴려 앞쪽으로 먼저 가져오는 팀이 이기는 게임이다. 연습 게임을 한 번 한 뒤에 3번 연속 게임이 이어졌다. 첫 게임에선 김정숙 여사가 문 대통령보다 먼저 공을 굴려서 들어와 백팀이 승리했다. 김정숙 여사는 "백 팀이 열심히 해서 이겼습니다! 다음에도 또 열심히 하기요. 파이팅"이라고 외쳤다.

두 번째 게임은 청팀 유은혜 부총리가 공을 먼저 굴려서 들어와 승리하자 유은혜 부총리는 "너무 너무 재밌고요. 제가 동심으로 돌아가는 것 같아요. 우리 청팀 어린이 여러분 너무 너무 다 수고하셨습니다. 파이팅"이라고 했다.

세 번째 게임도 정춘생 비서관이 공을 먼저 굴려서 들어와 백팀이 승리하자 정춘생 비서관도 "제가 초등학교 때도 달리기하면 맨날 1등 했는데요. 그 실력을 오늘 발휘할 수 있어서 너무 좋았습니다"라고 했다.

오후 2시 25분 게임이 끝나고 백팀이 2 대 1로 승리했다. 나무 아래로 돌아와 잠시 휴식을 취하던, 이마에 땀이 맺힌 문 대통령은 물을 한 모금 마시고 다시 아이들과 대화를 이어갔다.

오후 2시 35분 볼풀공 농구(공 던져서 바구니에 넣기) 게임이 펼쳐졌다. 문 대통령과 김정숙 여사 모두 각자 팀에서 열심히 바구니로 공을 던졌고 권덕철 장관은 모자를 벗어서 모자에 공을 넣은 뒤 바구니에 넣기도 했다.

잠시후 게임이 끝나고 다시 나무 아래로 돌아와 공을 세자 문 대통령이 속한 청팀이 승리했다.

오후 2시 45분 문 대통령과 김정숙 여사는 앞으로 나와 승리한 청팀 대표들에게 선물을 전달했다. 선물은 청와대 기념품으로 종이가방에 머그컵, 목걸이 형 카드지갑 등이 들어 있었다.

사회자가 다시 마이크를 잡았다. "그런데 대통령 할아버지, 우리 백팀 친구들이 너무 아쉬워할 것 같은데 백팀 친구들도 혹시 선물 가능할까요?"

문 대통령은 말을 받아 "아유, 그럼요."라고 했다.

사회자가 "알겠습니다.(박수) 대통령 할아버지께서 이기고 지는 건 중요하지 않다고 백팀도 준다고 해요. 제가 호명하면 앞으로 나와주세요."라고 했다. 백팀 대표들에게 선물이 하나 둘 전달됐다.

사회자가 다시 말을 이었다. "오늘 마지막으로 귀한 시간 함께해 주신 문재인 대통령님, 김정숙 여사님께 우리 친구들에게 전하는 마지막 말씀을 좀 들어볼게요. 부탁드려도 될까요?"

먼저 문 대통령이 작별의 인사말을 했다.

"(마스크 벗은 후)오늘 재미있었나요?(네.) 그동안 코로나 때문에 뛰어놀지 못하다가 오랜만에 친구들하고 이렇게 뛰어노니까 재미있었죠?(네.) 청와대에서 대통령 할아버지, 할머니 함께 노니까 더 재미있었죠?(네.) 정말 오늘 이 좋은 추억을 잘 간직하면서 건강하게 자라고 또 훌륭한 사람 되어야 돼요.(네.) 여러분은 모두 꿈이 있죠?(네.) 그 꿈을 꼭 이루기를 바랄게요.(네.) 건강하게 자라요.(네.)"

이어 김정숙 여사가 마이크를 잡아 인사말을 이어갔다.

"오늘 청와대 녹지원에 방문해서 고맙고요. 함께 뛰어놀아서 너무 너무 즐거웠어요. 여러분들이 있어서 더욱 즐거웠고요. 이 세상에 아름

답고 좋은 것은 어린이들의 꿈과 희망이 만들었답니다. 여러분의 꿈과
미래를 응원합니다. 감사합니다.(박수)"

오후 2시 53분 문 대통령과 어린이들의 기념 촬영이 시작돼 참석자
모두 마스크를 벗은 후 나무 아래 다같이 앉아서 포즈를 취했다. 문 대
통령과 김정숙 여사는 각각 앞쪽 잔디밭에 앉아서 아이들과 웃으며 촬
영했고 종이비행기를 날리며 사진을 찍기도 했다. 군악대 연주가 시작
되며 기념사진 촬영이 절정을 이뤘다.

잠시후 오후 3시 3분 문 대통령과 김정숙 여사가 어린이들의 환송
박수에 손을 흔들며 유영민 비서실장, 유은혜 부총리, 권덕철 장관 등
의 배웅을 받고 승용차에 올라 관저로 출발했다.

청와대는 이날 제100주년 어린이날 청와대 초청 행사에는 전교생이
함께할 추억을 만들어 주기 위해 학생 수가 적고 벽지에 있는 분교인
충북 동이초등학교 우산분교장 등이 참가했다고 밝혔다.

또한 개교 100주년이 되는 경북 청도군 풍각초등학교, 또한 2021년
비대면으로 개최된 디지털 대한민국 행사와 제99회 어린이날 행사에
서 청와대로 초청을 약속했던 충청남도 청파초등학교 녹도분교와 강
원도 도성초등학교 어린이들도 참여했다.

대통령 경호처와 공군본부는 이날 교통이 불편한 청파초교 녹도분
교 어린이들을 위해 헬기를 동원했다.

이날 행사는 청와대 정문을 통해 군악대 연주에 맞춰 어린이들이 입
장하고, 해외 정상 방한 시 국빈 환영식이 열리는 청와대 본관 앞 대정
원에서 국방부 군악대와 의장대의 환영 행사로 시작됐다.

청와대 정문에서는 정부를 대표해 유은혜 사회부총리 겸 교육부 장
관과 권덕철 보건복지부 장관 등이 어린이들을 맞이한 후 안내했다.

국방부 군악대는 어린이들이 익숙한 곡들을 엮은 메들리를 연주했

으며, 국방부 마스코트 인형들이 어린이들 친구가 됐다.

　이어서 영빈관으로 이동해 '놀밥' 선생님과 함께 점심식사를 하고, 영빈관 앞에서 대통령 경호처가 마련한 경호 차량 체험을 마친 뒤 녹지원에서 문 대통령 내외와 함께 다양한 놀이를 즐겼다.

　문 대통령 내외는 이날 행사에 참석한 어린이들에게 안데르센 상을 받은 이수지 작가의 친필 서명 그림책 '여름이 온다'와 청와대 방문을 기념할 수 있도록 문구류를 포함한 기념품 세트를 선물했다.

청와대 D-3일
(5월 6일)

윤석열 대통령 당선인이 6일 용산 대통령실 국가위기관리센터에서 국가안보점검
회의를 주재하고 있다.

일일 뉴스

| 청와대 기자단 북악산 고별 산행 |

청와대 마지막 기자들이 6일 오전 북악산을 올랐다.

고별 산행.

이날 등산에는 청와대 출입기자 50여 명이 참가했고 청와대에서 박수현 국민소통수석과 김재준 춘추관장 등이 동행했다.

청와대 비서동이 바라다 보이는 헬기장 맞은편 춘추관 앞에 집결한 기자들과 청와대 직원들은 등반에 앞서 박수현 수석을 가운데 두고 기념사진을 촬영했다.

기자들은 기념사진을 찍으며 "문재인 대통령 파이팅!!"을 외쳐 퇴임하는 대통령에게 존경을 표하는 동시에 이제 청와대를 떠나야 하는 기자들 스스로를 격려했다.

오전 10시 40분쯤 춘추관 건물을 오른편에 두고 산에 오르기 시작한 기자들은 화창한 날씨에 신록이 짙어가는 북악산의 봄 정취를 만끽했다.

중간 중간 청와대 경내를 경비하는 군인들과 소나무 등 조경수를 가지치기하는 인부들을 스쳐 지나갔다.

산 중턱 엄폐물에 가려져 있는 수도방위사령부 예하 ○○방공부대는 청와대 이전에 따라 앞으로 운명이 어떻게 될지를 궁금해 하는 기자들의 관심을 받기도 했다.

북악산 비둘기바위가 손에 잡힐 듯 가까워 지는 가운데 기자들은 박수현 국민소통수석과 북악산과 백련봉을 배경으로 어깨를 나란히 하고 기념 촬영했다.

옆에는 문재인 대통령과 김정숙 여사가 기념 식수한 은행나무가 봄 햇볕을 받아 건강하게 자라고 있었다.

가파른 산길에 숨소리가 점점 커지는가 싶더니 발걸음이 어느새 서울시내 전경과 남산이 한 눈에 바라다 보이는 백악정 앞에 도착했다.

비를 가릴 수 있는 지붕과 간단한 벤치 등이 설치된 백악정은 2008년 봄 이명박 전 대통령이 광화문 광장을 가득 메운 광우병 시위대들이 부르는 '아침이슬'을 들었다는 곳이다.

도심 전경을 내려다 보며 잠시 휴식을 취하는 백악정은 역대 대통령들이 가끔씩 찾는 곳이어서 만약을 대비해 비상전화 두 대가 설치돼 있었다.

백악정 왼편에는 2001년 4월 12일 김대중 대통령과 이희호 여사가 기념식수한 느티나무가 무성하게 자랐다.

오른편에는 2004년 5월 16일 노무현 대통령과 권양숙 여사가 기념식수한 서어나무가 튼실하게 크고 있었다.

박수현 국민소통수석은 기자들이 잠시 숨을 돌리는 중간에 그동안 감사했다는 인사를 전했다.

이어 김대중 느티나무와 노무현 서어나무 이야기를 이어갔다.

문재인 대통령의 말을 인용하면 노무현 대통령은 당초 백악정에 자신이 좋아하는 느티나무를 심으려 했다. 그러나 맞은편에 김대중 대통령이 앞서 느티나무를 심은 점을 고려해 서어나무를 선택했다고 한다.

그는 그러면서 "만약 노무현 대통령님이 당초 생각대로 느티나무를 심었다면 무성하게 잘 자라는 두 그루의 느티나무들이 서로 영역 다툼을 했었을 것"이라며 "이제 보니 느티나무와 서어나무가 조화롭게 서로를 인정하며 잘 자라고 있어 보기에 너무 좋다"고 평했다.

박 수석은 "여기서 보이는 서울 광화문광장은 어느 순간 우리 시대에 대립과 갈등의 공간이 됐는데 앞으로는 서로를 인정하고 도와주는 상생과 협력의 공간으로 거듭나길 기대한다"고 했다.

그는 조만간 오늘 산행과 느티나무와 서어나무를 소재로 글을 쓸 생각이라고 했다.

얼마 동안 땀을 식힌 일행들이 다시 산행에 나서 백악정 뒤편 경비초소 철책문을 빠져 나가 지난 4월 6일 개방된 북악산 남쪽 등산로에 접어 들었다.

여기저기 등산로를 새로 까는 작업들이 한창이었다. 미처 데크목이 설치되지 않은 구간은 데크목을 떠받칠 철제 구조물을 타고 엄금엄금 전진해 나갔다.

오르막 내리막 숨을 고르며 얼마를 더 갔을까.

만세동방(萬世東方) 약수터에 도착했다. 서너 개의 집채만한 바위틈 사이로 물이 졸졸 흘러 내렸다. 하지만 먹을 수 없다고 하니 정말 아쉽다. 타는 목이 물을 달라고, 물을 달라고 목타게 외쳤다. 할 수 없이 손을 서너 차례 적셔 이마와 목을 타고 내려오는 땀을 씻어 내는 것으로 아쉬움을 달랬다.

발길을 청운대전망대 방향으로 잡고 산행을 이어갔다.

저멀리 남산과 한강 넘어 희미하게 롯데타워가 보인다고 젊은 기자들이 환호성이다.

군 경계 목적으로 말끔하게 정리한 산의 경사면은 모래알이 보일 정도로 깨끗하다. 산이 깊으니 눈길이 가는 곳마다 서울에서 보기 힘든 기둥이 붉은 적송들이 시원하게 하늘을 뚫고 쭉쭉 뻗어 있다.

50여 명의 등산객들이 줄을 지어 이동하니 맞은편에서 오는 일반 시민들이 "어디서 오는 뭐하는 분들이냐?"고 호기심 가득한 눈으로 묻는다.

어느덧 시계는 오전 11시 30분을 지나 낮 12시를 향해 가고 있었다.

청운대전망대를 지나 오른쪽으로 방향을 잡으니 가파른 내리막길이다. 하지만 등산로 정비가 끝나고 데크목 설치가 완료돼 등산길이 신작로처럼 훨씬 수월했다.

내려가는 우리 일행과 반대로 산을 오르는 시민들이 늘어나며 눈인사와 목례를 주고 받는 일도 많아졌다.

저 아래 등산객들이 삼삼오오 모여 휴식을 취하고 있었다. 신라 진평왕 때 나옹화상이 창건했다는 전설이 전해지는 법흥사 터다.

안내글에는 '조선시대 세조임금이 연굴사 동쪽(지금의 삼청터널 근처)에서 호랑이를 사냥했다라는 내용을 통해 연굴사 터로도 추정된다. 절터주변에서 15세기 상감 분청사기 조각들이 발견돼 조선 전기부터 건물이 있었음을 추정할 수 있다'고 적어놨다.

법흥사 터는 4월 5일 문재인 대통령과 김정숙 여사가 북악산 남쪽 등산로 개방에 앞서 기념등반에 나섰다 잠시 쉬는 중에 불교 석물에 걸터앉아 한동안 논란이 됐다.

불교계가 신문지상 등에 보도된 사진을 보고 비판에 나섰고, 당시 행사를 주관했던 문화재청은 "등록문화재가 아니어서 괜찮다"고 해명했다 불교계의 화를 더 돋구기도 했다.

그런 해프닝과 논란 때문인지 법흥사 터는 '출입금지'를 알리는 금줄이 삼엄하게 빙빙 둘러쳐져 있었다.

모든 하산길이 원래 위험하고 조심스러운 법.

하지만 잘 정돈된 등산로 덕분에 산을 내려오는 발걸음에 가속도가 붙었다. 삼청쉼터를 거쳐 한달음에 내려오니 산행의 마지막을 알리는 삼청안내소가 반갑다.

안내소 건물 허리에 붙여 놓은 "환영, 북악산 국민개방"이라는 글자가 눈에 확 들어왔다.

"북악산 개방!", "청와대 개방!", "청와대 개방!!", "북악산 개방!!"

문재인 정부와 윤석열 차기 정부가 앞서거니 뒤서거니 "개방!" "개방!"을 외치며 '개방 경쟁'을 벌이고 있었다.

이날 강봉석 국장, 이주형 부장 등과 동행한 고별 산행은 하산후 삼청동 한 식당에서 청와대 시대 마감을 아쉬워 하는 석별 오찬으로 막이 내렸다. 오찬에는 시인 신동호 청와대 연설비서관이 같이 했다.

| 문재인 대통령 임기말 지지도 45% 역대 최고 |

6일 오전 10시 주간 여론조사 결과가 발표됐다.

한국갤럽이 5월 3~4일 전국 만 18세 이상 1,000명을 대상으로 실시한 여론조사(표본오차 95% 신뢰수준 ±3.1%포인트)였다.

이날 발표된 문재인 대통령 국정수행에 대한 평가는 임기 5년 중 마지막 조사였다는 점에서 주목을 받았다.

문 대통령 국정수행에 대해 응답자 45%가 긍정 평가했고, 51%는 부정 평가했다.

한국갤럽은 이날 문 대통령 국정수행 지지도를 종합적으로 정리했다.

1987년 대통령 직선제 부활이후 다른 대통령들은 12월 선거에서 당선돼 이듬해 2월 취임했지만 제19대 문재인 대통령은 2017년 5월 보궐선거 다음날 취임해 정권 인수기간이 없었다. 주간단위 직무 긍정률 기준 최고치는 2017년 6월 첫째 주 84%, 최저치는 2021년 4월 다섯째 주 29%, 전 기간 평균은 52%라고 소개했다. 문재인 대통령의 2017년 대선 득표율은 41.08%였다.

2018년은 평창 동계올림픽과 남북정상회담 등 대북 이슈와 경제 실정론이 혼재한 가운데 직무 긍정률은 80%대부터 40%대 사이를 오갔다.

2019년은 연중 40%대로 횡보했고 특히 8~10월 조국 법무장관 후보 지명·취임·사퇴 즈음에는 40%를 밑돌기도 했다.

2020년부터는 코로나19 팬데믹 상황과 정부대응이 중요한 변수로 작용했다. 국내 코로나19가 소강상태였던 2020년 5월에는 긍정률 71%로 취임 3년 기준 이례적인 기록을 남겼다.

2021년 들어서는 LH 투기사태와 재보궐선거 여당 참패 그리고 백신물량 부족사태 등의 논란이 일며 4월말 29%까지 하락했다.

문재인 대통령 임기 5년 중 마지막 분기(2022년 1~3월) 평균 직무 긍정률은 상대적으로 높은 42%를 기록했다.

이는 대통령 직선제 부활이후 역대 대통령 중 가장 높다.

제13대 노태우 대통령 12%(1992년 5월), 제14대 김영삼 대통령 6%(1997년 12월), 제15대 김대중 대통령 24%(2002년 12월), 제16대 노무현 대통령 27%(2007년 12월), 제17대 이명박 대통령 24%(2012년 10~12월 평균)다.

제18대 박근혜 대통령의 경우 2016년 12월 탄핵소추안 가결·직무정지로 평가를 중단했고 이듬해인 2017년 3월 탄핵됐다.

이날 발표된 여론조사에서 윤석열 대통령 당선인 직무 수행에 대해서는 41%가 긍정 평가했고 48%는 부정 평가했다.

부정 평가자(476명, 자유응답)는 그 이유로 △대통령 집무실 이전(32%) △인사(人事)(15%) △공약 실천 미흡(10%) △독단적(7%) △소통 미흡(5%) 등을 지적했다.

❙ 윤석열 대통령 당선인 주한 인도대사 접견 ❙

윤석열 대통령 당선인은 6일 스리프리야 랑가나탄 주한 인도대사를 접견하고 모디 총리의 당선 축전에 대해 감사의 뜻을 전했다.

윤 당선인은 이날 오전 서울 통의동 인수위원회 집무실에서 랑가나탄 대사를 접견하고 "내년 수교 50주년을 앞둔 양국이 역사적 유대와 우호관계를 바탕으로 다양한 분야에서 긴밀히 협력해온 것"을 평가했다.

이어 "향후 자유민주주의와 시장경제를 대표하는 인도와의 국가적 협력은 물론 국민적 교류가 더욱 활발해지기를 기대한다"고 했다.

윤 당선인은 "첨단 과학기술 분야에서 세계를 선도하고 있는 인도와 시너지를 발생시킬 수 있도록 양국이 상호보완적 경제구조를 토대로 신산업·첨단기술·공급망과 관련한 협력을 발전시켜야 한다"고 했다.

아울러 "인도-태평양 지역의 핵심 국가인 한국과 인도의 세계 평화와 번영을 위한 전략적 협력이 중요하다"면서 "한국이 쿼드 워킹그룹에 깊은 관계협력을 맺을 수 있도록 인도가 적극적인 지지를 해달라"고 했다.

윤 당선인은 끝으로 "거듭되는 북한의 도발에 대해 새 정부는 북한과 대화의 문은 열어두되 도발에는 단호히 대응할 것"이라면서 "유엔(UN) 안보리 비상임이사국인 인도가 국제사회의 단합된 대응을 이끄는데 긴밀히 공조해 주기를 기대한다"고 했다.

랑가나탄 주한 인도대사는 이에 대해 윤 당선인의 모든 제안에 적극 공감하면서 "주한 대사로서 양국 간 협력 증진을 위해 계속 노력하겠다"고 화답했다고 배현진 당선인 대변인이 전했다.

｜ 윤석열 대통령실 비서관급 2차 인선 ｜

윤석열 대통령 당선인은 6일 오후 3시 대통령실과 국가안보실 비서관급 제2차 인선을 단행했다.

이날 인선에는 국가안보실 1차장실 산하 4개 비서관(안보전략·외교·통일·경제안보)과 2차장실 산하 3개 비서관(국방·사이버안보·국가위기관리센터)을 비롯해 △사회수석실 산하 4개 비서관(보건복지·고용노동·교육·기후환경) △시민사회수석실 산하 4개 비서관(국민통합·시민소통·종교다문화·디지털소통) △홍보수석실 산하 2개 비서관(국정홍보·국민소통관) △인사기획관 및 인사기획관실 2개 비서관(인사제도·인사)이 발표됐다.

이날 인사에서 국가안보실 1차장실 산하 안보전략비서관은 임상범 주제네바 대표부 차석대사, 외교비서관은 이문희 대통령직인수위원회 외교안보분과 전문위원, 통일비서관은 백태현 통일부 통일정책실장, 경제안보비서관은 왕윤종 인수위 경제2분과 인수위원이 기용됐다.

국가안보실 2차장실 산하 국방비서관은 임기훈 국방부 국방정책실 정책기획 차장, 국가위기관리센터장은 권영호 육군 지상작전사령관 부사령관이 각각 발탁됐다.

사회수석실 산하 보건복지비서관은 박민수 보건복지부 기획조정실장, 고용노동비서관은 김민석 고용노동부 노동정책실장, 교육비서관은 권성연 한국교원대 사무국장, 기후환경비서관은 이병화 환경부 기후변화정책관이 임명됐다.

시민사회수석실 산하 국민통합비서관은 최철규 전 여성가족부 장관 정책보좌관, 시민소통비서관은 임헌조 국민희망교육연대 상임공동대표, 종교다문화비서관은 김성회 자유일보 논설위원, 디지털소통비서관은 이상협 네이버 대외협력 이사대우가 발탁됐다.

홍보수석실 산하 국정홍보비서관은 강훈 전 조선일보 논설위원, 국민소통비서관은 김영태 전 쿠팡 커뮤니케이션 총괄 부사장이 기용됐다.

인사기획관실 산하 인사기획관은 복두규 전 대검찰청 사무국장, 인사제도비서관은 이인호 소청심사위원회 상임위원, 인사비서관은 이원모 전 대전지검 검사가 임명됐다.

국무위원 인사청문회 좌초위기 정면돌파 카드

국회 환경노동위원회는 6일 전체회의를 열어 이정식 고용노동부 장관 후보자에 대한 인사청문 경과보고서를 합의 채택했다.

윤석열 정부 출범을 나흘 앞두고 한덕수 국무총리 후보자와 18개 부처 장관 후보자 등 전체 19명 가운데 4번째 보고서 채택이다.

한덕수 총리 후보자와 18개 부처 장관 후보자 가운데 이날 오후까지 인사청문보고서가 채택된 국무위원 후보는 추경호 경제부총리 겸 기획재정부 장관 후보자, 이정식 고용노동부 장관 후보자, 이종호 과학기술정보통신부 장관 후보자, 한화진 환경부 장관 후보자 등 4명이다.

언론들은 이날 하나같이 새 정부 제1기 내각 출범에 차질이 불가피해 보인다는 분석을 내놨다.

이런 가운데 윤석열 대통령 당선인은 한덕수 총리 후보자에 대한 국회 인준이 없으면 '총리 없이' 새 정부 내각을 출범하겠다는 입장인 것으로 알려졌다.

더불어민주당이 김대중 정부와 노무현 정부 출신인 한 후보자에 대한 국회 인준에 반대 입장을 보이자 '정면돌파'를 하겠다는 것으로 해석됐다.

윤석열 당선인 측 핵심 관계자는 기자들과 만나 "윤석열 정권 총리는 한덕수 한 명"이라며 "(인준이 안 되면) 총리 없이 가겠다"고 했다.

윤 당선인도 5일 한 후보자에게 직접 전화를 걸어 "(청문회) 수고했다. 윤석열 정권의 총리는 한덕수밖에 없다"며 "(민주당이) 만약 정치적 이유로 우리 정권을 발목잡기 위해 인준하지 않는다면 총리 없이 가겠다. 총리 임명 안 하겠다"는 뜻을 전한 것으로 알려졌다.

이 경우 총리 역할은 추경호 경제부총리 겸 기획재정부 장관이 맡게 된다.

윤 당선인과 인수위는 장관 임명이 미뤄질 경우에도 문재인 정부의 장관을 일단 유임시키는 대신 차관 체제로 끌고 나가겠다는 입장인 것으로 전해졌다.

이같은 강경한 입장의 배경으로는 새 정부 출범을 전후해 대선결과에 불복하고 있는 민주당에 정국의 주도권을 내줄 경우 향후 여소야대 정치지형에서 어려움은 더 커질 수 밖에 없다는 판단이 영향을 미쳤다.

국민의힘 한 국회의원은 "민주당의 방해에 굴복하면 앞으로 총선까지 2년 내내 끌려 다닐 수밖에 없다"며 "문재인 정부에서 임명된 수많은 장관들은 어디 국민의힘이 찬성해서 임명됐느냐"고 반문했다.

｜ '문재인 대통령 5년의 사진기록' 발간 ｜

청와대는 6일 문재인 대통령 5년간의 국정운영 모습을 담은 사진집을 발간했다.

청와대는 지난 5년간 국민과 함께 어우러져 울고 웃으며 동고동락했던 대통령의 모습, 세계 선진국 정상들과 어깨를 나란히 했던 대한민국 대통령의 자랑스러운 모습, 남북정상회담 환희의 순간 등 총 170여 장의 사진을 한 권의 사진책으로 엮었다고 했다.

특히 언론에서 보지 못했던 행사 전, 후의 모습과 청와대에서 보낸 일상의 사진 등 그동안 공개되지 않았던 다양한 사진들도 수록해 소탈하고 인간적인 문재인 대통령의 모습을 볼 수 있다고 설명했다.

사진집은 총 3,000부 제작돼 정부부처의 행정 자료실, 공공도서관 등에 배포된다고 청와대는 소개했다.

청와대는 문재인 대통령 퇴임을 앞두고 3권으로 구성된 '대통령 연설문집(제5권)'을 제작 배포한데 이어 백서(白書) 그리고 이날 다시 사진집을 발간했다.

문 대통령은 "역사는 기록이다"라는 말을 자주했다.

퇴임하는 대통령으로서 훗날 역사가의 평가를 많이 의식하고 있다는 생각이 들었다.

┃ 윤석열 어퍼컷 등장한 인수위 해단식 ┃

제20대 대통령직인수위원회는 6일 오후 5시 서울 종로구 삼청동 인수위원회가 활동했던 금융연수원 잔디광장에서 해단식을 개최했다.

당초 해단식은 같은 시간 서울 종로구 통의동 공동기자회견장에서 개최될 예정이었지만 행사를 5시간 여 앞두고 낮 12시쯤 장소를 삼청동 인수위 잔디광장으로 옮겼다.

많은 인원이 참석하는 만큼 코로나19 방역상황 등을 고려해 실내 공간에서 실외 공간으로 장소를 옮긴 것으로 알려졌다.

'수고하셨습니다'라는 글귀가 적힌 무대에 오른 윤석열 대통령 당선인은 이날 인수위 요원들에게 "이때까지 이렇게 충실하고 신속하고 별탈 없이 인수위에서 정부 출범을 준비한 예가 있었나 싶을 정도"라며 "제가 부족함이 많지만 새 정부는 여러분의 도움으로 잘 운영될 것이라고 확신한다"고 했다.

이어 "3월 10일 선거직후 쉴 시간도 없이 인수위를 출범시켜서 청와대 개방과 (대통령) 집무실 이전 문제까지 아우르며 정말 숨 가쁘게 뛰어왔다"며 "정부 공직에 참여하든 아니면 나중에 참여하든 여러분이 강력한 국정지지 세력과 동반자로서 많이 도와주길 부탁한다"고 했다.

윤 당선인은 "얼마 전에 안철수 인수위원장으로부터 국정과제를 책자로 전달받았는데 정말 든든하다"고 했다.

윤 당선인으로부터 마이크를 전달받은 안철수 인수위원장은 "하늘이 이렇게 화창한 날을 주시니 이 정부 시작부터 하늘이 보살펴주시는 것 아닌가 싶은 생각이 든다"고 했다.

이어 "백지에 처음 그림을 그리는 건 그렇게 어렵지 않다"며 "그런데 전임 정부에서 그려놓은 그림 중에 잘못된 것들을 빡빡 지우고 새로 제대로 그리는 게 얼마나 어렵냐"고 했다. 그러면서 "그런데 내 평생 만나본 분 중에서 가장 능력 있는 인재분들이 그 일들을 전부 해줬다"고 했다.

이어 "공약과 국정과제는 다르다는 걸 그분들께 배웠다"며 "국정과제는 실현 가능하고 지속 가능해야 한다. 그렇기 때문에 공약과 다른 면이 나올 수도 있는데 그 욕을 인수위가 먹어야 당선인이 마음 편하게 국정을 운영할 수 있다"고 했다.

해단식에서 사회자가 윤 당선인에게 "전매특허인 단결과 승리의 '어퍼컷'을 하시는 게 어떠냐"고 제안했고, 윤 당선인은 즉석에서 세 차례에 걸쳐 '어퍼컷 세리머니'를 해 참석자들로부터 환호와 박수를 받았다.

윤 당선인은 이날 인수위 참가 멤버들과 기념촬영을 하고 그동안의 노고에 대해 감사 인사를 했다.

해단식에는 안철수 인수위원장, 부위원장을 맡았던 권영세 통일부 장관 후보자, 인수위 기획위원장이었던 원희룡 국토교통부 장관 후보자, 박주선 대통령취임준비위원장, 김한길 국민통합위원장이 윤석열 대통령 당선인과 함께 무대에 나란히 올랐다.

그리고 잔디광장 앞쪽에서 장제원 당선인 비서실장, 배현진 당선인 대변인, 추경호 인수위 기획조정분과 간사를 맡았던 경제부총리 겸 기획재정부 장관 내정자, 유상범 인수위 정무사법행정분과 인수위원, 장성민 당선인 정무특보를 지낸 대통령비서실 신임 정책조정기획관 등이 윤석열 당선인을 향해 꼿꼿하게 서 있었다.

이날 해단식이 열린 삼청동 금융연수원은 3월 18일부터 이날까지 50일간 인수위 사무실로 쓰였다.

| 이재명과 안철수 "다시, 선거판으로" |

6일 안철수 제20대통령직인수위원장과 이재명 전 민주당 대선 후보가 6·1 국회의원 보궐선거 출마를 공식화했다.

안철수 위원장은 이날 오후 인수위원회 마지막 일정인 정책과제 대국민 보고회를 마치고 "분당갑뿐만 아니라 경기도를 포함한 수도권의 선거 승리를 위해 제 몸을 던질 생각"이라고 했다.

국민의힘 김은혜 전 의원의 경기지사 출마로 공석이 된 분당갑 보궐선거에 나서는 동시에 전국동시 지방선거 국면에서 주도적인 역할을 하겠다는 뜻으로 해석됐다.

안 위원장은 김 전 의원과의 동반 당선을 목표로 '러닝메이트'로서 선거 운동을 벌일 것으로 예상됐다.

그는 대장동 개발사업 특혜 사건의 현장인 성남시 대장동이 분당갑에 속한 것을 고리로, 이재명 전 대선 후보와 민주당에 대한 제2의 심판론을 적극적으로 부각시킬 태세다.

분당갑은 안 위원장의 정보보안 기업인 '안랩' 본사가 있는 지역이다.

더불어민주당도 이날 오전 비상대책위원회에서 이재명 전 대선 후보를 인천 계양을 보궐선거 후보로 전략 공천했다. 서울시장 선거에 뛰어든 송영길 전 대표의 지역구다.

인천 계양을은 민주당 지지세가 강한 만큼 이 전 후보는 지역구 선거에만 몰두하지 않고 전국을 도는 광폭 행보를 할 것으로 보인다.

이날 이재명 전 대선 후보의 인천 계양을 출마 소식이 전해지자 '이재명 저격수'로 유명한 국민의힘 윤희숙 전 의원의 계양을 출마 가능성이 급부상했다.

윤희숙 전 의원은 당내 대표적 경제 전문가로서 기본소득 등 이재명 전 대선 후보의 주요 경제정책을 전문가적 시각에서 조목조목 비판해 국민들의 주목을 받았다.

그는 서울대 경제학과를 졸업하고 서울대 대학원에서 경제학 석사학위를, 미 컬럼비아대 대학원에서 경제학 박사학위를 취득했다.

윤 전 의원은 이날 'MBN 프레스룸'에 출연해 "이재명 후보(전 대선 후보)가 나온다면 굉장히 상징성이 커지는 판이 된다"며 "이준석 대표나 안철수 대표 같은 분이 나가서 아주 근사한 싸움을 하는 게 맞다고 본다"고 했다.

이어 "큰 책임과 리더십을 발휘해야 하는 분들이 꽃밭을 간다든가 아니면 뭐 평론만 하고 계신다든가 이러면 저는 좀 기회주의적인 거라고 비판받을 게 마땅하다"며 "배포가 안 된다거나 그러시면 그래서 (당에서) 저더러 (계양을에) 나가라고 그러면 따라야죠"라고 했다.

윤 전 의원은 "정당에서는 '선당후사'라는 원칙이 있다"며 "당연히 당에서 '네가 꼭 필요하니 나가라'고 그러면 저는 따라야죠"라고 했다.

그는 21대 총선에 출마해 서울 서초갑에서 국회의원에 당선됐다.

그러나 2021년 8월 25일 민주당 출신 전 국회의원이 수장으로 있는 국민권익위원회가 윤 전 의원 부친의 농지법 위반 의혹을 제기하자 '염치'를 거론하며 의원직을 초개와 같이 내던졌다.

윤 전 의원은 당시 사퇴 이유에 대해 "아버지가 위법한 일을 하지 않았을 것이라 믿지만 염치와 상식의 정치를 주장해온 제가 신의를 지키고 자식된 도리를 다하는 길"이라고 했다.

그러면서 "당에서 혐의를 벗겨줬으나 우스꽝스러운 (국민권익위) 조사로 정권교체 명분을 희화화시킬 명분을 제공해 대선 전투의 축을 허물 수 있다는 위기감을 느끼지 않을 수 없었다"고 했다.

또한 "문재인 정권과 민주당 대선후보와 치열하게 싸워 온 내가 국민 앞에 책임을 다하는 모습을 보이는 게 정권교체를 열망하는 국민과 저를 성원해 준 당원들께 보답하는 길이라 생각한다"고 했다.

그는 이준석 당 대표의 만류에도 눈물을 흘리며 "이게 내 정치"라고 했다.

한국개발연구원(KDI) 교수 출신의 경제 전문가인 윤 전 의원은 2020년 7월 민주당이 집값을 잡겠다며 '임대차3법'을 밀어붙이자 본회의 5분 자유발언에서 "나는 임차인"이라며 민주당식 부동산 규제의 부작용을 지적했다.

제20대 대선에서 윤석열 당선인과 경쟁했던 안 위원장과 이재명 전 대선 후보 그리고 윤희숙 전 의원의 출마 가능성이 거론되면서 6·1 국회의원 재보궐 선거는 전국동시 지방선거와 함께 그 판도가 커졌다.

❙ 윤석열 용산서 첫 국가안보점검회의 주재 ❙

윤석열 대통령 당선인은 6일 오후 용산 대통령실 청사를 찾아 새로 마련된 국가위기관리센터에서 안보상황 점검 회의를 주재했다. 대통령 당선인 신분으로 국가위기관리센터 방문 및 안보상황 점검 회의 주재는 처음이었다.

이날 회의는 북한의 7차 핵 실험 및 탄도미사일 발사 가능성을 포함한 한반도 안보상황 평가에 이어 유사시 국가안전보장회의(NSC) 개최 등 직시적 안보상황 대응 체계를 점검하고 숙달하는데 목적을 두고 진행됐다.

윤 당선인은 이 자리에서 "국가 안보에는 한 치의 빈틈도 없어야 한다. 북한의 핵과 미사일을 포함한 모든 위험에 대비해 우리의 안보능력을 강화하기 위한 실질적인 조치를 추진하라"고 주문했다.

당선인 대변인실은 이날 용산 청사내 국가위기관리센터는 정상적인 임무 수행을 위한 모든 준비를 완료한 상태라고 밝혔다.

또 새 국가위기관리센터는 지난 5일부터 주·야 24시간 가동되고 있으며 한 치의 안보공백이 없도록 오는 10일 자정 0시부터 문재인 정부의 국가위기관리센터로부터 모든 권한을 이양받는다고 했다.

이날 회의에는 박진 외교부 장관·권영세 통일부 장관·이종섭 국방부 장관 후보자와 김대기 대통령실 비서실장·김성한 국가안보실장 내정자가 참석했다.

윤석열 당선인의 오른쪽에는 김성한 국가안보실장 내정자, 권영세 통일부 장관 후보자, 김대기 비서실장 내정자 등의 순으로, 왼쪽에는 박진 외교부 장관 후보자, 이종섭 국방부 장관 후보자, 김태효 국가안보실 1차장 내정자 등의 순으로 앉아 현안에 대해 발언했다.

ǀ 청와대 e춘추관 서비스 중단 ǀ

문재인 청와대는 6일 오후 7시 청와대 출입기자들에게 풀(pool) 기사를 비롯해 브리핑, 사진자료, 대통령 연설문, 보도자료 등을 제공해오던 e춘추관 운영을 중단했다.

문재인 대통령 임기가 9일 밤 24시로 끝나는 가운데 윤석열 대통령실 운영을 앞두고 이날 서비스 중단에 들어가며 1960년 시작된 '청와대 시대' 마감을 알렸다.

e춘추관은 청와대 출입 국내외 언론사 기자 300여 명이 아이디와 비밀번호를 부여받고 각종 청와대 뉴스 관련 자료를 이용했던 인터넷

공간이었다.

일반자료를 비롯해 사진자료, 일정안내, 공지사항, web춘추 등의 항목으로 구성됐다.

기자들이 가장 자주 찾는 일반자료 항목에는 브리핑룸, 보도자료, 참고자료, pool 기사, 연설문, 축사 등으로 나눠 다양한 서비스를 제공했다.

이 가운데 pool 기사는 출입기자들이 대통령 공식 행사시 당번을 정해 1~2명이 대통령을 동행 취재해 취재 자료를 올려 놓으면 출입기자들이 공동으로 이용하는 방식으로 운영됐다.

이 과정에서 청와대 직원들과 취재기자 사이에 pool 내용 및 취재 범위를 놓고 이견이 상충되는 상황도 발생했다. 청와대가 보도를 꺼리는 사안의 경우 pool 기사에서 빼줄 것을 요청했다. 이를 놓고 기자들은 pool 기사는 역사 자료인만큼 누락은 있을 수 없다고 대립하는 경우가 종종 있었다.

특히 청와대가 엠바고(한시적 보도제한)를 남발하는 경우도 적지 않아 청와대와 기자들 사이에 신경전이 발생하는 일도 적지 않았다.

e춘추관은 청와대 사진기자들이 대통령 행사 취재후 사진 자료를 공동으로 이용하는 '사진자료' 코너도 운영했다.

'오늘의 식단' 알림 코너는 춘추관 기자식당의 아침과 점심 메뉴를 공지했다. 통신사나 방송사의 경우 새벽 출근 기자들이 많아 춘추관에서 아침식사를 제공했으며, 점심의 경우 춘추관 기자는 물론 본관에서 일하는 청와대 직원들도 춘추관으로 넘어와 기자 식당을 이용했다.

청와대 D-2일
(5월 7일)

윤석열 정부 국정과제

일일 뉴스

07:00	전국 구름 빗방울 낮 최고 27도
09:30	신규확진 3만 9,600명, 사망 83명, 위중증 419명
14:25	북한 또 탄도미사일 추정 발사체 발사
14:55	합참 "北 발사체 잠수함발사탄도미사일(SLBM) 추정"
16:30	영화배우 강수연 별세
17:20	청와대 "北 미사일 발사 규탄"

ǀ 北 SLBM 도발 무력시위 행진 ǀ

북한은 7일 동해상에서 잠수함발사탄도미사일(SLBM)을 발사했다.

합참은 이날 오후 2시 7분쯤 북한이 함경남도 신포 해상에서 SLBM 으로 추정되는 단거리 탄도미사일 1발을 발사했다고 밝혔다.

미사일 비행거리는 600km, 고도는 60여 km로 탐지됐다.

합참은 "북한의 연이은 탄도미사일 발사는 한반도는 물론 국제사회의 평화와 안정을 해치는 심각한 위협 행위이며 유엔(UN) 안보리 결의에 대한 명백한 위반"이라고 규정하고 "즉각 중단할 것을 강력히 촉구한다"고 밝혔다.

북한은 사흘 전 대륙간탄도미사일(ICBM) 도발에 이어 이날 다시 SLBM 도발을 이어갔다.

윤석열 정부 출범(10일)과 윤석열 대통령과 조 바이든 미 대통령의 첫 한미정상회담(21일)을 앞두고 계산된 전략적 도발이라는 평가가 나왔다.

전문가들은 북한이 10일과 21일 사이 7차 핵실험까지 감행할 것으로 전망했다.

SLBM은 잠수함으로 은밀히 적대국가에 접근해 불시에 타격할 수 있다는 점에서 한반도는 물론 주변국을 위협할 전략무기로 평가된다.

ǀ 청와대 이전 TF "탁현민 거짓선동 중단하라" ǀ

청와대 이전 TF는 7일 김건희 여사 외교부 공관 방문과 관련 "청와대 탁현민 의전비서관과 김어준 유튜버는 거짓 선동을 즉각 중단하라"

고 요구했다.

청와대 이전 TF는 이날 오후 발표한 입장문에서 "지난 2일 청와대 이전 TF는 윤석열 대통령 당선인 배우자 김건희 여사의 외교부 공관 방문에 대한 과정과 상황을 명확히 밝히며 '아니면 말고 식'의 허위사실을 유포한 우상호 더불어민주당 의원에 법적 대응을 경고했고, 문재인 정부의 외교부도 우 의원의 주장에 대해서는 사실이 아니라는 입장까지 밝힌 바 있다"고 했다.

그러면서 "하지만 탁현민 의전비서관과 유튜버 방송인 김어준은 그에 관한 거짓 주장과 허위 소설을 지속적으로 유포하고 있다"며 "민주당, 청와대 그리고 친여 유튜버의 거짓선동 DNA가 또 다시 등장하고 있는 것"이라고 비판했다.

청와대 이전 TF는 "탁현민 비서관과 김어준이 방송에서 주장한 내용은 전혀 사실이 아님을 다시 한번 명확히 밝힌다"면서 "지속하여 허위 사실을 유포하는 이들에 대해서는 그에 상응한 법적 책임을 반드시 물을 것임을 분명히 경고한다"고 했다.

이어 "탁현민 비서관은 본인 근무지도 아닌 외교부 공관을 방문해 현 외교부 장관 배우자를 면담한 이유가 거짓 선동을 위한 허위 소설 각본 작성을 위해서였는지, 김어준 유튜버는 누구로부터 보안시설인 외교부 공관 내부 사진을 어떻게 건네 받았는지부터 떳떳하게 밝히기 바란다"고 했다.

청와대 이전 TF는 끝으로 "그것부터 밝히지 못한다면 탁현민 비서관과 김어준 유튜버의 행위는 정략적인 목적만을 위한 거짓 선동임을 스스로 자인하는 꼴이 될 것"이라고 했다.

5월 10일 윤석열 대통령 취임을 앞두고 신구 정권 간 윤 당선인의 '약한 고리'라는 집무실 이전 등을 둘러싸고 갈등이 증폭하고 있었다.

한국갤럽이 5월 6일 주간 여론조사 결과를 발표한 가운데 윤석열 대통령 당선인 직무수행을 부정 평가(48%)한 응답자 중 그 이유로 대통령 집무실 이전(32%)을 가장 많이 지목했다.

정치권 안팎에서는 범여권 인사들이 이같은 민심 흐름을 파고들며 윤 당선인과 새 정부에 정치적 타격을 주려고 하는게 아니냐는 관측이 나왔다.

ㅣ 청와대 北 SLBM 안보리 결의위반 규탄 ㅣ

문재인 대통령은 7일 북한의 탄도미사일 발사와 관련 "우리 군과 외교안보 부처는 임기 마지막 날까지 긴장감을 갖고 안보태세에 빈틈이 없도록 최선을 다해 달라"고 지시했다.

청와대 박경미 대변인은 이날 오후 5시 17분 청와대 출입기자들에게 보낸 문자 공지를 통해 이같은 내용의 문재인 대통령 지시사항을 서면 브리핑했다.

청와대는 이와 별도로 같은 시각 북한의 탄도미사일 발사와 관련해 국가안전보장회의(NSC) 상임위원회 긴급회의 개최결과를 공개했다.

NSC는 "정부는 7일 16시에 NSC 상임위원회 긴급회의를 개최하여 합동참모본부로부터 북한의 잠수함발사 탄도미사일(SLBM) 추정 단거리 탄도미사일 발사 상황을 보고 받고 정부 교체기 우리의 안보태세와 유관국 동향을 점검하는 한편 대응방안을 협의했다"고 했다.

참석자들은 북한의 탄도미사일 발사가 유엔(UN) 안보리 결의 위반이자 한반도와 지역, 국제사회에 심각한 위협을 야기하는 것임을 다시 한번 지적하고 이를 규탄했다고 전했다.

또한 북한이 연속적인 미사일 발사를 중단하고, 외교를 통한 해결의 길로 복귀할 것을 강력히 촉구했다.

참석자들은 아울러 5월 10일 신 정부 출범을 앞두고 굳건한 한미동맹을 바탕으로 확고한 대비태세를 유지하는 것이 중요하다는 점을 재차 강조하고 유관국 및 국제사회와도 빈틈없이 협력해 나가기로 했다고 밝혔다.

이날 오후 NSC 상임위 긴급회의에는 서훈 국가안보실장, 유영민 대통령비서실장, 정의용 외교부 장관, 이인영 통일부 장관, 서욱 국방부 장관, 박지원 국가정보원장, 원인철 합참의장, 서주석 국가안보실 1차장, 김형진 국가안보실 2차장 등이 참석했다.

| 김성한 국가안보실장 北도발에 무대 등장 |

윤석열 정부의 외교안보를 책임지게 되는 김성한 국가안보실장 내정자가 7일 북한의 잠수함발사탄도미사일(SLBM) 발사와 관련해 입장문을 발표하고 안보현안에 대한 첫 목소리를 냈다.

김성한 국가안보실장 내정자는 이날 오후 5시 48분 대통령직인수위원회 출입기자들에게 보낸 '북한 SLBM 발사 관련 입장'이라는 문자공지를 통해 "북한은 오늘(7일) 14시 07분 신포 남방 해역에서 동해상으로 잠수함발사탄도미사일(SLBM) 1발을 발사했다"고 확인했다.

그는 "새로 설치된 위기관리센터(용산 기존 국방부청사 지하)는 유엔(UN) 안전보장이사회 결의를 위반한 북한 SLBM 발사 상황을 실시간 파악해 신 정부 안보관련 주요 직위자들과 정보를 공유했다"고 전했다.

또한 "신 정부는 출범과 동시에 전반적인 북핵 미사일 위협을 재평가하고 조속한 시일 내에 정부 역량을 결집하여 북한의 도발에 대한 근본적인 대책과 핵 미사일 위협에 대한 실질적인 억제 능력을 갖추어 나갈 것"이라고 밝혔다.

윤석열 대통령 당선인은 앞서 6일 오후 용산 대통령실 청사에 새로 마련된 국가위기관리센터에서 안보상황 점검 회의를 주재했다.

윤 당선인은 이 자리에서 "국가 안보에는 한 치의 빈틈도 없어야 한다.북한의 핵과 미사일을 포함한 모든 위협에 대비해 우리의 안보능력을 강화하기 위한 실질적인 조치를 추진하라"고 주문했다.

이날 회의에는 윤석열 대통령 당선인의 오른쪽에 김성한 국가안보실장 내정자가 자리 했다.

▍윤석열 '민주당 반대' 장관후보 임명강행 수순 ▍

윤석열 정부 출범을 사흘 앞두고 제1기 내각 출범이 불투명한 가운데 윤석열 당선인 측이 국회에 정호영 보건복지부 장관 후보자 등 일부 장관 후보자들에 대한 인사청문 경과보고서 재송부를 요청했다.

윤 당선인 측은 5월 9일까지 정호영 후보자를 비롯해 원희룡(국토교통부), 이상민(행정안전부), 박보균(문화체육관광부), 박진(외교부) 장관 후보자, 오는 13일까지 권영세 통일부 장관 후보자의 인사청문 경과보고서 재송부 요청을 했다.

이들 후보자에 대한 인사청문 요청안은 4월 14~15일 국회에 제출돼 인사청문 시한(20일)을 넘겼다.

더불어민주당이 한덕수 국무총리 후보자를 포함해 일부 장관 후보자의 보고서 채택을 완강하게 거부하는 상황에서 윤 당선인이 장관 임명 강행 수순에 들어갔다는 관측이 나왔다.

인사청문회법에 따르면 국회가 보고서 채택 시한을 넘길 경우 대통령은 열흘 이내에서 기한을 정해 재송부 요청을 할 수 있다. 또 이 기한까지도 국회가 보고서를 내지 않으면 대통령은 장관을 그대로 임명할 수 있다.

문재인 정부에서 야당 등의 반대로 인사청문 경과보고서가 없는 장관 임명이 속출했는데, 윤석열 정부에서도 유사 사례가 반복될 수 있다는 전망이 나왔다.

여의도에서는 정호영 보건복지부 장관 후보자의 경우 국민여론 등을 고려해 윤석열 대통령 당선인이 읍참마속(泣斬馬謖)의 심정으로 '낙마' 카드를 빼들 수 있다는 관측도 나왔다.

청와대 D-1일
(5월 8일)

윤석열 대통령 당선인이 8일 부처님오신날을 맞아 서울 조계사 봉축법요식에 참석해 불교계 지도자들과 인사하고 있다.

일일 뉴스

07:00	전국 대체로 흐림 수도권 일부 밤에 빗방울
09:30	신규확진 4만 64명, 사망 83명, 위중증 423명
11:00	이재명 계양을 출마선언
14:30	안철수 분당갑 출마선언
18:10	시인 김지하 별세

| 문재인 대통령 부처님오신날 메시지 |

문재인 대통령은 8일 부처님오신날을 맞아 SNS 메시지를 내놨다. 대통령 임기중 마지막 SNS 메시지로 기록됐다.

문 대통령은 이날 아침 8시 30분 "부처님오신날을 맞아 치유와 희망의 봄을 기원한다"며 "부처님의 가피와 함께 삶이 연꽃처럼 피어나길 바란다"고 했다.

또 "불기 2566년 봄, 사찰과 거리에 활기가 돌아왔다"면서 "부처님 오신 날을 봉축하며 불자들에게 감사드린다"고 했다. 그러면서 "불교는 자비와 나눔으로 포용과 상생의 마음을 깨웠고 우리는 서로를 위하는 마음으로 일상을 되찾았다"고 했다.

문 대통령은 끝으로 "불교는 귀한 연등회를 미루며 회복의 힘을 보태주셨고 이제 연등은 인류무형문화유산으로 더욱 밝아졌다"며, 국민들의 삶이 연꽃처럼 피어나길 기원했다.

| 윤석열 대통령 당선인 佛心을 찾아서 |

윤석열 대통령 당선인은 이날 오전 서울 조계사를 찾았다. 부처님오신날을 맞아 열리는 봉축 법요식에 참석하기 위한 행보였다.

윤 당선인은 이날 봉축법요식에 앞서 대한불교 조계종 종정 성파 큰스님, 총무원장 원행스님, 대덕스님에게 고개를 숙였다.

윤 당선인은 축사에서 "전국에 계신 불자 여러분 불기 2566년 부처님 오신 날을 봉축드린다"며 "부처님의 지혜와 자비가 온 누리에 퍼지는 뜻깊은 날"이라고 했다. 그러면서 "이 소중한 시간을 여러분과 함께 할 수 있어 기쁘고 영광스럽게 생각하며, 특히 한 분 한 분의 희망이 담긴 연등을 보니 우리의 마음도 더욱 환해지는 것 같다"고 했다.

이어 "지난 2년간, 우리는 코로나로 어렵고 힘든 시간을 보냈다"며 "국민 여러분과 의료진들의 희생과 헌신이 있었고 불교계의 각별한 노력이 있었기에 뜻깊은 오늘의 이 자리도 있는 것 같다"고 했다.

윤 당선인은 "올해는 유네스코 인류무형문화유산으로 지정된 연등회의 연등행렬이 3년 만에 다시 열려 코로나로 그늘진 우리 사회를 환하게 비춰 주었다. 한국불교는 늘 국민의 든든한 버팀목이었고, 국난극복을 위해 앞장서 왔다"고 했다. 그러면서 "불교의 문화유산은 우리 국민의 삶을 더욱 풍요롭게 하고 있다. 이 자리를 빌려 다시 한번 깊이 감사드린다"고 했다.

아울러 "이번 부처님 오신날의 봉축표어가 '다시 희망이 꽃피는 일상으로' 입니다"라며 "우리가 부처님의 가르침을 잘 실천하고 공동체를 위해 연대와 책임을 다한다면 매일 매일이 희망으로 꽃 필 것"이라고 했다.

윤 당선인은 끝으로 "우리 앞에 여러 도전과 위기가 있지만 다시 새롭게 도약하고, 국민이 함께 잘 살 수 있도록 새 정부에서도 많은 노력을 기울이겠다"며 "국민의 마음을 하나로 모으고 어려운 이웃들을 더욱 따뜻하게 보듬겠다"고 했다. 그러면서 "부처님오신날을 다시 한번 봉축드리며 부처님의 지혜와 자비가 온 누리에 가득하길 기원하며 여기 계신 모든 분들의 건강과 행복을 발원한다"고 했다.

윤 당선인은 이날 조계사 봉축법요식 참석과 별도로 본인의 페이스북을 통해서도 메시지를 냈다.

윤 당선인은 페이스북에서 "부처님의 지혜와 자비가 온 누리에 퍼지는 뜻깊은 날"이라며 "한국 불교는 늘 국민의 든든한 버팀목이었고 국난극복을 위해 앞장서 왔으며 불교의 문화유산은 우리 국민의 삶을 더욱 풍요롭게 하고 있다"고 했다.

또한 "이번 부처님오신날의 봉축표어가 '다시 희망이 꽃피는 일상'"
이라며 "우리가 부처님의 가르침을 잘 실천하고 공동체를 위해 연대와
책임을 다한다면 매일 매일이 희망으로 꽃필 것"이라고 했다. 그러면
서 "어려운 이웃들을 더욱 따뜻하게 보듬고 국민의 마음을 하나로 모
으기 위해 새 정부도 많은 노력을 기울이겠다"고 했다.

윤 당선인은 이날 오후에도 불심을 챙기는 행보를 이어갔다. 오후
12시 30분 봉은사를 찾아 회주 주지스님이 봉은사 구생원에서 마련한
공양을 여야 의원들과 나란히 함께 했다.

이날 공양에는 국민의힘에서 권성동 원내대표를 비롯해 주호영 전
원내대표, 박진(외교부 장관 내정자) 의원, 유경준 의원, 배현진(당선
인 대변인) 의원, 허은아 국민의힘 수석대변인, 박형수 원내대변인,
태영호 의원, 이용(당선인 비서실장) 의원 등이 동행했다.

더불어민주당에서는 송영길 전 대표(서울시장 후보), 이원욱(국회
정각회장) 의원, 권인숙 의원, 유정주 의원, 이수진 의원이 참석했다.

윤 당선인은 이날 공양 행사장으로 가는 길과, 행사후에 윤 당선인
을 만나기 위해 기다리던 100여m에 달하는 신자와 시민들의 행렬을
찾아 반갑게 악수를 이어갔다.

｜ 청와대 '최후의 날' 일정 공지 ｜

청와대는 8일 오후 청와대 출입기자들에게 문재인 대통령의 임기
마지막날 일정을 공지했다.

5월 9일(월) 일정

- 국립 서울현충원, 효창공원 독립유공자 묘역 참배(내외분) (시간 오전 8시, 장소 서울(경호엠바고))
- 대통령 퇴임 연설 (시간 오전 10시, 장소 청와대 본관)
- 할리마 싱가포르 대통령 면담 (시간 오후 3시, 장소 청와대 본관)
- 왕치산 중국 부주석 접견 (시간 오후 3시 30분, 장소 청와대 본관)
- 청와대 전 직원 마지막 인사(내외분)) (시간 오후 6시, 장소 청와대 본관 및 대정원 / 경외(경호 엠바고)

| 탁현민 의전비서관의 훈수 |

청와대 탁현민 의전비서관이 차기 윤석열 정부의 의전비서관 내정자에게 조언을 남겼다.

그는 8일 SNS에 '신임 의전비서관, 행사기획비서관에게 보내는 편지'라는 제목의 글을 올렸다.

탁 비서관은 "미국은 퇴임하는 대통령이 새 대통령에게 편지를 쓰는 전통이 있다고 들었다. '결단의 책상'이라고 불리는 대통령 집무실 책상에 이임 대통령이 편지를 두고 떠나면 새 대통령은 그 편지를 읽는 것으로 집무를 시작한다는 것"이라고 했다.

그러면서 "우리도 대통령뿐 아니라 모든 비서관이 새로 자리를 맡는 사람들에게 편지를 두고 가는 전통을 만들고 싶었다. 그러나 청와대의 역사가 단절되면서 그렇게 하기 어려워져 몇 가지 얘기를 두고 떠나는 것"이라고 했다.

탁 비서관은 먼저 "가까이 모시는 대통령부터, 도무지 이해할 수 없는 저 건너편의 사람들까지 애정을 가져야 한다"고 당부했다.

이어 "어떤 정치적 입장을 가졌든, 직을 맡는 순간부터는 국가적 입장이 우선이 된다. 저는 국가행사나 기념식 등을 준비하며 이 일이 '제사'와 같다고 생각하게 됐다"며 "사이가 좋지 않고, 밉고, 싫어도 제사상 앞에서 가족은 억지로 참고 예를 다하려 한다. 그 자리에서 화해도, 이해도 하게 된다"고 했다.

또한 "국가 행사는 극단의 국민들을 한자리에 모이게 한다. 여야도, 이해가 다른 각 부처도, 세대도, 성별도 상관없이 모인다"며 "그 순간만큼은 서로 입장이 다르더라도 싸우지 않도록 행사의 내용과 흐름을 만들어야 한다. 모두가 동의할 수 있는 주제와 이야기를 찾는 게 중요하다"고 조언했다.

탁 비서관은 "감동은 대상에 대한 애정과 디테일이 만났을 때 가능하다. 음악 하나를 고를 때도 신중해야 한다. 대통령 입장음악의 중요성을 잊지 말라. 이전까지 대통령들은 '위풍당당 행진곡' 같은 영국 왕조를 연상케 하는 곡들로 민주국가 대통령을 우습게 만들기도 했다"고 전했다.

그는 "(지난 일은) 잊어버려야 한다"며 "대통령 재임 기간 1,800개가량의 행사를 치러야 한다. 때론 실패도 경험하게 된다. 이번에 잘못했으면 다음에 잘하면 된다"고 했다.

마지막 조언으로는 "버티고 고집을 부리라"고 했다.

탁 비서관은 "대통령 행사에는 민원이 없을 리 없다. 애초의 기획의도가 흔들릴 수 있는 민원들, 이를 못 버티고 수용하면 잠시 고맙다는 말을 들을지 몰라도 많은 사람에게 실망을 주게 된다"면서 "어색하고 적절치 않은 순서나 내용이 들어오면 국민들도 알게 된다. 버티고 고집을 부리는 게 국민을 위한 길이고 살아남는 방법"이라고 했다.

그리고 "어쩔 수 없는 일들이 많이 있을 것이다. 그 또한 피할 수 있는 일이 아니다. 받아 들여야 한다. 탈출 버튼을 늘 옆에 두시라. 건투를 빈다"며 글을 마쳤다.

| 문재인 대통령 不眠의 마지막 밤 |

문재인 대통령은 8일 청와대에서의 마지막 밤을 보냈다.

이날 서울지역 일몰시간은 오후 7시 28분이었지만 북악산 남쪽기슭 청와대와 관저는 어둠이 조금 일찍 찾아왔다.

오후 3시 35분 무렵에는 삼청동 인근에 가끔씩 빗방울이 한 두 방울 떨어지기 시작했다.

삼청동, 국립 현대미술관 서울관, 경복궁 근처에는 일요일, 어버이날, 부처님오신날을 맞아 나들이에 나선 상춘객으로, 몇 년 동안 보지 못한 인파가 넘쳐 났지만 청와대는 조용한 침묵이 무겁게 내려앉아 있었다.

청와대를 오가는 직원이나 기자들의 발길도 일찌감치 뚝 끊겼다.

춘추관에서 재경 기자들이 생활하는 기자실은 아침부터 불이 꺼져 있었다. 지역 기자들이 생활하는 기자실은 1~2명이 나와 막을 내리는 청와대 시대 안팎을 기록하고 있었다.

문 대통령은 임기 종료까지 하루가 더 남았지만 9일 밤은 청와대가 아닌 서울시내 제3의 장소에서 묵는다. 5월 8일 밤이 청와대의 마지막 밤이 됐다.

윤석열 대통령 당선인이 집무실을 용산으로 이전하기로 하면서 이날 밤은 대한민국 대통령이 청와대에 머문 '최후의 밤'으로 기록됐다.

청와대 관계자들은 문 대통령은 이날 밤 관저에서 부인 김정숙 여사 등과 머무르며 조용히 시간을 보낼 것이라고 했다.

다음날인 9일 오전 10시 청와대 본관에서 예정된 퇴임연설을 앞두고 말씀자료를 검토하면서 지난 5년 임기를 차분하게 돌아볼 예정이라고 했다.

하지만 정권교체기 북한의 무력시위가 심상치 않은 만큼 안보상황에 대해서는 실시간으로 보고를 받으며 긴장 상태를 유지하고 있다고 청와대는 전했다.

문 대통령은 앞서 지난 6일 저녁 청와대에서 전현직 비서관들과 만찬을 하며 직원들에게 작별인사를 했다고 한다.

오후 6시. 필자가 춘추관을 나서는 길.

청와대 기자실을 지켰던 늘 푸른 소나무 세 그루가 모두 떠난 텅빈 춘추관 앞 마당을 내려다 보고 있었다.

기자들이 즐겨 찾던 화단 한 켠에는 이름 모를 키 작은 풀에서 갓 피어난 손톱만한 노란색 꽃들이 봄바람에 춤을 추고 있었다.

"또 오라"고, "다시 만나자"고, 그리고 "연인, 가족, 이웃들과 편하게 다시 보자"고 다음 만남을 기약하고 있었다.

청와대 D-0일
(5월 9일)

문재인 대통령이 9일 오후 6시 청와대를 떠나며 사랑채 앞 분수대 광장에서 지지
자들에게 인사말을 하고 있다.

일일 뉴스

07:00	전국 구름 많고 남부 빗방울
09:30	확진 2만 601명 1주전보다 525명 증가, 사망 40명, 위중증 421명
14:00	윤석열 정부 15개 부처 차관 인사
16:00	문재인 대통령 유은혜, 박범계, 이인영 장관 사표 수리
18:00	문재인 대통령 청와대 퇴근

| BH 청와대, 그 마지막 날 |

2022년 5월 9일 새벽.

서울 하늘은 회색 구름이 낮게 내려앉아 있었다. 밤 사이 내린 봄비에 공기는 축축했다. 5월 초순이라고는 하지만 창문을 열자 찬 기운이 확 몰려와 묵은 내를 밀어냈다.

점점 옅어지는 구름 사이사이로 동쪽 하늘이 열리며 하루가 서서히 밝아오고 있었다.

그날이 어김없이 찾아왔다. 2017년 5월 10일 억누를 수 없는 벅찬 감동으로 시작했던 대통령 5년 임기의 마지막 날이다.

친구 노무현도 2003년 2월 25일 그렇게 시작하고, 2008년 2월 24일 이렇게 마감했으리라.

마지막 날이라고는 하지만 일정은 빡빡했다.

아침나절 동작동과 효창동을 다녀오고 오전에는 퇴임연설도 해야 한다. 오후에는 싱가포르와 중국에서 찾아오는 외빈들을 맞이해야 한다.

그리고

오후 6시. 정말 마지막 퇴근이다. 청와대를 떠난다. 5년간 정들었던 동지들과 국민들의 환송을 받으며 떠나야 한다.

이제 동작동 국립 서울현충원으로 출발할 시간이다. 국무위원들이 오전 8시 행사에 맞춰 기다리고 있을 것이다.

오전 7시 31분 서울현충원.

홍남기 경제부총리 겸 기획재정부 장관이 일찌감치 도착해 현충문 밑에 서 있다. 이어 김현수 농림축산식품부 장관, 문성혁 해양수산부 장관이 도착해 홍 경제부총리와 인사를 나눴다.

서욱 국방부 장관, 임혜숙 과학기술정보통신부 장관이 도착했다. 오전 7시 44분 김부겸 국무총리가 탑승한 차량이 도착했다. 홍 부총리 등 국무위원들이 반원 형태로 서서 맞았다. 김부겸 국무총리가 차량에서 내려 국무위원들과 일일이 악수한후 함께 귀빈실로 이동했다.

이어 전해철 행정안전부 장관이 도착해 귀빈실로 갔고 뒤이어 문승욱 산업통상자원부 장관, 황희 문화체육관광부 장관이 왔다.

7시 52분. 대통령 도착 시간에 맞춰 국무위원들이 귀빈실에서 나와 현충문 밑에 자리했다. 김부겸 국무총리, 전해철 장관, 국립 서울현충원장이 문 대통령 내외 도착 장소로 이동해 영접을 준비했다.

8시 정각. 문 대통령 내외가 탑승한 차량이 도착했다. 문 대통령은 검정색 정장에 흰색 셔츠, 검정색 넥타이를 착용했다. 김정숙 여사는 검정색 원피스를 입었다.

문 대통령이 흰색 장갑을 끼고 제일 앞줄 가운데 섰다.

문 대통령 내외를 비롯한 국무위원들이 현충탑으로 이동을 시작했다. 양쪽에는 의장대가 도열해 있다. 문 대통령 내외가 현충탑으로 이동하다 통로 중간지점에서 집례관 구령에 따라 태극기 앞에 서서 '국기에 대한 경례' 후 다시 이동해 현충탑에 다가갔다.

집례관이 "3보 이동하시겠습니다"라고 헌화를 안내했다. 문 대통령 내외가 헌화병이 들고 있는 화환에 가볍게 양손을 대고 화환은 분향대 뒤로 이동했다.

문 대통령이 집례관의 "분향하시겠습니다. 분향은 3번 하고 제자리에 돌아오십니다."라는 안내에 따라 분향함에 분향하고 뒤이어 김정숙 여사도 동일한 순서로 분향을 마쳤다.

8시 3분. 순국선열 및 호국 영령에 대한 경례후 집례관이 "다함께 참배하시겠습니다. 일동 묵념."이라는 안내에 따라 문 대통령 내외와 국무위원들이 고개를 숙였다. 트럼펫 묵념곡 선율이 장엄하게 동작동 현충원 일대에 울려 퍼졌다.

문 대통령 내외와 국무위원들이 현충문 방향으로 퇴장하기 시작했다. 퇴장하는 도중 태극기 앞에 잠시 서서 '국기에 대한 경례' 후 다시 이동을 시작했다.

문 대통령은 이어 현충문 밑에서 방명록에 '더 당당한 대한민국으로 나아가겠습니다. 2022.5.9. 대통령 문재인'이라고 적었다. 이어 방명록 접수대 앞에서 안내하던 현충원 주무관에게 악수를 청했다. 긴장한 주무관이 고개를 숙여 대통령의 악수를 받는다.

참배 일정을 마친 문 대통령이 현충문 밑에서 김부겸 국무총리 등 국무위원들과 일일이 악수하며 "고생 많으셨다."고 인사하며 덕담을 건넸고 뒤이어 김정숙 여사도 국무위원들과 인사를 나눴다.

문 대통령과 김정숙 여사가 김부겸 총리 등의 환송을 받으며 다음 방문지인 서울 용산구 효창공원으로 이동했다.

이날 국립 서울현충원 참배에는 정부에서 김부겸 국무총리, 홍남기 경제부총리 겸 기획재정부 장관, 유은혜 사회부총리 겸 교육부 장관, 임혜숙 과학기술정보통신부 장관, 이인영 통일부 장관, 박범계 법무부 장관, 서욱 국방부 장관, 전해철 행정안전부 장관, 황희 문화체육관광부 장관, 김현수 농림축산식품부 장관, 문승욱 산업통상자원부 장관, 권덕철 보건복지부 장관, 안경덕 고용노동부 장관, 노형욱 국토교통부 장관, 문성혁 해양수산부 장관, 권칠승 중소벤처기업부 장관, 정영애 여성가족부 장관, 한정애 환경부 장관이 참석했다. 이날 정의용 외교부 장관은 공무상 불참했다.

청와대에서는 유영민 비서실장, 서훈 국가안보실장, 이호승 정책실장, 유연상 경호처장, 박경미 대변인, 탁현민 의전·신지연 제1부속·최상영 제2부속비서관이 수행했다.

잠시후 오전 8시 20분 서울 효창공원.

독립유공자 묘역으로 문재인 대통령과 김정숙 여사가 탑승한 차량이 도착했다.

효창공원 백범 김구, 삼의사, 임시정부 요인 묘역으로 오르는 계단마다 국군 의장대가 도열해 있었다.

태극기를 포함한 기수단은 백범 김구 묘역 앞 오른편에 배치돼 있고 좌측에 트럼펫 연주병과 방명록 테이블이 자리했다. 가운데 묘소 앞에 '대통령 문재인'이라고 쓰인 화환과 양측에 헌화병이 위치했다.

문 대통령 내외가 차량에서 내려 곧바로 묘역 계단을 이용해 백범 김구 묘역 앞으로 이동했다. 이어 집례관 안내 따라 흰 장갑을 착용한 후 묘소 앞으로 갔다.

문 대통령 내외가 이동 중 기수단 태극기 앞에 멈춰서서 집례관 구령 따라 가슴에 손을 올리고 '국기에 대한 경례'를 했다. 이어 헌화병이 들고 있는 화환에 양손을 대고 3보 앞으로 이동후 손을 떼고 집례관 안내에 따라 3회 분향 후 뒷걸음으로 원위치했다.

김정숙 여사도 집례관 안내 따라 3회 분향 후 뒷걸음으로 원위치한 후, 집례관 구령 따라 백범 김구 선생에 대한 경례 및 묵념을 했다.

문 대통령은 묘소 좌측으로 이동한 후 방명록에 서명했다. '대한민국은 아무도 흔들 수 없는 나라가 될 것입니다. 2022.5.9. 대통령 문재인'

8시 25분. 문 대통령 내외는 묘역 계단 통해 내려간 후 황기철 국가보훈처장과 대화하며 도보로 삼의사 묘역으로 이동했다.

문 대통령은 삼의사 묘역으로 이동한 후 집례관 인도로 묘소 앞으로 이동했다. 헌화병이 들고 있는 화환에 양손을 대고 3보 앞으로 이동 후 손을 떼고 정위치했다.

문 대통령이 집례관 안내 따라 3회 분향 후 뒷걸음으로 원위치했고 김정숙 여사도 집례관 안내 따라 3회 분향 후 뒷걸음으로 제자리로 왔다. 문 대통령 내외가 집례관 구령 따라 삼의사 및 안중근 의사에 대한 경례 및 묵념을 했다.

8시 33분. 문 대통령은 다시 묘역 계단을 통해 내려간 후 도보로 임시정부 요인 묘역으로 이동했다.

삼의사 묘역에서 나오는 길에 효창공원을 찾은 10여 명의 시민들이 박수를 치며 "수고하셨습니다. 사랑합니다."라고 인사했다. 문 대통령 내외도 시민들을 바라보며 "감사합니다"라고 답례했다.

문 대통령은 임정요인 묘역 이동 중 마주친 중년 남성과 악수했고 중년 여성이 웃으며 문 대통령 내외를 바라보며 "수고하셨어요"라고 인사했다.

임정요인 묘역으로 이동한 문 대통령과 김정숙 여사는 집례관 인도로 묘소 앞으로 갔다. 헌화병이 들고 있는 화환에 양손을 대고 3보 앞으로 이동 후 손 떼고 정위치했다. 문 대통령은 집례관 안내 따라 3회 분향 후 뒷걸음으로 원위치했다. 김정숙 여사도 집례관 안내 따라 3회 분향 후 뒷걸음으로 제자리로 돌아왔다.

문 대통령 내외가 집례관 구령에 따라 경례 및 묵념을 한뒤 묘역 계단을 통해 차량이 대기하는 곳으로 이동해 차에 올랐다.

시계는 오전 8시 41분을 지나고 있었다.

이날 효창공원 독립유공자 묘역 참배에는 정부에서 황기철 국가보훈처장이, 청와대에서 유영민 비서실장, 서훈 국가안보실장, 이호승 정책실장, 유연상 경호처장, 박경미 대변인, 탁현민 의전·신지연 제1·최상영 제2부속 비서관이 수행했다.

| 퇴임 연설 |

오전 9시 59분 청와대 본관.

문재인 대통령이 탑승한 차량이 본관 정문 앞에 서서히 멈췄다.

문 대통령은 차량에서 내려 참모들에게 가볍게 목례하고 본관 1층 로비로 이동해 바로 연단 앞에 섰다. 카메라를 피해 앞쪽에 탁현민 의전비서관, 신지연 제1부속비서관, 박경미 대변인이 대기했다.

문 대통령이 마스크를 벗은 후 퇴임 연설문을 읽어 내려갔다.

"존경하는 국민 여러분.

대통령으로서 무거운 짐을 내려놓습니다. 그동안 과분한 사랑과 지지로 성원해 주신 국민 여러분께 무한한 감사의 말씀을 드립니다. 저는 이제 평범한 시민의 삶으로 돌아가 국민 모두의 행복을 기원하며 성공하는 대한민국의 역사를 응원하겠습니다.

지난 5년은 국민과 함께 격동하는 세계사의 한복판에서 연속되는 국가적 위기를 헤쳐온 시기였습니다. 힘들었지만 우리 국민들은 위기 앞에 하나가 되어주셨습니다. 대한민국은 위기 속에서 더욱 강해졌고, 더 큰 도약을 이뤘습니다. 대한민국의 국격도 높아졌습니다. 대한민국은 이제 선진국이며, 선도국가가 되었습니다. 우리 국민은 참으로 위대합니다. 저는 위대한 국민과 함께한 것이 더 없이 자랑스럽습니다. 저의 퇴임사는 위대한 국민께 바치는 헌사입니다.

국정농단 사건으로 헌정질서가 무너졌을 때 우리 국민은 가장 평화적이고 문화적인 촛불집회를 통해, 그리고 헌법과 법률이 정한 탄핵이라는 적법절차에 따라, 정부를 교체하고 민주주의를 다시 일으켜 세웠습니다. 전 세계가 한국 국민들의 성숙함에 찬탄을 보냈습니다. 우리 국민은 위기를 겪고 있는 세계 민주주의에 희망이 되었습니다. 나라다운 나라를 요구한 촛불광장의 열망에 우리 정부가 얼마나 부응했는지 숙연한 마음이 됩니다. 그러나 우리 정부가 다 이루지 못했더라도, 나라다운 나라를 향한 국민의 열망은 결코 멈추지 않을 것입니다. 촛불의 염원은 여전히 우리의 희망이자 동력으로 피어날 것입니다.

우리 국민은 평창동계올림픽을 평화올림픽으로 성공시켜 냈습니다. 세계가 또다시 대한민국에 열광했습니다. 임기 초부터 고조되던 한반도의 전쟁위기 상황을 대화와 외교의 국면으로 전환시키며, 평화와 번영의 새로운 한반도 시대에 대한 희망을 키웠습니다. 더 이상 앞으로 나아가지 못한 것은 우리의 의지와 노력이 부족한 탓만은 아니었습니다. 한편으로 우리의 의지만으로 넘기 힘든 장벽이 있었습니다. 우리가 넘어야 할 벽입니다. 평화는 우리에게 생존의 조건이고, 번영의 조건입니다. 남북 간에 대화 재개와 함께 비핵화와 평화의 제도화를 위한 노력이 지속되길 간절히 바랍니다.

일본의 부당한 수출규제로 인한 위기를 온 국민의 단합된 힘으로 극복해 낸 것도 결코 잊을 수 없습니다. 우리는 소·부·장 자립의 기회로 삼았고, 소·부·장 산업의 경쟁력 강화는 제조업의 경쟁력 강화로 이어졌습니다. 우리가 코로나19로 인한 세계 경기의 침체 속에서 사상 최대의 수출 실적을 올릴 수 있었던 것도 우리 제조업이 가진 세계적인 경쟁력 덕분이었습니다.

무엇보다 좋았던 것은 우리가 문제해결의 성공방식을 알게 된 것입니다. 정부 부처를 뛰어넘는 협업체계, 대·중소기업과 연구자들의 협력, 정부의 적극적인 R&D투자와 규제를 허문 전폭적인 지원, 그리고 무엇보다도 온 국민의 격려와 성원이 우리도 할 수 있다는 자신감을 주었습니다.

그 성공의 방식은 뒷날 코로나 진단키트를 개발할 때도, 마스크 생산을 빠르게 늘릴 때도, 백신 접종용 특수 주사기의 효율을 높일 때도, 요소수 부족사태를 해결할 때도 똑같이 작동하였습니다.

국민 여러분, 제가 마지막으로 받은 코로나19 대처상황보고서는 969보였습니다. 국내에서 코로나 확진자가 처음 판명된 2020년 1월 20일부터, 휴일이나 해외 순방 중에도 빠지지 않고 매일 눈뜨면서 처음 읽었고, 상황이 엄중할 때는 하루에 몇 개씩 올라왔던 보고서가 969보까지 이어졌습니다. 그 속에는 정부와 방역진, 의료진의 노고와 헌신이 담겨있습니다. 오랜 기간 계속된 국민의 고통과 고단한 삶이 생생하게 담겨있습니다. 국민도, 정부도, 대통령도 정말 고생 많았습니다. 그러나, 저는 위기 때 더욱 강해지는 우리 국민의 높은 역량에 끊임없이 감동받았습니다.

우리 정부 동안 있었던 많은 자랑스러운 일들이 대부분 코로나 위기 상황 속에서 일어났다는 것이 너무나 놀랍습니다. 그야말로 위기에 강한 대한민국의 저력이었습니다. 전 세계가 함께 코로나 위기를 겪고 보니, 대한민국은 뜻밖에 세계에서 앞서가는 방역 모범국가였습니다. 선진국의 방역과 의료 수준을 부러워했었는데, 막상 위기를 겪어보니 우리가 제일 잘하는 편이었습니다. 아직도 우리가 약하고 뒤떨어졌다고 생각해온 많은 국민들이 우리 자신을 재발견하며 자존감을 가지게 되었습니다.

코로나 위기 속에서 한국은 가장 빠르게 경제를 회복했고, 1인당 국민소득 3만 5천 달러로 크게 성장했습니다. 한국의 한류 문화는 전 세계가 코로나로 고통받을 때 더욱 돋보였고, 세계인들에게 위로를 주었습니다. 우리 정부가 코로나 위기 속에서 선언한 한국판 뉴딜은 한국을 디지털과 혁신 등 첨단 과학기술 분야의 강국으로 각인시켰고, 그린 뉴딜과 탄소중립 선언은 기후위기 대응과 국제협력에서 한국을 선도국가로 만들었습니다. 코로나 위기를 겪으면서 대한민국은 어느덧

민주주의, 경제, 수출, 디지털, 혁신, 방역, 보건의료, 문화, 군사력, 방산, 기후위기 대응, 외교와 국제협력 등 많은 분야에서 선도국가가 되어 있었습니다.

마침내 우리는 마스크를 벗고 얼굴을 마주보게 되었습니다. 코로나 감염병 등급을 1등급에서 2등급으로 낮출 수 있게 되었습니다. 아직 위기는 끝나지 않았습니다. 새로운 위기가 닥치고 있습니다. 그러나 우리 국민들은 어떤 위기라도 이겨낼 것이며, 위기를 기회로 만들어 낼 것입니다.

국민 여러분,

대한민국 성공의 역사는 온갖 시련과 역경을 딛고 일어선 것이기에 더욱 값집니다. 우리나라는 2차 세계대전 후 지난 70년간 세계에서 가장 성공한 나라, 2차 세계대전 후 개발도상국에서 선진국으로 진입한 유일한 나라가 되었습니다. 누구도 부정 못 할 빛나는 대한민국의 업적이며 자부심입니다. 우리 정부도 국민과 함께 위기를 극복하고 선도국가로 도약함으로써 대한민국의 국격과 자부심을 한 단계 더 높일 수 있게 되어 매우 감사한 마음입니다. 대한민국은 세계적인 위기 속에서 '위기에 강한 나라', '아무도 흔들 수 없는 나라', '세계를 선도하는 나라'로 도약했습니다. 그 주역은 단연 우리 국민입니다. 대한민국은 세계로부터 인정받고, 부러움을 받는, 그야말로 '위대한 국민의 나라'입니다. 우리 모두 위대한 국민으로서 높아진 우리의 국격에 당당하게 자부심을 가지시길 바랍니다.

저는 위대한 국민과 함께 성공하는 대한민국 역사에 동행하게 된 것이 매우 자랑스럽습니다. 위대한 국민과 함께할 수 있어서 정말 영광이었습니다. 다음 정부에서도 성공하는 대한민국의 역사를 계속 이어나가길 기대합니다. 이전 정부들의 축적된 성과를 계승하고 발전시켜 더 국력이 커지고 더 나은 미래로 나아가길 기원합니다. 국민의 마음을 하나로 모으는 것이 무엇보다 중요합니다. 선거 과정에서 더욱 깊어진 갈등의 골을 메우며 국민 통합의 길로 나아갈 때 대한민국은 진정한 성공의 길로 더욱 힘차게 전진할 것입니다.

감사합니다."

오전 10시 12분. 문 대통령은 연설을 마치고 마스크 다시를 썼다. 옆에 대기중이던 직원들이 박수를 보냈다.

| 윤석열 정부 15개부처 차관 발표 |

윤석열 대통령 당선인은 정부 출범을 하루 앞두고 9일 오후 15개 정부부처 차관 20명에 대한 인사를 단행했다.

한덕수 국무총리 후보자의 국회 인준이 좌초되고 더불어민주당의 새 정부 국무위원 후보자에 대한 인사청문회 공격이 격화되는 가운데 당분간 차관을 통해 국정을 운영하겠다는 고육지책이었다.

윤 당선인은 이날 인사에서 기획재정부 제1차관에 방기선 아시아개발은행 상임이사, 제2차관에 최상대 기재부 예산실장을 각각 임명했다.

또 교육부 차관에 장상윤 국무조정실 사회조정실장, 외교부 제1차관에 조현동 전 외교부 기획조정실장, 외교부 제2차관에 이도훈 전 외교부 한반도평화교섭본부장을 각각 기용했다.

윤 당선인은 통일부 차관에 김기웅 전 청와대 통일비서관, 국방부 차관에 신범철 경제사회연구원장, 행안부 차관에 한창섭 행안부 정부혁신조직실장, 행안부 재난안전관리본부장에 김성호 행안부 재난관리실장을 발탁했다.

문화체육관광부 제1차관에 전병극 전 문체부 문화예술정책실장, 농림축산식품부 차관에 김인중 농림부 차관보를 임명했다.

윤석열 당선인은 아울러 산업통상자원부 제1차관에 장영진 전 산자부 기획조정실장, 통상교섭본부장에 안덕근 서울대 국제대학원 교수를 기용했고, 보건복지부 제1차관에 조규홍 전 기재부 재정관리관, 보건복지부 제2차관에 이기일 복지부 보건의료정책실장을 발탁했다.

이어 환경부 차관에 유제철 한국환경산업기술원장, 고용노동부 차관에 권기섭 고용노동부 산업안전보건본부장, 국토교통부 제1차관에 이원재 인천경제자유구역청장, 해양수산부 차관에 송상근 해수부 해양정책실장, 중소벤처기업부 차관에 조주현 중기부 소상공인정책실장을 각각 기용했다.

윤석열 당선인은 이날 대통령실 부속실장에는 강의구 전 검찰총장 비서관을 발탁했다.

국회 농림축산식품해양수산위원회는 이날 오후 조승환 해양수산부 장관 후보자와 정황근 농림축산식품부 장관 후보자에 대한 인사청문 경과보고서를 여야 합의로 채택했다.

윤석열 정부 출범을 하루 앞두고 이날 현재 제1기 내각 국무위원 19명 가운데 인사청문 경과보고서가 채택된 후보자는 7명이다.

앞서 추경호 경제부총리 겸 기획재정부 장관 후보자, 한화진 환경부 장관 후보자, 이종호 과학기술정보통신부 장관 후보자, 이정식 고용노동부 장관 후보자, 이종섭 국방부 장관 후보자에 대한 경과보고서가 채택됐다.

| 문재인 대통령 취임축하 외빈 접견 |

문재인 대통령은 9일 오후 다음날 열리는 윤석열 대통령 취임축하 외국 사절들을 청와대에서 맞이 했다.

먼저 이날 오후 3시 청와대 본관 2층 접견실에서 할리마 싱가포르 대통령을 면담했다.

싱가포르 측에서 테오 주한대사, 리 대통령실 수석비서관, 힌 외교부 차관보가, 우리 측에서 정의용 외교부 장관, 서훈 국가안보실장, 김형진 국가안보실 2차장이 참석했다.

오후 3시 할리마 싱가포르 대통령이 차량으로 본관에 도착하자 문 대통령이 현관 앞에서 영접했다. 양 정상은 나란히 본관에 함께 입장해 엘리베이터를 타고 2층 접견실로 이동했다.

접견실 입장후 의자 앞에서 마스크를 착용한 채 악수 없이 선 채로 기념촬영후 자리에 앉았다.

문 대통령이 먼저 인사말을 했다.

"싱가포르의 할리마 대통령님과 대표단 일행의 방한을 환영합니다. 2018년 싱가포르를 국빈 방문했을 때 아주 좋은 정상회담을 가졌는데, 오늘 한국에서 또 대통령님을 이렇게 만나게 되어서 매우 기쁩니다.

그 당시의 환대에 대해서 다시 한번 감사 말씀 드리고, 이번에 한국의 신임 대통령 취임식에 대통령님께서 직접 참석해서 축하해 주시는 것에 대해서 감사드립니다.

또한 저에 대해서도 이렇게 회동을 제안해 주셔서 감사합니다. 우리 정부는 한국과 아세안 간의 관계를 획기적으로 발전시키고 격상시키기 위해서 신남방정책에 역점을 두고 추진했는데 임기 마지막 날 신남방정책의 핵심 파트너인 싱가포르의 대통령 님과 마지막 공식 일정을 가지게 되어서 매우 뜻깊게 생각합니다.

저의 재임 중 대통령님과 함께 한국과 싱가포르 양국 간의 관계, 또 한국과 아세안 간의 관계를 크게 발전시킬 수 있어서 매우 기쁘게 생각하고, 또 대통령님에 대해서 감사드립니다."

할리마 싱가포르 대통령이 화답했다.

"대통령님, 대통령님께서 2018년 싱가포르에 국빈 방문해 주셨을 때 좋은 기억을 갖고 있습니다. 당시에 저희는 디지털 협력이라든지 스마트시티, 그리고 기후변화 등 다양한 이슈에 대해서 논의를 했었고, 이러한 협력 성과들이 지금 빛을 발하고 있습니다.

대통령께서 한국과 싱가포르 양자 관계를 격상시켜 주시고, 또 협력을 강화해 주신 데 감사드립니다. 대통령님의 방문이 양국 관계에 기여를 했다고 생각합니다. 그리고 코로나에도 불구하고 양국 간의 협력이 계속 증진되었습니다.

작년에 양국 간의 교역이 26% 증가했습니다. 저는 이게 굉장히 중요한 수치라고 생각합니다. 뿐만 아니라 양국 간의 디지털 동반자 협정을 체결하는 협상을 마무리지었습니다. 저는 이러한 협력의 성과들이 앞으로 기업과 사람들 간의 협력을 더 증진시켜 나가는 데 많은 기회를 제공한다고 생각합니다.

그리고 저희 관료들이 저탄소기술에 대한 MOU 체결과 관련된 협의도 진행 중인 것으로 알고 있습니다. 양국이 녹색경제를 더 추구해 나가는 데 기반이 될 수 있다고 보고 있습니다.

대통령께서 언급하셨듯이 대통령님이 처음 시작하신 신남방정책은 한국과 아세안 국가들 간의 협력을 강화하는 아주 중요한 플랫폼으로 성장했습니다. 물론 인도도 포함해서 신남방정책을 추구해 왔는데, 이것은 교역이라든지 공공보건이라든지 한국과 아세안 간의 협력에 있어서 새로운 협력의 분야를 제공했습니다.

대통령께서 한반도의 평화와 화합을 위해서 많은 노력을 기울이신 것을 싱가포르 입장에서도 굉장히 주의 깊게 지켜봐 왔습니다. 싱가포르 또한 같은 역내 국가이기 때문입니다.

역내의 평화는 저희 싱가포르에도 굉장히 중요하다고 생각합니다. 싱가포르는 교역이라든지 투자에 많이 의존을 하고 있기 때문이고, 양국 간에, 또 역내 국민들의 웰빙을 위해서도, 복지를 위해서도 굉장히 중요하다고 생각합니다.

지금 한반도 상황에 대한 대통령님의 고견도 여쭙고 싶습니다. 앞으로 어떻게 전개될지에 대한 생각도 여쭙고 싶습니다."

청와대 요청으로 취재기자들이 면담장을 퇴장하면서 양 정상의 대화는 더 이상 들을 수 없었다.

양 정상 면담후 청와대 박경미 대변인은 이날 오후 한-싱가포르 정상면담과 관련해 다음과 같은 내용의 서면 브리핑을 했다.

"문재인 대통령은 9일 오후 청와대에서 대통령 취임식 참석차 방한한 할리마 야콥(Halimah Yacob) 싱가포르 대통령을 면담했습니다.

문 대통령과 할리마 야콥 대통령은 그간의 양국 관계 성과를 평가하고, 양국 관계 증진 방안 및 국제 정세에 관해 폭넓은 의견을 교환했습니다.

문 대통령은 교역, 투자 등 경제분야에서 양국 간 최상의 파트너십을 누리고 있다고 강조하고, 코로나로 인한 어려운 상황에서도 싱가포르가 코로나 접종 상호인정, 여행안전권역 등을 통해 한국 기업이 싱가포르에서 활동할 수 있게 해 준데 대해 감사를 표시하고, 앞으로의 과제는 인적교류를 더욱 활발하게 만드는 것이라고 말했습니다.

또한 문 대통령은 지난 2월 발효된 역내 포괄적 경제동반자 협정(RCEP)과 한국이 가입을 추진 중인 포괄적·점진적 환태평양경제동반자협정(CPTPP) 등을 통해서도 양국의 교역 및 투자가 더욱 확대될 수 있기를 기대한다고 말했습니다.

문 대통령은 또 디지털 선도국가인 싱가포르와 디지털 분야 협력을 강화한 것은 큰 성과라고 평가하면서, 싱가포르와 우리나라가 최초로 타결한 디지털동반자협정(DPA)의 정식 서명과 한국의 디지털경제동반자협정(DEPA) 가입 협상의 조속한 타결을 위해서도 긴밀히 협력해 나가자고 했습니다.

할리마 야콥 대통령은 한국은 경제대국이자 디지털 분야 선도국으로 한국의 포괄적·점진적 환태평양경제동반자협정(CPTPP)과 디지털경제동반자협정(DEPA) 가입은 여타 회원국들에게도 도움이 될 것이라고 말했습니다.

할리마 야콥 대통령은 또한 교역과 투자에 대한 의존도가 높은 싱가포르로서 역내 평화와 안정은 매우 중요하다며, 문 대통령의 한반도 평화와 화합을 위한 노력을 높이 평가하고 감사함을 표했습니다.

문 대통령은 한반도 문제와 관련, 북핵 문제의 근원적인 해결은 대화와 외교를 통해서만 가능한 만큼, 대화와 외교의 길로 복귀할 수 있도록 싱가포르를 포함한 국제사회의 지속적인 관심과 지지를 당부했습니다.

마지막으로 문 대통령은 기후위기·탄소중립 분야에서도 싱가포르와 협력이 이어지기를 바란다며, 재임 기간 중 할리마 야콥 대통령과 함께 양국관계 발전을 위해 긴밀히 협력해온 것을 큰 보람으로 생각한다고 하면서, 할리마 야콥 대통령의 성원에 감사를 표했습니다."

문 대통령은 싱가포르 대통령에 이어 오후 3시 37분 청와대 본관 2층 접견실에서 왕치산 중국 국가 부주석을 접견했다.

이 자리에는 중국 측에서 싱하이밍 주한대사, 상무부 부부장급 인사, 문화부 부부장급 인사가 배석했고, 우리 측에서 정의용 외교부 장관, 서훈 국가안보실장, 김형진 국가안보실 2차장이 자리를 같이 했다.

오후 3시 34분 중국 측이 먼저 접견실에 입장해 왕치산 중국 부주석이 기다리고 있는 가운데 정의용 외교부 장관과 서훈 국가안보실장이 차례로 입장해 왕 부주석과 인사를 했다.

곧이어 문 대통령이 입장해 왕치산 부주석과 악수하면서 기념촬영을 했다. 왕치산 부주석이 마크스를 벗자고 제안해 문 대통령이 웃으면서 마스크를 벗고 다시 한번 사진기자들 앞에서 포즈를 취했다. 이어 문 대통령과 왕치산 부주석이 자리에 앉았다.

문 대통령이 먼저 인사말을 했다.

"왕치산 국가 부주석님을 비롯해서 중국 대표단의 방한을 환영합니다. 왕 부주석께서 우리 한국 신임 대통령의 취임식에 참석해 주시고 또 축하해 주신 것에 대해서 감사드립니다. 또한 나와 이렇게 면담을 제안해 주신 것에 대해서도 감사드립니다.

한국의 역대 대통령 취임식 가운데 중국에서 최고위급 대표단을 보내준 것으로 그렇게 알고 있습니다. 한국과 중국 양국 간의 관계를 중시하는 시진핑 주석님과 중국 정부의 의지를 잘 보여준다고 생각합니다. 특히 시 주석님께도 안부인사를 전해 주시기를 바랍니다.

특히 올해는 한-중 수교 30주년을 맞는 아주 뜻깊은 해입니다. 지난 30년간 한국과 중국의 양국 관계는 아주 빠르게 발전해 왔습니다. 수교 30주년이 양국 관계를 더욱더 굳건하게 하는 계기가 되기를 바라고, 앞으로 30년간 양국 관계에서 더 큰 발전이 있기를 기대합니다.

왕 부주석님의 이번 방한이 한중관계를 한층 더 발전시키고 격상시키는 좋은 계기가 될 것이라고 기대합니다. 감사합니다."

왕치산 중국 부주석이 인사말을 받았다.

"아까 대통령님을 기다리는 동안 정의용 장관님께서 제가 대통령님이 청와대에서 마지막으로 만나는 손님이라고 말씀해 주셨습니다. 대통령님께서 오늘 바쁘신 와중에도 저를 만나주신 데 대해서 감사드립니다.

시진핑 주석님께서는 대통령님이 일전에 보내주신 편지를 받았습니다. 시진핑 주석님은 대통령님과의 교류, 업무관계, 그리고 우정에 대해서 매우 소중히 여기고 저는 이번에 특별히 시진핑 주석님을 대표해서 시진핑 주석님의 친절한 인사와 축원을 전해드리겠습니다. 저도 문재인 대통령님의 인사를 꼭 시진핑 주석님께 잘 전달하겠습니다.

과거 5년간 한국의 각 사업은 안정적으로 발전됐고, 종합적 국력과 국제적 영향력이 한층 더 증강되었습니다. 시진핑 주석님과 대통령님의 친절한 관심과 전략적인 견인 하에 중한관계는 어려움을 극복하고 적지 않은 새로운 발전을 거뒀습니다. 이를 위한 대통령이 해 주신 기여에 대해서 중국 측은 높이 평가합니다.

중한 양국은 영원한 이웃이자 서로에 있어서는 중요한 협력 파트너로서 우리는 아주 많은 공동이익을 가지고 있습니다. 국제 및 지역정세가 어떻게 변하든 간에 중한 우호 및 협력의 기본적인 국면은 바뀔 리가 없고 바뀌어서는 안 됩니다. 이것은 중한관계의 역사가 우리한테 알려준 중요한 시사점입니다. 우리는 한국 측과 손잡고 노력을 해서 중한 전략적 협력 동반자 관계가 부단히 앞으로 발전돼서 양국 국민에게 더 많은 혜택을 가져다 줄 수 있도록 하고자 합니다.

현재 중한 간의 고위층 왕래가 밀접하고, 실질적인 협력은 날로 심화되고 있으며, 다자적인 조율과 협력은 순조롭게 진행되고 있습니다. 특히 글로벌 경제 발전이 부진한 가운데 중한 간의 경제 무역협력은 역행해서 발전하고 있습니다."

청와대는 이 시점에서 기자단에게 면담장 퇴장을 요청했다. 하지만 양측 정상급 지도자의 대화는 계속 이어졌다.

청와대 박경미 대변인은 이날 오후 접견 결과를 다음과 같은 내용의 서면 브리핑을 통해 소개했다.

"문재인 대통령은 9일 오후 대통령 취임식 참석차 방한한 왕치산 중국 국가 부주석을 접견했습니다.

문 대통령은 지난 5년간 한중 양국이 여러 어려움 속에서 서로 긴밀히 소통하는 가운데 신뢰를 회복하고 성숙한 한중 전략적 협력 동반자 관계를 만들기 위해 적극 노력해 왔다고 평가했습니다. 이어 문 대통령은 올해 한중 수교 30주년을 맞아 양국 관계 발전의 큰 흐름이 앞으로도 계속 이어져 나가길 기대한다면서, 이를 위해 다양한 방식의 전략적 소통을 강화하고 문화·경제·환경 등 분야에서 실질협력을 확대해 나갈 필요가 있음을 강조했습니다.

문 대통령은 지난해 중국 내 한국영화 상영재개 등 양국 문화콘텐츠 교류에 진전이 이루어진 것을 평가하고, 올해가 한중 문화교류의 해인만큼 앞으로도 교류가 더욱 활성화되기를 기대했습니다.

아울러, 문 대통령은 양 국민 간 상호 이해와 우호 정서 증진은 양국 관계가 지속 발전해 나가기 위한 가장 중요한 토대로, 이를 위한 노력이 배가되기를 기대한다고 말했습니다.

한중관계는 교역량 등이 최상의 상태에 있으며, 앞으로 경제협력관계를 더욱 발전시키고 코로나로 위축된 인적·문화교류를 확대시켜 서로에 대한 이해를 높여 나가야 할 것이라고 말했습니다.

왕 부주석은 문 대통령이 화해와 협력으로 남북관계 개선에 중요한 기여를 한 것을 높이 평가하며, 중국은 한반도 비핵화를 위해 함께 힘을 기울일 것이라고 말했습니다. 이어 중국은 한국과 전략적 협력 동반자 관계로 중요한 이웃이자 오랜 친구라는 점을 강조했습니다.

한편 문 대통령은 중국이 그간 한반도의 평화·안정과 남북대화·협력을 위한 우리 정부의 노력을 지지해 준 데 대해 사의를 표하고 앞으로도 계속 건설적인 역할을 다해주기를 당부했습니다.

왕 부주석은 문재인 대통령이 한중관계 발전에 많은 기여를 해 주신 데 대해 중국을 대표하여 감사의 뜻을 표하고, 시진핑 국가 주석의 각별한 안부를 전했습니다. 아울러 중국은 한중관계가 그간의 성과를 토대로 한 차원 더 높게 발전할 수 있도록 노력해 나가겠다고 했습니다.

왕 부주석은 문 대통령 내외에게 중국에 언제든지 방문해 달라고 했으며 문 대통령은 초대에 감사의 뜻을 표했습니다.

문 대통령은 임기 마지막 공식일정으로 왕치산 부주석을 만나게 되어 뜻깊게 생각한다고 말했고 왕 부주석은 청와대 마지막 방문자가 되어 영광이라고 답했습니다."

문 대통령은 임기 마지막 날 오후 이렇게 싱가포르 대통령과 중국 국가 부주석을 만나는 것으로 공식 일정을 모두 마무리했다.

┃ 청와대 박경미 대변인 告別 브리핑 ┃

청와대 박경미 대변인이 문 대통령 임기 마지막 날 오후 5시 10분 춘추관 2층 브리핑실 연단에 섰다.

문 대통령 퇴근시간인 오후 6시를 약 50분 앞둔 시각이었다. 박경미 대변인이 춘추관 기자들에게 고별 인사말을 시작했다.

"조금 전에 싱가포르 대통령 면담 그리고 중국 국가 부주석 접견 서면브리핑을 전해드렸는데 말년 없는 청와대, 말년 없는 춘추관인 것 같습니다.

마지막으로 간단히 제 소회를 밝히면서 인사드리려고 합니다.

국민께서 허락하신 5년 임기를 마치고 이제 문재인 정부는 역사 속으로 들어갑니다. 우리 정부의 3대 위기를 흔히 '총, 균, 쇠'라고 합니다.

'총'은 북한의 핵과 미사일 위기, '균'은 코로나19 위기, '쇠'는 일본의 수출 규제 위기.

대통령이 오늘 퇴임 연설에서도 하신 말씀이죠. 문재인 정부는 위기를 극복하고, 위기를 기회로 만들며 선도국가, 또 선진국이 되었다고.

지난 시간을 되돌아보면 전 세계가 인정하는 성취의 기쁨도 있고, 역경을 이겨낸 자부심도 있었고, 또 짙은 아쉬움도 있습니다. 저도 여러분도 아무도 흔들 수 없는 나라, 위대한 국민의 나라를 만드는 역사적 현장에 함께 있었습니다.

여러분이 문재인 정부에 대해 깊은 애정을 갖고 있으면서도 때로는 청와대에 대해 비판적인 기사를 쓸 수밖에 없었던 것처럼 저 역시 브리핑에서 혹은 개별 통화에서 정제해서 말씀드릴 수밖에 없는 경우가 있었습니다. 각자에게 맡겨진 역할이었으니 너그러이 이해해 주셨으면

하는 바람입니다.

　정권 5년 동안 등판 시기에 따라서 선발투수, 중간계투, 마무리 투수라고 하죠. 대통령의 하산길에 동행하는 마무리 투수에게 안타까움은 일종의 숙명이지만 그런 만큼 의미도 큰 것 같습니다.

　차기 정부에도 대변인, 기자가 있지만 청와대와 춘추관이 사라지니 저는 마지막 청와대 대변인, 여러분은 마지막 춘추관 기자입니다. 마지막이기에 역설적으로 영원할 수 있다고 생각합니다.

　차기 정부에서 여러 상황과 국면에 부딪히게 되면 문재인 정부의 정책과 대응 그리고 대통령의 말씀이 끊임없이 소환되고 비교될 것입니다. 그 과정에서 문재인 정부는 새롭게 조명되어 재평가되고 그리고 세월이 켜켜이 쌓여가면서 문재인 대통령에 대한 그리움은 커질 것이라 생각합니다.

　오늘이 문재인 정부 5년 대장정의 마지막 페이지입니다. 문재인 정부의 진심과 노력, 국민과 맞잡은 따뜻한 손 그리고 마지막까지 혼신의 힘을 다한 대통령을 길이 기억해 주셨으면 합니다.

　문재인 정부의 시간이 저물면 에필로그가 이어질 텐데 그때 마지막 춘추관 기자로 울림이 있는 에필로그를 써주셨으면 하는 바람을 말씀드려봅니다.

　지금 작별인사를 드리지만 굽이굽이 인생길 어느 길목에선가 다시 반가운 미소로 만날 기회가 있으리라 생각합니다.

　오늘 햇살이 찬란한 눈부시게 아름다운 날인데, 여러분의 앞날도 그러하기를 바랍니다. 다들 건강 잘 챙기시고 언론인으로 건필, 건승하시기를 기원합니다. 여러분과 함께여서 행복했고, 그간 감사했습니다."

박경미 대변인의 목소리가 가늘게 떨리고 있었다.
박경미 대변인은 수학자였다. 홍익대 교수로 있다 2016년 더불어민주당 비례대표로 국회의원에 당선되며 정계에 들어갔다. 더불어민주당 대변인을 거쳐 2020년 6월 문재인 청와대에 교육비서관으로 임명됐다. 그리고 2021년 4월부터 청와대 대변인으로 1년여 동안 일했다.

기자들은 이날 청와대 마지막 대변인에게 감사의 마음을 담은 패를 전달함으로써 그동안 '마무리 투수'로서 헌신한 박경미 대변인에게 존경과 고마움을 표시했다.

박 대변인은 고별 인사후 얼마 지나지 않아 청와대 출입 기자단에게 문자 메시지를 통해 공지사항을 전달했다.

"알려드립니다. 문재인 대통령은 금일(9일) 오후 5시 20분경 유은혜 교육부총리 겸 장관, 박범계 법무부 장관, 이인영 통일부 장관 면직안 을 재가하였습니다. 청와대 대변인 박경미."

문재인 대통령이 임기 마지막 날 오후 '영원한 퇴근'을 40여 분 남겨두고 내린 결정은 유은혜, 박범계, 이인영 장관 면직안 재가였다. 이들은 모두 민주당에서 온 국무위원으로, 윤석열 정부 출범 6시간 40분을 앞두고 불사이군(不事二君)의 의리를 지켰다고 할까?

이 결정으로 윤석열 정부의 교육부 등 3개 부처는 당분간 장관이 없이 국정을 운영해야 하는 상황에 빠졌다.

| 한동훈 인사청문회 여야 대치 폭발 |

한동훈 법무부 장관 후보자와 더불어민주당은 문재인 대통령 임기 마지막 날이자 윤석열 정부 출범을 하루 앞두고 9일 국회 인사청문회 장에서 격돌했다.

'검수완박'이라는 표현과 의미를 둘러싸고 한 치 양보없이 대치한 것이다.

민주당 김종민 의원은 이날 "후보자가 인사말에서 '검수완박'이라는 용어를 굳이 쓴 것은 싸우겠다는 거죠? 인사청문회 인사말을 '한판 붙을래?' 식으로 한 후보자는 이번이 처음이다"고 했다.

그는 "이런 발언은 그쪽을 지지하는 사람들을 끌어 모을 수 있을지는 모르지만 공익의 대표자가 될 수는 없다. 국회의원으로 선수(選數)는 누릴 수 있을지 모르지만 장관, 정부를 맡을 순 없다"고 했다.

김 의원은 "검수완박이라는 표현은 사실이 아니다. 민주당 내에서도 보완수사를 박탈해서는 안 된다는 논쟁이 벌어져 많이 조정됐고 수사·기소 분리 정도로 (법안이) 통과됐다. 발언을 취소하지 않으면 청문회를 할 이유가 없다. 취소하고 사과하라"고 요구했다.

김영배 의원도 "의도적으로 검수완박 발언을 했다면 청문회를 도발하려는 것"이라며 "법무부 장관 후보자가 그렇게 전문성도 없는 이야기를 하면 어떻게 하느냐"고 공격에 가세했다.

민주당을 위장 탈당했다는 지적을 받아온 무소속 민형배 의원도 동료 의원들의 말을 받아 한마디 거들고 나섰다.

그는 "국회를 모욕하고 대의기관에 대해 함부로 대하는 태도에 대한 사과 없이는 청문회가 가능하지 않다"고 했다.

이날 청문회는 한동훈 후보자에 대한 민주당의 공세로 파행하면서 한 후보자는 오전 내내 입을 열지도 못했으나 오후들어 '역공'에 나섰다.

한 후보자는 "(검찰이 할 수 없게 된) 공직비리 수사는 단순히 6대 범죄의 '원 오브 뎀'이 아니라 전체 권력비리 수사의 입구"라며 "그 입구를 틀어막아 버리면 단지 6분의 1이 줄어드는 게 아니라 2분의 1, 4분의 3이 줄어드는 것"이라고 했다. 그러면서 "그런 점에서 보면 부패가 만연하게 될까 봐 대단히 두렵다. 결국은 국민에 대한 약탈을 가져올 것"이라고 했다.

그는 과거 '인민혁명당 사건'을 예로 들며 검수완박법에 담긴 수사 검사·기소 검사 분리 조항이 검찰 윗선의 사건 무마 수단이 될 것이라고도 했다.

한 후보자는 "정치적인 사건이 있었을 때 수사 검사가 의견을 낼 수 없다면, (검찰 수뇌부는) 원하는 기소 검사한테 맡겨 기소·불기소를 조종할 수 있다. 결국 이는 수뇌부가 마음대로 수사를 말아먹을 도구로 이용될 것"이라고 했다.

그는 검수완박에 대한 검찰의 반발과 관련 "당시에 국민들이 이 법이 진행되는 내용을 알지 못했고, 국민들은 어떤 법이 통과되는지를 몰랐기 때문에 그것을 담당하는 법조인들이 알릴 의무가 있었다고 생각한다"고 했다.

하루가 지나면 집권 여당이 되는 국민의힘 의원들은 이날 한 후보자에 대한 엄호에 나섰다.

조수진 의원은 민주당 박홍근 원내대표의 지난 3월 국회연설을 거론하며 "문재인 대통령, 이재명 전 경기지사를 지키기 위해서 검찰의 수사권을 박탈하겠다고 얘기하고 있다. 검수완박 드라이브에 들어가는 이유를 밝히고 있는 것"이라며 "특정 사람과 특정 세력을 위해 74년된 국가 형사사법 체계의 근간을 바꾼 것"이라고 민주당을 겨냥했다.

윤한홍 의원은 민주당을 향해 "검수완박이 아닌데 왜 날치기 (처리)를 했느냐"며 "한 후보자가 사과할 내용이 아니다"고 했다.

이날 인사청문회에서는 한동훈 후보자 딸의 '스펙 의혹' 등을 둘러싸고 공격하는 민주당 의원들과 방어하는 한 후보자 사이에 불꽃 튀는 신경전이 벌어졌다.

또한 부동산 관련 의혹과 고발사주 연루의혹 등을 둘러싸고 민주당은 공세를 펼쳤으나 일부 여당의원들의 부실검증과 인사검증 태도는 두고두고 웃음거리가 됐다.

┃ "문재인! 김정숙!" 연호속 43분간 惜別 ┃

9일 저녁 문재인 대통령의 마지막 퇴근길은 박수의 길, 환호의 길, 아쉬움의 길이었다.

청와대 앞길부터 분수대 광장까지 가득 메운 지지자와 시민들은 5년 임기를 무사히 마치고 퇴임하는 문 대통령과 김정숙 여사에게 감사의 박수, 변함없는 응원의 환호, 석별의 아쉬움을 보냈다.

오후 6시 문 대통령의 퇴근을 앞두고 청와대 직원들은 오후 5시 40분 본관부터 정문 입구까지 파란색과 흰색 풍선을 들고 문재인 대통령과 김정숙 여사의 퇴근을 기다렸다.

여기저기에서 '대통령님! 사랑합니다'라고 적은 플래카드가 보였다.

5시 53분. 문 대통령과 김 여사가 본관 앞에 정차한 차량에서 내리자 직원들은 "대통령님! 사랑합니다!"를 연호했다.

이날 문 대통령은 짙은 남색 정장에 푸른색 넥타이를 했고 김정숙 여사는 흰색 투피스를 입었다.

청와대 직원들을 대표해 한 직원이 꽃다발을 선사하자 본관 앞에 있던 직원들이 다시 "대통령님! 사랑합니다." "대통령님! 사랑합니다." "대통령님! 사랑합니다."를 연호했다.

문 대통령은 (박수치며 직원들을 향해) "고맙습니다."라고 답례했고, 청와대 직원들은 "건강하세요."라고 인사했다.

방정균 시민사회수석실 직원들은 "문재인! 문재인! 문재인!"을 외쳤고 다시 문 대통령은 박수를 치며 "고맙습니다."라고 고개를 숙였다. 또 환호하는 직원들에게 "네, 잘 살게요."라고 말했고, 일부 직원들은 문 대통령과 나란히 걷는 김정숙 여사를 향해 "유쾌한 정숙씨!"를 외치며 성원을 보냈다.

문 대통령은 "대통령님 사랑합니다."를 연호하며 울먹이는 한 여성 직원에게 다가가 가볍게 등을 다독였다.

두 내외의 발걸음은 직원들의 환호와, 이에 대한 답례가 이어지며 달팽이처럼 더뎠다.

청와대 본관부터 정문까지 서 있는 직원들 사이에서 "문재인! 문재인!" 등 연호가 이어졌고 이곳저곳서 '성공한 대통령 문재인'이라고 적은 플래카드들이 보였다.

문 대통령은 '최고의 대통령님은 저의 영광이었습니다', '최고의 1826일'이라고 적힌 플래카드를 들고 있는 직원들에게 인사를 했다. 김정숙 여사도 "감사합니다, 고맙습니다."라고 연거푸 고개를 숙였다.

6시. 이철희 정무수석실 직원들이 "수고하셨습니다."라고 인사하면서 잠깐 틈을 낸 문 대통령 내외와 마지막 사진촬영을 했다.

6시 3분. 문 대통령이 청와대 정문 앞에 도착해 경호처 직원들과 일일이 악수했다. 경호처 직원들은 마지막으로 문 대통령 내외에게 거수경례를 올렸다.

6시 4분. 문 대통령 내외가 정문을 나서자 직원들은 다시 "고생하셨습니다, 안녕히 가세요."라고 인사했다.

6시 6분. 청와대 본관과 마주한 경복궁 북문인 신무문(神武門) 앞에는 환송 인파로 인사인해를 이뤄 발디딜 틈이 없었다.

문재인 정부에서 초대 문화체육관광부 장관을 지낸 더불어민주당 도종환(청주 흥덕구) 의원이 인파에 섞여 애틋한 눈길로 문 대통령 내외의 마지막 퇴근을 지켜보고 있었다.

6시 7분. 정문을 나선 문 대통령 내외에게 청와대 인근 주민대표가 꽃다발을 선물했다. 이들은 시각장애인 모녀였다. 2020년 김정숙 여사가 맹학교를 방문했을 때 딸이 고교 3학년생이었고 이후 명지대 사회복지학과에 입학했다고 청와대는 전했다. 김 여사의 격려와 응원이 힘이 됐다고 한다. 모녀가 문 대통령 내외에게 꼭 감사 인사를 드리고 싶다고 해 문 대통령 내외에게 꽃다발이 전달됐다.

6시 10분. 문 대통령과 김정숙 여사가 도로에서 손을 건네는 시민들과 연이어 악수를 하며 청와대 분수대 광장쪽으로 천천히 내려갔다. 시민들이 "문재인! 문재인!"을 연호하는 소리가 북악산 아래를 가득 메웠다. 발걸음을 옮길 수 없었다.

6시 24분. 청와대 사랑채 앞 광장에 도착한 문 대통령이 환송 인파 속에 섞여 있는 더불어민주당 윤건영(서울 구로을) 의원을 발견하고 먼저 악수를 청했다. 그는 문재인 청와대에서 2018년 7월부터 1년 반 동안 국정기획상황실장으로 일했다.

이어 임종석 전 비서실장, 송영길 전 민주당 대표, 박영선 전 중소벤처기업부 장관, 강경화 전 외교부 장관 등이 나란히 서서 문 대통령과 악수를 나눴다.

6시 25분. 문 대통령은 다시 시민들과 악수를 나눈뒤 6시 28분 사랑채 앞 광장에 마련된 연단에 올랐다. 연단에 오르기 전 물을 한 모금 마시고 땀에 적은 안경을 닦았다. 뒤이어 연단에 올라선 김정숙 여사와 문 대통령은 손을 흔들며 환호하는 시민들에게 인사했다.

6시 30분. 탁현민 의전비서관이 문 대통령에게 마이크를 전했다.

"여러분, 고맙습니다. (환호 및 박수) 다시 출마할까요? (시민들, "네") 오늘 저는 업무가 끝나는 6시에 정시 퇴근을 했습니다. (환호 및 박수) 대통령으로 일하는 동안 첫 퇴근인데 동시에 마지막 퇴근이 되었습니다. 하루 근무를 마치는 퇴근이 아니라 5년 근무를 마치는 퇴근이 되었습니다. 마지막 퇴근을 하고 나니 정말 무거운 짐을 내려놓는 것 같아서 정말 홀가분합니다. 게다가 이렇게 많은 분들이 저의 퇴근을 축하해 주니 저는 정말 행복합니다. 앞으로 제 아내와 '전임 대통령으로서 정말 보기 좋구나'라는 소리를 들을 수 있도록 잘 살아보겠습니다."

얼굴에 순간 웃음과 긴장이 교차했다. 다시 문 대통령이 인사말을 이어갔다.

"여러분 덕분에 무사히 임기를 마칠 수 있었습니다. 또 여러분 덕분에 임기 중에 여러 차례 위기들이 있었지만 잘 극복할 수 있었고 위기 속에서 오히려 더 큰 도약을 이룰 수 있었습니다. 마침내 우리는 선진국이 되었고 선도국가 반열에 올라섰습니다. (환호 및 박수) 전적으로 우리 국민들 덕분입니다. 어려움을 함께해 주신, 위기를 넘을 수 있도록 해 주신 우리 국민들께 진심으로 깊은 존경과 감사의 말씀을 드립니다. (박수) 오늘로서 청와대 대통령 시대가 끝납니다. 특히 효자동, 청운동, 신교동, 부암동, 북촌, 삼청동 인근 지역의 주민들께 특별히 감사를 드리고 싶습니다. (박수) 아마 대통령이 있는 대한민국의 심장이라는, 그런 긍지와 보람을 가졌었을지는 모르지만 그러나 교통통제 때문에, 그리고 또 집회시위의 소음 때문에 불편이 많으셨을 것입니다. 역대 대통령들을 대표해서 특별히 인근 지역 주민들께 감사 말씀을 드립니다. (박수) 제가 처음 취임한 직후에 청와대 녹지원에서 '작은 음악회'를 열고 인근 지역 주민들을 모셔서 전입 신고를 했습니다. 오늘 이렇게 떠나는 인사를 드립니다. 앞으로 청와대 대통령 시대가 끝나면 우리 인근 지역 주민들의 삶이 더 행복해지기를 기원하겠습니다. 여러분, 성공한 대통령이었습니까? (시민들, "네") 감사합니다. 성공한 전임 대통령이 되도록 도와주십시오. (시민들, "네") (박수) 감사합니다. 제

아내 인사말도 한번 들을까요? (시민들, "네") 김정숙."

시민들이 "김정숙! 김정숙!"을 연호했다. 김정숙 여사가 손사래 치다 마이크를 잡았다.

"고맙습니다. (환호 및 박수) 감사합니다. 대통령님과 함께 마음 졸이며 우리나라의 발전과 세계 속에서 우뚝 서는 대한민국을 만들어 가시는 여러분들이 함께 있어서 영광이었습니다. 고맙습니다. 가정에 평화와 어린아이들이 정말로 행복하고 미래를 뛰어놀 수 있는, 미래에 대한 기대가 있는 그런 나라를 위해서 여러분 노력해 주세요. 저도 양산에 가서 노력하겠습니다. 고맙습니다." (박수)

다시 문 대통령의 마지막 인사말이 이어졌다. "오늘 이렇게 많은 분들이 함께해 주셔서 정말 감사합니다. 여러분 덕분에 행복했습니다. 사랑합니다. (박수)"

사회자의 안내로 어린이 2명이 연단에 올라 문재인 대통령에게 케이크를, 김정숙 여사에게 꽃다발을 전달하며 감사 인사를 했다. 문 대통령 내외는 어린이들과 함께 기념 촬영후 몸을 숙여 "고맙다"고 인사했다.

6시 38분. 이제 정말 떠나야 할 시간이 됐다. 문 대통령이 환호하며 손을 건네는 시민들과 일일이 눈인사와 악수를 나누며 차량으로 가는 길은 멀어 보였다. 100m 거리가 더디고 더뎠다. 석별의 순간이 영원으로 이어지고 있었다.

6시 43분. 문 대통령 내외를 태운 차량이 인파를 뚫고 서서히 움직이며 청와대, 북악산과 멀어지고 있었다.

주인공은 떠났지만 자리를 뜰 줄 모르는 환송 시민들이 광화문 방향

으로 사라져 가는 차량을 향해 파란색 풍선을 흔들며 문 대통령 내외
의 건강과 무사를 기원했다.

'그동안 고마웠습니다', '잘 가세요.' 그리고 '부디, 안녕하세요.'

용산 D+1일
(5월 10일)

윤석열 대통령이 10일 오전 11시 국회 앞 마당에서 열린 취임식 중 환호하는 지지
자들에게 손을 들어 답례하고 있다.

일일 뉴스

07:00	구름 많다가 낮부터 흐림 남해안 제주도 밤 빗방울
09:30	신규 확진 4만 9,933명, 사망 62명, 위중증 398명
11:00	제20대 윤석열 대통령 취임
15:40	국민의힘 분당갑에 안철수 공천

┃윤석열 대통령 0시 국군통수권 지휘┃

대한민국 제20대 윤석열 대통령은 10일 0시를 기점으로 5년 대통령 임기를 시작했다.

윤 대통령은 이날 서울 용산 대통령집무실 지하에 마련된 국가위기 관리센터(지하벙커) 상황실에서 국군통수권을 이양받는 것으로 공식 업무에 들어갔다.

이날 벙커에는 윤 대통령을 비롯해 김성한 국가안보실장을 포함한 새 정부의 국가안보실 관계자와 이종섭 국방부장관 후보자가 참석했다.

합참 지휘통제실에 있던 서욱 국방부 장관과 원인철 합참의장을 비롯해 육·해·공군 참모총장, 해병대사령관, 지상작전사령관, 해군작전사령관, 공군작전사령관 등은 화상으로 참석했다.

윤 대통령은 먼저 서 장관으로부터 헌법 제74조에 의거, 국군통수권을 이양받았음을 보고받았다. 이어 합참의장이 북한 군사동향과 우리 군의 대비 태세를, 각 군 총장 및 해병대사령관이 '튼튼한 국방'을 구현하기 위한 각 군의 의지를 보고했다.

국가안보실은 "윤석열 대통령은 불철주야 국토를 방위하고 국민의 생명과 재산을 보호하기 위해 헌신하고 있는 국군 장병의 노고를 치하하면서 한반도 안보상황이 엄중한 시기에 확고한 군사대비 태세를 유지해줄 것을 강조했다"고 전했다.

또한 "대통령으로서 군의 지휘권을 보장할 것이며 군은 엄정한 지휘 체계를 확립해 본연의 임무에 충실해 달라고 당부했다"고 밝혔다.

윤 대통령이 첫 업무로 군의 근무상황과 대비태세를 국가지휘통신망을 통해 가장 먼저 보고받은 것은 군 통수권을 행사한다는 의미라고 국가안보실은 설명했다.

군 통수권 인수는 국가원수로서 법적인 권한과 역할을 넘겨받는 핵심 절차다.

역대 대통령들은 통상 취임일에 대통령직인수위 사무실이나 자택에서 합참 보고를 유선상으로 받는 것으로 임기를 시작했다.

하지만 윤 대통령은 이날 '용산벙커'를 보고장으로 선택해 정권교체기 집무실 이전을 둘러싼 안보공백 우려를 불식하고, 북한의 무력시위에 따른 한반도 긴장고조 상황에 단호하게 대처하겠다는 의지를 보였다.

국가위기관리센터는 국가안전보장회의(NSC) 등이 열리는 곳으로 원래 청와대 지하벙커에 있었으나 대통령실 이전에 따라 용산 청사에 새롭게 설치됐다.

윤 대통령에 대한 의전과 경호도 이날 0시부터 국가원수로 격상됐다. 같은 시각 서울 종로 보신각에서는 임기 개시를 알리는 타종 행사가 국민대표 20명이 참가한 가운데 열려 윤석열 정부의 출범을 대내외 선포했다.

❘ 새 출발 ❘

새 날이 밝았다.

2022년 5월 10일 오전 9시 50분.

대한민국 제20대 윤석열 대통령과 부인 김건희 여사가 서울 서초구 아크로비스타 사저를 나섰다.

아파트 단지 정문 입구에는 '제20대 대통령 취임 축하, 아크로비스타 주민 일동'이라고 쓴 현수막이 바람에 춤을 췄다. '윤석열 대통령님 좋은 나라 만들어 주세요'라고 쓴 리본을 달고 있는 화환도 보였다.

이웃 주민 250여 명이 1시간 전부터 윤 대통령과 김 여사를 기다리고 있었다. 이들은 '엉덩이 탐정 아크로비스타(엉덩이 탐정 얼굴 그려져 있음)', '윤석열 김치찌개 최고', '대통령님 덕분에 행복합니다', '대통령님 사랑합니다', '대통령님 국민만 바라보세요', '계란말이 요리사!', '토리아빠 파이팅!'이라고 적은 피켓을 들고 있었다.

9시 52분. 검정색 정장에 검정색 넥타이를 맨 윤석열 대통령이 아크로비스타 출입구를 나서자 주민들이 환호하기 시작했다. 윤 대통령은 주민들과 주먹악수를 나누면서 환영인사에 답했다.

이웃 주민들은 "대통령님 사랑해요."를 연거푸 외치며 박수를 보냈고 윤 대통령은 "감사합니다."라고 인사했다. 검정색 투피스 정장을 입은 김건희 여사도 두 손을 모은채 이웃주민들에게 여러차례 목례로 축하인사에 답례를 보냈다. 일부 주민들은 "너무 예쁘다.", "너무 참하다."라고 하자 김건희 여사는 재차 목례를 했다.

9시 55분. 윤석열 대통령과 김건희 여사가 전용차량에 탑승하자 제20대 대한민국 대통령 내외를 모신 대규모 차량행렬이 경호 차량과 경찰 오토바이의 안내를 받아 서울 동작동 국립 서울현충원을 향해 서서히 움직이기 시작했다.

ㅣ 국립 서울현충원 참배 ㅣ

오전 10시 4분. 얼마전 사저를 떠난 윤석열 대통령과 김건희 여사를 태운 차량 행렬들이 경호 차량의 삼엄한 호위를 받아 국립 서울현충원 경내로 미끄러져 들어왔다.

서욱 국방부 장관과 황기철 국가보훈처장이 차량 도착지점인 현충문 계단 아래로 이동해 윤 대통령 내외를 영접했다. 대통령실의 김대기 비서실장, 김용현 경호처장, 박주선 대통령취임준비위원장이 인사를 했다.

윤석열 대통령은 검은색 정장, 흰색 셔츠에 검은색 넥타이를 했고 김건희 여사는 검정색 투피스를 입었다. 윤 대통령 내외가 흰 장갑을 끼고 맨 앞줄 가운데 도열했다.

10시 5분. 윤 대통령 내외가 일행과 함께 양쪽으로 의장대가 도열한 가운데 현충탑 쪽으로 이동을 시작했다.

집례관이 "3보 이동하시겠습니다."라고 말했다. 윤 대통령이 헌화병이 들고 있는 화환에 가볍게 양손을 대고 화환은 분향대 뒤로 이동했다.

윤 대통령이 집례관의 "분향하시겠습니다. 분향은 3번 하고 제자리에 돌아오십니다."라는 안내에 따라 분향했다. 이어 김건희 여사도 같은 순서대로 분향했다.

이어 집례관의 안내에 따라 순국선열 및 호국영령에 대한 묵념을 올리자 트럼펫 묵념곡이 현충원 일대에 울려 퍼져 갔다.

윤 대통령 내외가 현충문 방향으로 퇴장하고 윤 대통령은 현충문 밑에서 방명록을 작성했다. '순국선열의 희생과 헌신을 받들어 다시 도약하는 대한민국, 함께 잘사는 국민의 나라를 만들겠습니다. 2022. 5.10. 윤석열.'

10시 41분. 윤 대통령 내외가 귀빈실로 이동해 취임식 행사에 맞춰 옷을 갈아 있고 다시 전용차량에 올랐다.

윤 대통령은 네이비색 정장에 하늘색 넥타이, 김건희 여사는 위아래 흰색 원피스에 흰색 구두를 신고 있었다.

| 취임식 "자유", "자유", 그리고 "자유" |

오전 10시 국회의사당 앞 마당.

제20대 대통령취임식을 앞두고 식전행사의 하나로 '다시 대한민국!' 이 시작돼 장애인 하모니카 앙상블 연주, 어린이 뮤지컬 공연 '우리의 꿈을 위해', 청소년 치어리딩 공연, 청년연합 수어 뮤지컬, 청년연합 무용 등이 펼쳐졌다.

중간중간 본행사 사회를 맡은 김민재 행정안전부 의정관이 취임식 식순을 안내했다.

스크린을 통해 윤석열 대통령을 소개하는 영상이 나오자 취임식 참석자들이 환호성을 질렀다.

10시 47분. 박근혜 전 대통령이 단상 앞에 정차한 차량에서 내려 식장으로 입장했다.

10시 48분. 문재인 전 대통령 내외가 단상 앞에서 하차해 단상에 올라온뒤 국회 앞뜰에 앉아 있는 참석자들을 향해 인사를 하고 앉았다.

10시 53분. 윤석열 대통령과 김건희 여사가 국회 정문에 도착했다. 기다리고 있던 화동들이 빨간색 꽃을 윤 대통령 내외에게 전달했고 윤 대통령과 김 여사는 화동을 안고 기념사진을 촬영했다. 참석자들이 입장하는 윤 대통령 내외를 향해 일제히 박수를 보냈다.

윤 대통령 내외가 무대로 이동하는 가운데 '위풍당당 행진곡'이 연주됐고 참석자들은 '윤석열!' '윤석열!' '윤석열!'을 연호했다.

10시 59분. 윤 대통령이 단상 아래서 기다리고 있던 국민희망대표 20명과 차례로 악수한뒤 다함께 무대 위로 올라갔다. 무대 위에 앉아 있던 주요 내빈들이 큰 박수로 윤 대통령 내외를 맞이 했다.

11시 정각. 윤석열 대통령과 문재인 전 대통령이 서로 웃으면서 악수하고 인사했다. 김건희 여사도 구면인 문 대통령에게 다가가 고개를 숙여 정중하게 인사를 했다.

문 전 대통령과 김 여사는 2년 9개월 전인 2019년 7월 25일 오전 10시 30분 청와대 충무실에서 거행된 문 대통령의 윤석열 검찰총장에 대한 임명장 수여식에서 만났다.

윤 대통령은 멀리 대구 달성에서 찾아준 박근혜 전 대통령에게 다가가 인사를 했고 박근혜 전 대통령은 밝은 표정으로 축하했다.

11시 1분. 윤 대통령 내외가 단상 오른쪽 끝에서 가로지르며 주요 내빈들과 차례로 악수를 하고 목례를 이어갔다. 이어 무대 가운데 서서 국회 앞마당 쪽을 응시하며 4만 1,000여 축하객들을 향해 머리를 숙여 인사를 한후 자리에 앉았다.

이어서 개식 선언후 국민의례, 국기에 대한 경례(전준영, 김나영, 김정원, 성민정 등 4인 경례문 낭독), 애국가 제창(연광철, 레인보우 합창단), 순국선열 및 호국영령에 대한 묵념이 이어졌다.

11시 10분. 본행사 사회를 맡은 행안부 김민재 의정관의 안내로 김부겸 국무총리가 식사를 읽어 내려갔다.

"존경하는 국민 여러분, 내외 귀빈 여러분, 오늘은 대한민국 제20대 윤석열 대통령께서 취임하시는 날입니다. 대통령 취임을 진심으로 축하드립니다. 새 대통령님의 취임을 축하하기 위해 함께해 주신 모든 분들께도 깊은 감사를 드립니다.

지난 5년간의 국정을 잘 마치시고 퇴임하신 대한민국 제19대 문재인 대통령님께도 감사와 존경의 말씀을 드립니다.

새 정부는 공정과 상식, 자유와 통합의 대한민국을 열어 나간다는 웅대한 포부를 천명하고 오늘 그 첫발을 내딛습니다. 앞으로 5년 동안 윤석열 정부가 국민의 뜻을 하나로 모으고 대한민국의 무궁한 발전을 이어 나가기를 온 국민과 함께 기원합니다. 감사합니다.(박수)"

식사가 간단하게 끝났다.

사회자가 다시 마이크를 잡았다. "다음은 대통령께서 대한민국 헌법 제69조에 따라 제20대 대통령으로서 취임 선서를 하시겠습니다. 모두 자리에서 일어나 주시기 바랍니다."

11시 12분. 윤석열 대통령이 단상 앞으로 걸어 나와 오른손을 들고 선서문을 읽기 시작했다.

"선서! 나는 헌법을 준수하고, 국가를 보위하며, 조국의 평화적 통일과 국민의 자유와 복리의 증진 및 민족문화의 창달에 노력하여 대통령으로서의 직책을 성실히 수행할 것을 국민 앞에 엄숙히 선서합니다. 2022년 5월 10일 대통령 윤석열. (박수)"

취임 선서가 끝나자 무대 아래쪽에서 '윤석열 화이팅!' 하는 환호가 메아리쳤다. 윤 대통령이 선서후 좌우로 한 번씩 목례를 했다.

다시 사회자 순서다.

"내빈들께서는 자리에 앉아 주시기 바랍니다. 이어서 국방부 의장대대, 국악대대 행진과 군 통수권자이신 대통령께 대한민국의 동서남북을 지키는 전군의 군사대비태세 보고가 있겠습니다. 이후 국가원수인 대통령께 경의를 표하기 위해 스물 한 발의 예포 발사가 있겠습니다."

11시 13분. 군악대와 의장대 행진과 군사대비태세 보고, 독도 공군, 연평도 해병대, 마라도 해군, 양구 육군 순으로 각 군의 보고 영상이 이어졌다. 윤 대통령은 이에 대해 거수경례를 했다. 곧이어 스물 한

발의 예포가 차례로 하얀 포연을 하늘로 힘차게 토해내며 "쿵~. 쿵~. 쿵~."하며 연이어 발사됐다.

사회자가 다시 안내멘트를 했다. "다음은 대통령께서 국정 비전과 정책 방향을 국민께 말씀드리는 취임사를 하시겠습니다."

11시 19분. 윤 대통령이 취임사를 하기 위해 자리에서 일어나 앞으로 나가자 환호성과 박수가 다시 터졌고, 윤 대통령은 "감사합니다."라고 화답했다.

윤석열 대한민국 제20대 대통령이 취임사를 읽어 내려가기 시작했다.

"존경하고 사랑하는 국민 여러분, 750만 재외동포 여러분, 그리고 자유를 사랑하는 세계 시민 여러분.

저는 이 나라를 자유민주주의와 시장경제 체제를 기반으로 국민이 진정한 주인인 나라로 재건하고, 국제사회에서 책임과 역할을 다하는 나라로 만들어야 하는 시대적 소명을 갖고 오늘 이 자리에 섰습니다.

역사적인 자리에 함께해 주신 국민 여러분께 감사드립니다.

문재인, 박근혜 전 대통령, 그리고 할리마 야콥 싱가포르 대통령, 포스탱 아르샹쥬 투아데라 중앙아프리카공화국 대통령, 왕치산 중국 국가부주석, 메가와티 수카르노푸트리 인도네시아 전 대통령, 더글러스 엠호프 해리스 미국 부통령 부군, 조지 퓨리 캐나다 상원의장, 하야시 요시마사 일본 외무상을 비롯한 세계 각국의 경축 사절과 내외 귀빈 여러분께도 깊이 감사드립니다.

이 자리를 빌려 지난 2년간 코로나 팬데믹을 극복하는 과정에서 큰 고통을 감내해주신 국민 여러분께 경의를 표합니다. 그리고 헌신해주신 의료진 여러분께도 깊이 감사드립니다.

존경하는 국민 여러분, 세계 시민 여러분.

지금 전 세계는 팬데믹 위기, 교역 질서의 변화와 공급망의 재편, 기후 변화, 식량과 에너지 위기, 분쟁의 평화적 해결의 후퇴 등 어느 한 나라가 독자적으로, 또는 몇몇 나라만 참여해서 해결하기 어려운 난제들에 직면해 있습니다.

다양한 위기가 복합적으로 인류 사회에 어두운 그림자를 드리우고 있는 것입니다.

또한 우리나라를 비롯한 많은 나라들이 국내적으로 초저성장과 대규모 실업, 양극화의 심화와 다양한 사회적 갈등으로 인해 공동체의 결속력이 흔들리고 와해되고 있습니다.

한편, 이러한 문제들을 해결해야 하는 정치는 이른바 민주주의의 위기로 인해 제 기능을 하지 못하고 있습니다. 가장 큰 원인으로 지목되는 것이 바로 반지성주의입니다. 견해가 다른 사람들이 서로의 입장을 조정하고 타협하기 위해서는 과학과 진실이 전제되어야 합니다. 그것이 민주주의를 지탱하는 합리주의와 지성주의입니다.

국가 간, 국가 내부의 지나친 집단적 갈등에 의해 진실이 왜곡되고, 각자가 보고 듣고 싶은 사실만을 선택하거나 다수의 힘으로 상대의 의견을 억압하는 반지성주의가 민주주의를 위기에 빠뜨리고 민주주의에 대한 믿음을 해치고 있습니다. 이러한 상황이 우리가 처해있는 문제의 해결을 더 어렵게 만들고 있습니다.

그러나 우리는 할 수 있습니다. 역사를 돌이켜보면 우리 국민은 많은 위기에 처했지만 그럴 때마다 국민 모두 힘을 합쳐 지혜롭게, 또 용기있게 극복해 왔습니다.

저는 이 순간 이러한 위기를 극복하는 책임을 부여받게 된 것을 감사한 마음으로 받아들이고, 우리 위대한 국민과 함께 당당하게 헤쳐나갈 수 있다고 확신합니다. 또 세계 시민과 힘을 합쳐 국내외적인 위기와 난제들을 해결해 나갈 수 있다고 믿습니다.

존경하는 국민 여러분, 세계 시민 여러분.

저는 이 어려움을 해결해 나가기 위해 우리가 보편적 가치를 공유하는 것이 매우 중요하다고 생각합니다. 그것은 바로 '자유'입니다. 우리는 자유의 가치를 제대로, 그리고 정확하게 인식해야 합니다. 자유의 가치를 재발견해야 합니다.

인류 역사를 돌이켜보면 자유로운 정치적 권리, 자유로운 시장이 숨쉬고 있던 곳은 언제나 번영과 풍요가 꽃 피었습니다. 번영과 풍요, 경제적 성장은 바로 자유의 확대입니다. 자유는 보편적 가치입니다. 우리 사회 모든 구성원이 자유 시민이 되어야 하는 것입니다. 어떤 개인의 자유가 침해되는 것이 방치된다면 나와 우리 공동체 구성원의 자유가 위협받게 되는 것입니다.

자유는 결코 승자독식이 아닙니다. 자유 시민이 되기 위해서는 일정한 수준의 경제적 기초, 그리고 공정한 교육과 문화의 접근 기회가 보장되어야 합니다. 이런 것 없이 자유 시민이라고 할 수 없습니다. 어떤 사람의 자유가 유린되거나 자유 시민이 되는데 필요한 조건을 충족하지 못한다면 모든 자유 시민은 연대해서 도와야 합니다. 그리고 개별 국가뿐 아니라 국제적으로도 기아와 빈곤, 공권력과 군사력에 의한 불법 행위로 개인의 자유가 침해되고 자유 시민으로서의 존엄한 삶이 유지되지 않는다면 모든 세계 시민이 자유 시민으로서 연대하여 도와야 하는 것입니다. 모두가 자유 시민이 되기 위해서는 공정한 규칙을 지켜야 하고, 연대와 박애의 정신을 가져야 합니다.

존경하는 국민 여러분,

국내 문제로 눈을 돌려 제가 중요하게 생각하는 방향에 대해 한 말씀 올리겠습니다. 우리나라는 지나친 양극화와 사회 갈등이 자유와 민주주의를 위협할 뿐 아니라 사회 발전의 발목을 잡고 있습니다. 저는 이 문제를 도약과 빠른 성장을 이룩하지 않고는 해결하기 어렵다고 생각합니다.

빠른 성장 과정에서 많은 국민들이 새로운 기회를 찾을 수 있고, 사회 이동성을 제고함으로써 양극화와 갈등의 근원을 제거할 수 있습니다. 도약과 빠른 성장은 오로지 과학과 기술, 그리고 혁신에 의해서만 이뤄낼 수 있는 것입니다. 과학과 기술, 그리고 혁신은 우리의 자유민주주의를 지키고 우리의 자유를 확대하며 우리의 존엄한 삶을 지속 가능하게 할 것입니다. 과학과 기술, 그리고 혁신은 우리나라 혼자만의 노력으로는 달성하기 어렵습니다. 자유와 창의를 존중함으로써 과학 기술의 진보와 혁신을 이뤄낸 많은 나라들과 협력하고 연대해야만 합니다.

존경하는 국민 여러분, 세계 시민 여러분,
자유민주주의는 평화를 만들어내고, 평화는 자유를 지켜줍니다. 그리고 평화는 자유와 인권의 가치를 존중하는 국제사회와의 연대에 의해 보장됩니다. 일시적으로 전쟁을 회피하는 취약한 평화가 아니라 자유와 번영을 꽃피우는 지속 가능한 평화를 추구해야 합니다. 지금 전세계 어떤 곳도 자유와 평화에 대한 위협에서 자유롭지 못합니다.

지금 한반도와 동북아의 평화도 마찬가지입니다. 저는 한반도뿐 아니라 아시아와 세계의 평화를 위협하는 북한의 핵 개발에 대해서도 그 평화적 해결을 위해 대화의 문을 열어 놓겠습니다. 그리고 북한이 핵 개발을 중단하고 실질적인 비핵화로 전환한다면 국제사회와 협력하여 북한 경제와 북한 주민의 삶을 획기적으로 개선할 수 있는 담대한 계획을 준비하겠습니다. 북한의 비핵화는 한반도에 지속 가능한 평화를 가져올 뿐 아니라 아시아와 전 세계의 평화와 번영에도 크게 기여할 것입니다.

　사랑하고 존경하는 국민 여러분.
　지금 우리는 세계 10위권의 경제 대국 그룹에 들어가 있습니다. 그러므로 우리는 자유와 인권의 가치에 기반한 보편적 국제 규범을 적극 지지하고 수호하는데 글로벌 리더 국가로서의 자세를 가져야 합니다.
　우리나라뿐 아니라 세계 시민 모두의 자유와 인권을 지키고 확대하는데 더욱 주도적인 역할을 해야 합니다. 지금 국제사회도 대한민국에 더욱더 큰 역할을 기대하고 있음이 분명합니다. 지금 우리나라는 국내 문제와 국제 문제를 분리할 수 없습니다. 국제사회가 우리에게 기대하는 역할을 주도적으로 수행할 때 국내 문제도 올바른 해결 방향을 찾을 수 있는 것입니다.
　저는 자유, 인권, 공정, 연대의 가치를 기반으로 국민이 진정한 주인인 나라, 국제사회에서 책임을 다하고 존경받는 나라를 위대한 국민 여러분과 함께 반드시 만들어 나가겠습니다. 감사합니다.
2022년 5월 10일
대한민국 대통령 윤석열.”

　약 18분 동안 이어지는 취임사 중간 중간 무대 아래에서 “맞습니다.”, “옳소.”, “윤석열 대통령!” 등 환성과 박수가 이어졌다.
　윤 대통령은 취임사 종료 후 좌우로 인사 후 오른손을 번쩍 들어 다시 답례하고 가볍게 양손을 흔든 뒤 뒤로 돌아 내외빈석을 향해 다시 목례했다.
　‘위풍당당 행진곡’이 연주됐다.
　11시 37분. 청와대 개방이 선포되고 청와대 개방 영상이 상영됐다.

그리고 뒤이어 축하공연으로 남성합창단―발달장애인합창단의 합동공연인 '아리랑'과 '네순 도르마'가 이어졌다.

11시 48분. 윤 대통령이 양산 사저로 향하는 문재인 전 대통령 내외를 환송했다. 단상 가운데서 윤 대통령과 문 전 대통령이 악수하며 인사했고 윤 대통령은 단상 아래로 내려가 차량 앞에서 다시 문재인 전 대통령과 악수하고 환송했다. 윤 대통령은 김건희 여사와 문재인 전 대통령 내외가 탑승한 차량을 향해 허리를 숙여 인사를 했다.

윤 대통령은 이어 박근혜 전 대통령에게 다가가 "고맙다"고 인사하며 환송했다. 옆자리에서 김건희 여사도 고개 숙여 인사했다.

11시 53분. 윤석열 대통령과 김건희 여사가 국민들의 환호성과 박수를 받으며 국회 앞마당으로 이동해 행사 참석자들과 악수를 주고 받으며 천천히 천천히 대기중인 차량으로 이동했다.

그리고 낮 12시 차량에 올라 용산으로 출발했다.

윤 대통령은 집무실로 가기전 12시 20분 김건희 여사와 함께 용산 마을주민들이 삼각지경로당에서 마련한 환영식장을 찾아 어르신들에게 인사를 했다.

또 경로당 놀이터에서 놀고 있던 국방부 직장 어린이집 원생 20여 명과도 만나 인사를 나누고 기념사진을 찍은 뒤 도보로 새 대통령실에 12시 33분 도착했다.

｜청와대, 국민의 품으로 ｜

청와대가 국민의 품으로 돌아왔다.

윤석열 대통령 취임식에 맞춰 이날 오전 6시 30분 경호 등을 이유로 막혀 있던 청와대와 연결된 북악산 등산로가 완전 개방됐다.

오전 6시 30분 그동안 보안과 경호 등을 이유로 접근조차 금지됐던 청와대 뒤편 북악산 등산로가 먼저 문을 열었다.

청와대 출입기자들의 취재 공간이었던 춘추관 춘추문 앞에서 펼쳐진 개방행사는 삼청동 등 인근 지역주민, 문화재해설사, 자원봉사자들의 소회를 듣고 사전공연, 축시 낭독, 대북 타고(打鼓) 퍼포먼스, 춘추문 개문 등의 순으로 진행됐다.

북악산은 1968년 '김신조 사건'이후 입산이 금지됐다. 2006년이후 일부 구간이 개방됐으나 여전히 청와대와 북악산은 서로 막혀 국민의 품으로 돌아오지 못했다. 이날 54년 만에 새 길이 열리는 북악산 등산로 완전 개방은 사람과 자연, 사람과 사람 사이의 소통을 새롭게 회복하는 계기가 될 것이라는 평가가 나왔다.

오전 11시에는 청와대 정문도 국민들에게 활짝 열렸다.

개문 행사는 청와대를 국민에게 돌려드린다는 '우리의 약속'을 주제로 한 축하공연을 시작으로, '희망의 울림'을 상징하는 퍼레이드가 펼쳐졌다.

이어 대한민국 정부 수립이래 74년 만에 국민 품으로 돌아온 청와대 모습을 상징적으로 보여주기 위해 효자동 등 지역주민과 학생·소외계층 등 국민대표 74명이 정문을 통해 청와대에 동시 입장했다.

국민대표들은 봄의 약속을 상징하는 매화 꽃다발을 들고 입장해 청와대 개방 의미를 강조했다. 뒤를 이어 관람신청 사전 예약자들이 입장하면서 청와대 개방이 절정에 이르렀다.

개문 행사를 시작으로 정부 수립 74년 만에 국민 누구나 자유롭게 관람할 수 있게 된 청와대는 과거의 역사를 품은 상징적 장소이자, 국민 쉼터로 거듭날 것으로 기대됐다.

청와대 국민개방을 위해 4월 27일부터 관람 신청을 접수한 결과, 3일 만에 112만 명이 접수하는 등 국민들로부터 뜨거운 관심과 호응을 받았다.

윤석열 대통령실은 이날 "74년 만의 청와대 개방이 갖는 의미를 국민들에게 온전히 전달하기 위해 오는 22일까지 청와대 대정원 'KBS 열린 음악회' 등 다채로운 문화예술 프로그램이 펼쳐진다."고 했다.

┃ 윤석열 정부 제1호 결재 ┃

윤석열 대통령은 이날 오후 12시 33분쯤 새 대통령실로 걸어서 '첫 출근'을 했다.

윤 대통령의 첫 출근을 환영하기 위해 대통령실 직원 200여 명이 청사 현관까지 마중 나와 큰 박수를 보냈다.

윤 대통령이 인사했다.

"이른 시일 안에 우리가 일할 공간을 준비해서 오늘부터 같이 일을
시작하게 돼 아주 기쁩니다. 그동안 수고 많으셨다. 우리 국민이 다 함
께 잘 사는 이 나라를 위해 우리가 한번 신나게, 열심히 일해보자. 같
이 하실 거죠?"

대통령실 직원 200여 명이 윤 대통령의 격려와 독려에 큰 박수와 환호로 화답했다.

엘리베이터를 타고 5층 집무실에 도착한 윤 대통령은 곧바로 대통령 상징인 봉황과 무궁화가 양각으로 새겨진 책상에 앉았다.

그리고 12시 39분 업무를 시작하며 '1호 결재' 문건으로, 국회에 송부할 한덕수 총리 후보자의 임명동의안에 사인했다. 김대기 비서실장이 왼쪽에 서서 보좌했다.

집무실에는 김대기 비서실장, 김성한 국가안보실장, 김용현 경호처장, 최영범 홍보수석, 최상목 경제수석, 안상훈 사회수석, 강인선 대변인이 자리해 있었다.

이어 인사청문회를 통과한 국무위원(기획재정부, 과학기술정보통신부, 국방부, 환경부, 고용노동부, 농림축산식품부, 해양수산부 등 7곳) 임면의 건을 담은 2호 결재 문건에 사인했다.

추경호 경제부총리 겸 기획재정부 장관, 이종호 과학기술정보통신부 장관, 이종섭 국방부 장관, 한화진 환경부 장관, 이정식 고용노동부 장관, 정황근 농림축산식품부 장관, 조승환 해양수산부 장관 등 7명을 공식 임명한 것이다. 결재와 동시에 기재부 등 7개 부처 장관들의 임기가 시작됐다. 앞서 김부겸 국무총리가 이날 오전 국무위원 임명 제청권을 행사했다.

윤 대통령은 이어 사진이 첨부된 대통령실 정무직 직원들의 임명의 건, 15개 정부부처 차관 20명에 대한 임면의 건을 각각 결재했다.

12시 43분. 윤 대통령이 집무실 의자에 앉고, 그 뒤로 수석들이 서서 지켜보는 가운데 윤 대통령이 문서에 결재하는 모습을 촬영했다. 역사적인 순간이었다. 모두 웃음 가득한 환한 표정이었다.

윤 대통령이 옆 테이블로 자리 옮겨 김대기 비서실장에게 인사했다.

"고생 많으셨습니다."

"하늘에 무지개까지 떠서 대한민국이 다 잘될 거라고…."

"열심히 해야죠."

"자유를 소재로 한 취임사는 아주 좋았던 것 같습니다. 아마 예상보다 훨씬 더 박수가 많이 나온 것 같습니다."

"네. 선거 때 쉰 목이 다 낫질 않아서 목소리가 잘 나올까 했는데. 마이크가 워낙 좋아 가지고 (웃음)"

"오늘 아주 힘있게 하셨습니다."

옆에 배석했던 수석들도 모두 착석해 대화를 이어갔다.

"정무수석님이 현장에 들어와서 차를 놓치셨습니다. 저희는 대통령
님 바로 따라서 올라갔는데 3분쯤 뒤에 도착하니까 좀 기다려 달라고
말씀하셨어요." 〈최영범 홍보수석〉
"앞으로도 순방이다 뭐다할 때 놓치는 사람 가끔 나와요. (안 들림)
경호처는 냉정합니다. (웃음)" 〈김대기 비서실장〉
"(웃음) 어쩔 수 없습니다. 저희는 대통령님을 지켜야 합니다."
〈김용현 경호처장〉
"오늘 행사하시는 동안에 한강 상공과 여의도 강변에 무지개가 떠
서 시민들이 찍어서 SNS에 올리기도 하고, 이런 적이 없었죠. 날이 워
낙 좋았고요." 〈최영범 홍보수석〉
"그러니까요. 오늘 햇볕이 직사광선으로 오니까 앞을 보기가 (안 들
림) 제가 정치를 열 달을 했는데." 〈윤석열 대통령〉
"취임 연설 너무 힘있게 하시던데 코치를 받으신 거예요?"
〈강인선 대변인〉
"안 받았지 (웃음) 유세를 몇 번을 했는데." 〈윤석열 대통령〉

청와대의 집무실 퇴장 요청으로 취재기자들은 윤 대통령과 대통령
실 주요 참모들의 격의없는 대화를 더 이상 들을 수 없었다.
10여 분 가까이 대화가 더 이어진후 윤 대통령은 참모들과 오후 1시
를 전후해 늦은 점심식사를 시작했다.
이날 점심은 집무실 내 원탁 테이블에서 김대기 비서실장, 김성한
국가안보실장을 비롯해 수석비서관 등과 이뤄졌으며 점심 메뉴는 전

복죽이었다.

윤 대통령의 취임 후 첫 오찬에는 당초 김대기 비서실장, 김성한 국가안보실장 등 두 명이 참석할 예정이었으나 윤 대통령의 제안으로 김용현 경호처장, 이진복 정무수석 등 수석비서관 전원이 함께 했다.

| 미국과 일본 경축사절 접견 |

윤석열 대통령은 이날 낮 집무실에서 참모들과 오찬을 한후 곧바로 대통령 취임식 축하사절로 우리나라를 찾은 외국의 귀빈들은 접견했다.

윤 대통령은 먼저 이날 오후 1시 30분 용산 대통령실 5층 접견실에서 미국측 더글러스 엠호프 해리스 미국 부통령 부군을 만났다. 접견에는 마티 월시 노동부 장관, 아미 베라 연방하원의원, 매릴린 스트리클런드 연방하원의원, 크리스토퍼 델 코소 주한 미국대사 대리, 토드 김 법무부 환경·천연자원 담당 차관보, 마크 램버트 국무부 한일 담당 부차관보, 이민진 작가 등이 참석했다.

우리 측에서는 김성한 국가안보실장, 박진 외교부 장관 후보자, 김태효 국가안보실 1차장, 최상목 경제수석, 김일범 의전비서관, 이문희 외교비서관, 강인선 대변인이 참석했다.

윤 대통령은 먼저 접견실 테이블 옆에 마련된 '진연도' 그림 앞에서 엠호프 부통령 부군과 사진 촬영 후 악수했다. 그리고 윤 대통령과 엠호프 부통령 부군이 함께 접견실에 입장했다.

윤 대통령이 먼저 감사 인사를 했다.

"더글러스 엠호프 부통령 부군께서 축하 사절 대표단을 이끌고 방한해 주신 것에 대해서 대단히 감사합니다. 대리대사님, 장관님, 그리고 두 분 의원님, 작가님을 비롯한 대표단분들 모두 환영합니다. 미 정부, 의회, 문화계 등 각계를 대표하는 분들로 경축사절단을 파견해 주신 것에 대해 정말 고맙게 생각합니다.

70년 역사의 한미동맹은 동북아 역내 평화와 번영의 핵심축이었습니다. 우리 대한민국은 한미동맹을 기반으로 그동안 산업화와 민주화를 달성했습니다. 미국의 여러 동맹 중에서도 한미동맹은 가장 성공적인 모범 사례라고 저는 생각합니다. 우리 국민들도 한미동맹에 대해서 전폭적으로 지지를 보낼 것입니다."

더글러스 엠호프 해리스 미국 부통령 부군이 인사를 했다.

"윤석열 대통령님, 대한민국 대통령으로 취임한 것을 다시 한번 진심으로 축하드립니다. 오늘 제가 직접 취임식에 참석하게 되어 굉장히 큰 영광이었고요. 또한 함께 취임 축하 사절단을 이끌고 취임식에 참석하게 된 것에 대해 대단히 큰 영광으로 생각하고 있습니다. 특히 조금 전에 있었던 취임식이야말로 실로 대한민국 민주주의 활력과 힘을 진정으로 축하하는 자리였다고 생각합니다.

그리고 이렇게 멋진 새로운 집무실에 저희를 맞아주신 것에 대해 감사드리고, 축하한다는 말씀드리고요. 또 취임식 중간에 대통령께서 약속하신대로 청와대 개방된 모습이 굉장히 감동적이었습니다.

그래서 이게 새로운 집무실에서 맞이하는 첫 번째 미팅에 저희를 접견해 주시는 것으로 알고 있는데, 굉장히 저희가 영광이라고 생각하고 있습니다.

또한 바이든 대통령께서는 불과 10여일 뒤에 방한하셔서 대통령을 직접 만나 뵙기를 굉장히 고대하고 계신데요. 제가 알기로는 역대 새 정부 출범 후에 가장 이른 시기에 이뤄지는 한미 정상회담으로 알고 있습니다.

저희 대통령께서 직접 저에게 친서 전달을 부탁하셨는데요. 취임 축하 말씀뿐만 아니라 앞으로 5년 동안 긴밀하게 대통령과 협력을 하고 싶다는 뜻을 담은 친서입니다.”

1시 34분 윤 대통령은 바이든 미국 대통령의 친서를 전달받은 후 기념촬영을 했다.

윤 대통령과 엠호프 부통령 부군의 대화가 다시 이어졌다.

“감사합니다. 대통령께 감사 말씀 전해 주십시오.”

“네, 그리고 바이든·해리스 행정부를 대표해서 앞으로도 긴밀하게 대통령과 윤석열 행정부와 발맞춰서 더 밝은 양국 관계를 위한 공동 비전을 수립해 나가기를 기대합니다.”

“아까 말씀 주신대로 저희들 모두 오늘 이 청사에 첫 출근을 했고, 또 우리 부군께서 일행과 함께 오신 최초의 손님이십니다. 다시 한번 더 환영합니다. 정말 의미가 있는 것 같습니다. 저도 생각을 못 했는데 오늘의 우리 대한민국의 번영을 있게 만든 굳건한 한미동맹을 상징하는 우리 두 팀이 오늘 이 새 건물에서 처음 만나게 됐다는 것이 앞으로도 한미동맹의 밝은 모습의 미래를 보여주는 것 같습니다.”

윤 대통령은 미국 축하사절단을 접견하고 30분뒤인 오후 2시 같은 장소에서 일본에서 온 사절단을 맞이했다.

일본 측에서 하야시 요시마사 외무대신, 아이보시 고이치 주일 대사, 후나코시 다케히로 아시아대양주국장, 하야시 마코토 정무공사, 에사키 토모사부로 대신비서관, 오노 켄 북동아1과장 등이 참석했다.

우리 측에서는 박진 외교부 장관 후보자, 김성한 국가안보실장, 김태효 국가안보실 1차장, 이상렬 외교부 아태국장, 강인선 대변인이 참석했다.

윤 대통령은 이날 접견에 앞서 집무실 앞으로 나와 하야시 외무대신을 환영하며 악수했다.

윤 대통령은 이 자리에서 "장관님 반갑습니다. 이렇게 와주셔서 감사합니다. 사진찍으러…," 이어 악수 및 기념촬영 후 집무실로 입장했다.

하야시 외무대신이 먼저 "윤석열 대통령님 취임을 진심으로 축하드립니다. 우선 기시다 총리가 맡기신 친서를 드립니다."라고 축하인사를 했다. 친서 전달 및 기념촬영이 이어졌다.

윤 대통령의 발언이 시작됐다.

"장관님 만나 뵙게 돼서 반갑습니다. 작년 외무대신 취임이후 첫 방한이라고 알고 있습니다만 취임식에 참석해 주셔서 감사드리고 환영합니다.

어제 우리 박진 외교부 장관 내정자와 두 분께서 만찬을 하시고 막걸리도 드시고, 한일관계 발전 방향에 대해서 아주 심도 깊은 의견을 나눈 것으로 알고 있습니다. 앞으로도 두 분께서 긴밀한 소통 해주시기를 부탁드리고, 저도 들었지만 일본정계에 '곤란한 일이 있을 때는 하야시 대신' 이라는 말이 있을 정도로 여러 분야에서 중요한 조정역할을 해 오신 것으로 알고 있습니다. 앞으로 양국관계 발전에도 장관님께서 큰 역할을 해주시기를 기대하겠습니다.

기시다 총리께서 친서를 보내주신 것에 대해 감사드립니다. 지난주에는 나루히토 천황께서도 따뜻한 축하 메시지를 보내주셨는데 진심으로 감사드립니다. 저는 기시다 총리와 양국 관계개선을 위해 함께 노력해 나가기를 기대하고 있습니다. 빠른 시일 내 총리를 뵐 수 있기를 기대합니다."

이어 윤 대통령과 일본 하야시 외무대신의 발언은 대통령실 요청에 따른 기자단의 퇴장으로 더 이상 들을 수 없었다.

하지만 윤석열 정부와 기시다 정부 사이에 한일관계 개선을 위한 깊이 있는 논의가 활발하게 진행되고 있다는 점은 이날 윤 대통령과 하야시 외무대신의 발언 내용 등을 통해 추정할 수 있었다.

| 취임식 경축연회장 김부겸 총리의 失言 |

윤석열 대통령은 용산 집무실에서 미국과 일본에서 온 취임축하 사절단을 만난데 이어 오후 4시 국회에서 열린 취임 경축연회 참석을 위해 다시 여의도를 찾았다.

오후 3시 45분 국회의사당 로텐더홀. 헤드 테이블에 김한길 인수위 국민통합위원장, 박주선 취임준비위원장, 카를로스 빅토르 붕구 주한 외교단장, 안철수 대통령직인수위원장, 박지현 더불어민주당 공동비상대책위원장, 김부겸 국무총리, 박병석 국회의장, 윤석열 대통령, 김건희 여사, 김명수 대법원장, 유남석 헌법재판소장, 이준석 국민의힘 대표, 여영국 정의당 대표, 한덕수 국무총리 후보자, 김대기 대통령 비서실장 등의 순으로 이름표를 달은 좌석이 배치돼 있었다.

이날 축하 건배주는 농림축산식품부 주관 '대한민국 우리술 품평회' 입상주 등에서 선정한 6개 지역(경기, 충남, 전남, 경북, 경남, 제주 각 1종) 6종(약청주1, 과실주4, 기타주 1종) 우리 술이 준비됐다.

오후 3시 45분. 사회자인 이익선 아나운서가 축하연회를 예고했다.

"지금 아주 분위기가 좋습니다. 저는 예전에 기상캐스터를 했었는데 날씨가 하도 좋아서 말씀을 안 드리고 넘어갈 수 없습니다. 지금 기온

이 23도 정도 되는데 체감온도 19.7도 입니다. 미세먼지도 없고 기분 좋은 남풍이 약하게 불고 있습니다. 날도 참 좋은 이날, 함께 해 주신 여러분 고맙습니다. 바쁘신 중에도 새롭게 시작되는 제20대 대통령 취임을 축하해 주기 위해 경축연회에 참석해 주신 내빈 여러분께 감사의 말씀 드립니다.

먼저 4시 정각 대통령 내외분께서 입장하시게 됩니다. 이 때 내빈 여러분들께서는 큰 박수로 환영해 주시기 바랍니다. 이어 대통령 내외분과 헤드테이블 인사들이 모두 자리에 서시면 바로 건배 제의가 시작됩니다. 건배 제의 순서는 국회의장, 대법원장, 헌법재판소장, 주한외교단장, 국무총리, 중앙선관위원장 모두 여섯 분이 하시게 됩니다. 국회의장 건배사 끝난 후 "건배〜"를 선창하실 때는 내빈 여러분들 모두 잔을 들고 따라해 주시면 되겠습니다.

건배사가 모두 끝나면 대통령이 연대로 이동해 인사말씀을 하시게 됩니다. 공감이 가는 부분에서는 박수로 화답해 주시길 바랍니다. 인사말씀이 끝나면 환담시간을 가지게 됩니다. 대통령 내외분께서 여러분들 서계신 내빈석으로 이동해서 환담을 나누시게 될 겁니다. 자리에서 자연스럽게 인사와 대화를 나누시면 되겠습니다. 대통령 내외분 떠나실 때는 함께 나가시는 게 아니라 두 분이 완전히 벗어나실 때까지 행사장을 지켜주시면서 큰 박수로 환송해 주시길 부탁드리겠습니다."

4시 7분. 5부 요인이 입장한뒤 1분후 윤 대통령 내외가 초청 인사들의 박수를 받으며 입장해 주먹인사를 했다.

잠시후 윤 대통령 내외가 단상에 도착하자 사회자의 안내로 경축연회 건배제의가 이어졌다.

박병석 국회의장이 건배제의를 시작했다.

"네, 국회의장 박병석입니다. 윤석열 대통령님의 취임을 온 국민과 함께 진심을 담아 축하드리겠습니다. 앞선 열두 분의 역대 대통령과 위대한 우리 국민은 대한민국을 선진국 반열에 올려놨습니다. 윤석열 대통령께서 이런 토대를 바탕으로 다시 도약하는 대한민국, 융성하는 대한민국 국민으로 이끌어 주실 것으로 기대합니다. 국내외적으로 숱한 난제, 한반도 평화와 지속적인 번영, 국민통합과 격차해소라는 시대적 소명도 있습니다. 이런 시련과 도전을 윤 대통령께서 소통하는 리더십과 지혜로운 국정운영으로 반드시 이겨내고 역사에 성공하는 대통령으로 기록되길 기원합니다. 강조하셨던 공정과 상식을 기준으로 국민과 함께한다면 윤석열 정부의 비전인 '다시 도약하는 대한민국, 함께 잘사는 국민의 나라'를 반드시 실현시킬 수 있을 것이라 믿습니다. 열심히만 하면 내일이 오늘보다 좋아지는 세상, 인생의 실패에도 다시 딛고 일어설 수 있는 인생 패자부활전이 가능한 날, 어느 부모를 만나느냐에 따라 아이들이 달라지지 않는 나라, 남북이 평화의 강을 넘는 시대를 만들어주실 것으로 기대합니다.

국회도 이 위기의 강을 무사히 건널 수 있도록 최선을 다할 것입니다. 윤 대통령의 성공은 대한민국 성공이자 온 국민의 성공입니다. 역사에 큰 족적을 남기시길 기대합니다. 윤 대통령의 성공과 대한민국 국민의 평안을 위해 건배를 제안합니다. 건배~."

이어 김명수 대법원장의 건배제의가 이어졌다.

"반갑습니다. 대법원장입니다. 사법부 구성원과 함께 취임을 진심으로 축하드립니다. 취임사에서 말씀하신 것처럼 우리 사회는 많은 어려움과 다양한 아젠다를 가지고 있습니다. 하지만 어느 시대에서도 항상 어려움은 있었고 도전과 희생은 모두 같습니다. 취임하시면서 설계한 여러 일들이 성공적으로 결실을 맺어 다시 국민의 새로운 대한민국이 될 수 있기를 기대하겠습니다. 여러 가지 잘 살펴서 실행해 주신다면 반드시 그렇게 해내실 수 있을 것으로 믿습니다. 임기 내 아마 여러 가지 격무에 건강 유의하셔야 할 것으로 생각합니다. 가끔은 격무 중에서도 여유를 가지고 행복하고 즐거운 시간을 가지는 것도 크게 도움이 되지 않을까 생각합니다. 다시 한 번 취임 축하드립니다. 감사합니다."

다음은 유남석 헌법재판소장의 건배제의다.

"안녕하십니까. 유남석입니다. 5월 신록의 싱그러움 속에서 힘차게 출범하는 윤석열 대통령과 새 정부의 앞날에 성공을 기원합니다. 새 정부가 앞으로 우리 사회 각계각층의 의사를 합리적으로 조정하고 통합해서 함께 힘을 모아 나아가기를 바랍니다. 그래서 그동안 팬데믹과 양극화 등으로 인해서 우리 사회가 당면한 여러 문제들을 슬기롭게 잘 풀어 나가기를 바랍니다. 나아가서 우리 국민 모두가 함께 다 같이 잘 사는 나라, 그리고 그것을 토대로 세계 평화와 인류 공헌에 이바지하는 자유민주국가를 꼭 이루시기를 기원합니다. 다시 한번 윤 대통령의 취임을 축하드리면서, 우리 모두 이 좋은 날을 다 같이 즐겼으면 좋겠습니다. 감사합니다. (박수)"

이어 주한외교단장인 카를로스 빅토르 붕구 주한가봉 대사가 건배를 제의했다.

"존경하는 대한민국 윤석열 대통령님, 박병석 국회의장님, 김명수 대법원장님, 유남석 헌법재판소장님, 김부겸 국무총리님, 노정희 중앙선거관리위원장님, 국내외 귀빈 여러분, 외교사절단 여러분, 주한외교단을 대표하여 윤석열 대한민국 제20대 대통령에게 진심으로 축하의 말씀을 드립니다.

한국과 국제사회 모두 도전을 많이 앞두고 있는 현 시점에 대통령으로서 중대한 소임을 맡으신 만큼 우선 올해 호랑이해를 맞이하여 건강과 행복이 가득하시기를 기원하는 바입니다.

대통령의 새로운 지도력 하에 한국은 놀라운 경제변화를 가속시킬 것으로 확신합니다. 세계경제와 코로나 팬데믹, 또 앞으로 다가올 또 다른 팬데믹에 대한 준비, 기후위기, 세계 평화 및 안보 등 각종 국제사회 의제에 대해서 대한민국의 확고한 뜻과 의지를 재확인시켜 주실 것으로 기대가 큽니다.

지난주 한국에서 개최된 세계산림총회에서는 글로벌 기후위기 관련 시급한 현안들이 집중 논의되었습니다. 이는 한국의 의지를 재차 확인할 수 있었던 좋은 사례라고 생각합니다. 국제사회 또한 평화와 공동번영의 한반도를 위한 대한민국의 노력에 무한한 지지를 보내는 바입니다.

대통령님, 주한외교단을 대표하여 아름다운 나라 대한민국의 제20대 대통령으로서 위대한 소임을 다 이루실 수 있도록 건강한 힘, 그리고 신의 가호가 늘 함께하시기를 기원합니다. 감사합니다. (한국어로)건배. (박수)"

이번에는 김부겸 국무총리가 건배제의를 했다.

"함께 자리하신 내외 귀빈 여러분, 우리는 오늘 모두 다 대한민국 제20대 윤석열 대통령의 취임을 축하하러 이 자리에 모였습니다. 오늘 대통령께서 취임식에서 하신 연설을 통해서 우리가 그동안 그 고마움을 잠시 잊고 있었을지 모르는 민주주의, 자유, 시장경제, 평화와 같은 가치를 다시 한번 소환해 주셨습니다. 이제 공정과 상식, 그리고 자유와 통합이라는 큰 포부를 가지고 출범하는 문재인 정부가 이제 한민족의 역사를 한단계 더 도약시키기를 기대하면서 오늘 이 모임이 바로 우리들의 힘찬 출발을 다짐하는 그런 자리가 되기를 희망합니다. 대한민국과 문재인 정부의, 죄송합니다. (웃음) 제가 문재인 정부의 총리가 되다 보니까 문재인이 입에 익어서 그러니 용서하시기 바랍니다. (일동 웃음) (박수) 대한민국과 윤석열 정부의 힘찬 출발과 성공을 위하여 건배를 제의하겠습니다. 성공을 위하여. (박수)"

김부겸 국무총리가 새 대통령 취임축하 연회에서 실수를 연발했다. 김부겸은 1958년 1월생이다.

다음은 노정희 중앙선거관리위원장이 건배를 제의했다.

"존경하는 대통령님, 내외 귀빈 여러분. 제20대 대통령으로 취임하신 것을 진심으로 축하드립니다. 마침 오늘은 유권자의 날이기도 합니다. 1948년 제헌의회가 시작한 날을 기념하여 지정됐는데요. 유권자의 날에 유권자의 소중한 한 표 한 표, 그리고 소중한 바람들이 모여서 당선되신 대통령의 임기가 시작되는 것도 또 하나의 뜻깊은 일인 것 같습니다. 아주 어려운 국정과제가 산적해 있습니다만 지혜롭게 잘 해결하실 것으로 믿습니다.

새 정부의 성공을 기원하면서 마지막으로 건배제의를 하도록 하겠습니다. 제가 '새 정부의 성공' 하면 여러분께서 '국민과 함께'라고 화답해 주시면 감사하겠습니다. 새 정부의 성공. (참석자들, "국민과 함께") (박수)"

윤석열 대통령이 건배 제의에 화답하며 인사말을 했다. (참석자들은

"윤석열! 윤석열! 윤석열!"을 연호했다)

"새 정부의 출발을 축하해 주시기 위해서 우리 박병석 국회의장 님을 비롯해서 헌법기관장 님들, 그리고 우리 총리 님, 주한외교사절 여러분, 또 여야 국회의원님들과 내빈 여러분께 깊이 감사드립니다.

오늘은 새 정부가 출범하는 기쁜 날입니다만 대통령에 취임하는 저 윤석열이라는 개인의 정치적 승리의 날도 아니고, 제가 몸담고 있는 국민의힘이라는 그 정당의 승리의 날도 아닙니다. 오늘은 우리가 평화적으로 다시 한번 정권 교체를 이룩한 국민 승리의 날이고, 대한민국 민주주의가 승리한 날이라고 저는 생각합니다. (박수)

평화적 정권 교체가 거듭될수록 우리의 민주주의는 내실을 더해 가고, 우리가 안고 있는 많은 국내외적 위기와 문제들을 해결해 나갈 수 있는 역량이 축적되게 되어 있습니다. 그래서 오늘은 우리 대한민국 국민 모두와 우리의 민주주의가 승리한 날로서, 우리의 미래가 더 밝고 국민 모두와 함께 많은 문제를 해결하고 우리의 밝은 미래를 건설해 나갈 수 있는 자신감을 갖게 된 날이라고 저는 생각합니다. (박수)

저 역시도 우리 자유민주주의, 인권의 가치를 기반으로 하고 있는 대한민국 헌법을 여러 헌법기관장님들, 국민들과 함께 튼튼하게 지키고 더 발전시켜서 우리나라가 전 세계에 내로라하는 자유민주주의 인권국가로 국제사회에서 책임을 다하는 당당한 리더국가가 될 수 있도록 최선을 다하겠습니다. (박수)

오늘 이 자리에 오신 여러 내외빈 여러분께도 부탁드립니다. 도와주십시오. 함께해 주십시오. 감사합니다. (박수)"

참석자들이 다시 "윤석열! 윤석열! 윤석열!"을 연호하며 연회 분위기는 고조되어 갔다.

┃ 중국 경축사절 접견 ┃

윤석열 대통령은 국회 경축연회에 참석한뒤 다시 한강을 건너 용산 집무실로 향했다. 이날 오후 5시 30분 취임 축하차 우리나라를 찾은 중국 손님들을 접견하기로 한 것이다.

이날 중국 측에서 왕치산 중국 국가 부주석, 싱하이밍 주한중국 대사, 첸 커밍 상무부 부부장, 장 쉬 문화관광부 부부장, 우 장하오 외교부 부장조리, 수 징 부주석 비서가 참석했다.

우리 측에서는 박진 외교부 장관 후보자, 김태효 국가안보실 1차장, 이문희 외교비서관, 김일범 의전비서관 등이 배석했다.

먼저 도착한 왕치산 부주석은 방명록에 '중한우의 세대전승(중국과 한국 간 우의를 대를 이어 전승하리라) 왕치산. 2022.5.10'이라고 적었다.

윤 대통령이 접견실에 도착해 "이렇게 와주셔서 감사합니다."라며 왕치산 부주석을 맞았다. 악수후 기념촬영이 이어졌다.

윤 대통령이 모두발언을 했다.

"중국 대표단의 방한을 환영하고. 경륜이 풍부하신 왕치산 부주석님을 만나 뵙게 돼서 아주 기쁩니다. 당선된 이후에 시 주석님께서 친서도 보내주시고 직접 축하 전화도 주셨습니다. 오늘 취임식에 부주석께서 직접 와주셔서 정말 기쁘고, 한중관계를 중시하는 중국의 뜻을 잘 알겠습니다."

왕치산 부주석이 인사했다.

"우선 대통령이 바쁘신 와중에 저를 만나주신 것에 대해 감사드립니다. 대통령에 대한 시진핑 주석님의 친절한 인사와 훌륭한 축언을 먼저 전해 드리겠습니다. (친서 전달)

대통령이 당선되신 후에 시진핑 주석님께서는 축전을 대통령께 보내셔서 당선되신 것을 축하하셨고, 금방도 대통령과 통화를 하셨습니다. 이번에 시진핑 주석님은 특별히 저를 보고 시 주석님을 대표해서 대통령의 취임식에 참석해 귀국이 대통령의 리더십 하에 발전하고, 나라는 태평하고, 백성은 편안하기를 축원하라고 하셨습니다. 시진핑 주석님께서는 대통령이 양측이 편리한 시기에 중국을 방문하시는 것을 환영하고 초청합니다.

중한 양국은 서로에 있어서 우호적인 이웃이자 중요한 협력 동반자입니다. 수교 30주년 이래 양국 관계는 전면적이고 빠른 발전을 거둬 공동 이익은 갈수록 많아지고 있습니다. 현재 세계의 역경 속에서 중한 협력을 강화하는 것은 상대방에 있어서 지역, 나아가 전 세계에 있어서 중요성은 부각되고 있습니다. 중국 측은 한국 측과 전략적 협력 동반자 관계가 전진하고 부단히 더 높은 수준으로 매진할 수 있도록 함께 노력하고자 합니다.

중국 측은 앞으로 양국 관계 발전에 대해 아래와 같이 몇 가지 건의 사항이 있습니다.

첫째, 중한 간 전략적 소통을 강화하고 원활한 소통을 유지해야 합니다. 양측은 각 레벨의 대화와 교류를 활성화해 나갈 수 있습니다.

둘째는 실질적 협력을 심화시키는 것입니다. 중한 경제의 상호 보완성이 강하고 호혜 협력의 잠재력이 크며 양국 간 산업 공급망은 떼려해도 뗄 수 없는 관계를 갖고 있습니다. 작년에 양국의 교역액은 3,600억 달러를 돌파했고 누적 사업 투자액은 1,000억 달러 가까이 늘었습니다. 양측은 발전 연계를 강화하고, 중한 FTA 2단계 협상을 조속히 마무리하며 제3국 시장 협력을 강화함으로써 양국 협력을 추진할 수 있습니다.

셋째는 국민 우호를 증진시키는 것입니다. 중한 우호는 유구한 역사를 갖고 있습니다. 양측은 지리적으로 가깝고 문화적으로 상통하며, 인문적으로 친근한 장점을 충분히 발휘하고, 수교 30주년과 '중한 문화교류의 해' 개최를 계기로 양국 우호 증진 행사를 더 많이 설계하고 실시함으로써 양국 관계 발전에 지속적으로 긍정적인 에너지를 불어넣을 수 있습니다.

넷째는 다자 조율을 밀접히 하는 것입니다. 중국 측은 한국 측이 국제 및 지역문제에 대해서 더욱 큰 역할을 발휘하는 것을 기쁘게 생각하고, 한국 측과 전략적 소통을 강화해서 다자주의 및 자유무역체제 수호에 함께 노력할 것이고, 이를 통해 지역 및 글로벌 발전과 번영을 촉진하고자 합니다. 중국 측은 한국 측이 9차 중한일 정상회의를 개최하는 것을 존중하고 한국 측과 함께 중한일+X 협력을 추진하고, 중한일 FTA의 조속한 구축을 함께, 함께 추진하고자 합니다.

다섯째는 한반도 문제에 대한 저희와의 협력을 강화하고 민감한 문제를 타당히 처리하는 것입니다. 중국 측은 한반도 남북 양측이 관계를 개선하고 화해와 협력을 추진하는 것을 진정으로 지지하고, 소통을 강화해서 한반도 비핵화 및 항구적인 평화를 추진하고자 합니다."

왕치산 부주석 발언에 대한 윤 대통령의 답변은 들을 수 없었다. 중국은 윤석열 정부 탄생을 계기로 한미, 한일, 한미일 관계의 강화와 한중관계의 변화 가능성에 민감하게 반응하고 있었다.

| 외빈초청 만찬 |

취임 첫날 숨가쁘게 돌아가던 윤석열 대통령의 10일 공식 일정도 마무리되고 있었다.

윤 대통령과 김건희 여사는 이날 오후 7시 윤 대통령 취임 축하차 한국을 방문한 정상급 외빈초청 만찬을 서울 신라호텔 다이너스티홀에서 개최했다.

이날 참석자는 정계에서 김부겸 국무총리, 한덕수 국무총리 후보자, 박진 외교부 장관 후보자, 이준석 국민의힘 당대표, 정진석·권영세·조태용·한기호·성일종·서일준·배현진·이철규·정희용·박성민 국민의힘 의원, 안철수 전 인수위원장, 김한길 전 인수위 국민통합위원장, 김병준 전 인수위 지역균형발전특별위원장, 박주선 전 취임준비위원장, 윤호중·박지현 더불어민주당 비상대책위원장 등이 참석했다.

재계에서는 이재용 삼성전자 부회장, 최태원 대한상공회의소 회장(SK회장), 허창수 전경련 회장, 김기문 중소기업중앙회장 등이 같이 했다.

만찬장은 열자리로 마련된 헤드테이블과 대형 원탁을 포함해 총 20개 테이블이 배치됐다.

헤드테이블을 제외한 다른 테이블은 일곱석으로 마련했고 각 테이블마다 통역이 두명씩 배치됐다.

헤드테이블에는 윤 대통령을 기준으로 시계 방향으로 김건희 여사, 메가와티 수카르노푸트리 인도네시아 전 대통령, 포스탱 아르샹쥬 투아데라 중앙아프리카공화국 대통령, 할리마 야콥 싱가포르 대통령 부군, 하토야마 유키오 전 일본 총리 부인, 더글러스 엠호프 해리스 미국 부통령 부군, 하토야마 유키오 전 일본 총리, 할리마 야콥 싱가포르 대통령, 박진 외교부 장관 후보자 순으로 자리가 배치됐다.

1번 테이블에는 박병석 국회의장, 이재용 삼성전자 부회장, 이준석 국민의힘 당대표, 허창수 전경련 회장 등이 착석해 있었다. 2번 테이블에는 김명수 대법원장, 윤호중 민주당 비상대책위원장, 최태원 회장, 마티 월시 미국 노동부 장관, 칼둔 UAE 아부다비 행정청장, 베트남 N&G 그룹 회장 등 착석했다.

만찬 메뉴는 국산 재료를 이용한 퓨전한식으로 주전부리(궁중다식, 자연건조한 연근칩 및 고구마칩, 천안 호두정과), 캐비어를 곁들인 완도 전복버섯편과 금산 인삼 크림 조림, 구례 보리순을 넣은 가평 잣죽, 게살과 여러 채소의 통영 도미 어만두가 준비됐다.

오후 7시. 윤 대통령 내외가 신라호텔에 도착해 곧바로 만찬장 외부 접견 공간(배경막에 '다시, 대한민국! 새로운 국민의 나라') 앞에서 외빈들을 악수로 맞이했다.

외빈들은 일렬로 입장하면서 악수 후 차례로 만찬장으로 입장했다.

7시 30분. 팡파르와 함께 윤 대통령 내외 등 헤드테이블 참석자들이 만찬장으로 입장했다. 김건희 여사는 베이지톤 원피스를 입었다.

7시 33분. 사회자인 김연주 대통령취임준비위원회 대변인이 자기소개 후 국민의례를 했다. 이 자리에서 박애리 명창이 애국가를 국방부 군악대와 중앙국악관현악단의 반주에 맞춰 불렀다.

윤석열 대통령의 인사말이 이어졌다.

"존경하는 할리마 야콥 싱가포르 대통령 내외분, 포스탱 아르샹쥬 투아데라 중앙아프리카공화국 대통령님, 메가와티 수카르노푸트리 전 인도네시아 대통령님, 더글러스 엠호프 해리스 미국 부통령 부군님, 하토야마 유키오 전 일본 총리 내외분, 각국 대표단, 그리고 귀빈 여러분, 귀한 걸음해 주셔서 진심으로 감사드립니다. 대한민국의 번영과 발전을 위해 늘 지지해 주시고 성원해 주시는 여러분이 계셔서 오늘의 이 자리가 더욱 빛나는 것입니다. 거듭 거듭 감사드립니다.

세계는 지금 여러 도전과 위기에 직면해 있고, 이러한 상황의 해결은 어느 한 국가의 힘만으로는 어렵습니다. 국제사회의 연대와 책임이 그 어느 때보다 중요합니다. 우리는 국제사회가 기대하는 역할을 주도적으로 수행해 나갈 것입니다. 그것이 인류의 번영을 위한 길이고, 또 우리 대한민국의 국익에도 부합하는 길이라고 믿습니다.

내외 귀빈 여러분, 새 정부는 자유, 평화, 번영에 기여하고, 튼튼한 안보, 당당한 외교를 표방할 것입니다. 또 이를 위해 한미 간에도 포괄적 전략 동맹을 강화해 나갈 것입니다. 첨단기술, 공급망, 보건 같은 글로벌 현안에서 더욱 실천적인 협력을 강구해 나갈 것입니다. 이달 말로 예정된 바이든 대통령의 방한은 새로운 글로벌 전략 공조의 첫 걸음이 될 것이라 기대합니다.

가까운 이웃 일본과는 미래 지향적인 협력 관계를 구축해 나가겠습니다. 중국은 한국의 가까운 이웃입니다. 올해 한중 수교 30년을 맞아 상호 존중의 정신을 바탕으로 실질적이고 효과적인 협력을 모색해 나가겠습니다.

유럽 국가들과는 가치와 규범에 바탕을 둔 국제질서를 확립해 나가겠습니다. 아세안 국가들과는 상생 공영의 협력 관계를 구축할 것입니다. 중앙아시아, 아프리카, 중동, 중남미 지역별로 특화된 맞춤형 협력 네트워크를 구축해 나가겠습니다.

내외 귀빈 여러분, 우리는 경제와 안보가 하나된 경제안보의 시대에 살고 있습니다. 더욱 자유롭고 개방된 글로벌 경제안보 질서를 만드는 데 앞장서겠습니다. 자유와 인권의 가치에 기반한 보편적 국제 규범을 적극 지지하고 수호하는 데 글로벌 리더 국가로서의 책임을 다하겠습니다.

뜻깊은 자리에 함께해 주신 여러분께 다시 한번 감사드리고, 앞으로도 대한민국에 많은 관심과 성원 부탁드립니다. 인류 번영에 기여하는 새로운 대한민국을 위해 건배를 제의합니다. (박수)

'자유와 평화와 번영을 위하여' 하면 '위하여' 해 주시기를 부탁드리겠습니다. (일동 웃음) 우리 온 세계 인류의 자유와 평화와 번영을 위하여! (참석자들, "위하여") (참석자들 건배)"

7시 45분. 윤 대통령이 인사말에 이어 헤드 테이블을 돌며 참석자들과 잔을 부딪히고 덕담을 교환하며 취임축하 인사에 화답했다.

┃ 문재인 前 대통령의 귀거래사 ┃

문재인 전 대통령은 10일 사저가 있는 경남 양산 하북면의 평산마을에서 첫 날 밤을 맞았다.

문 전 대통령과 김정숙 여사는 이날 오전 11시 국회에서 열린 윤석열 대통령 취임식에 참석해 축하인사를 했다. 이어 윤 대통령과 김건희 여사의 배웅을 받으며 국회를 떠나 낮 12시쯤 서울역에 도착했다.

지지자 1천여 명이 '넌 나의 영원한 슈퍼스타' 등의 문구가 적힌 손팻말을 들고 환송했다.

임종석·유영민 전 비서실장 등 청와대 전직 참모들과 김태년·홍영표·진성준 등 더불어민주당 국회의원들도 도착해 있었다.

문 전 대통령은 손을 들어 답례하고 인사했다. "대통령이 될 때 약속드린 것처럼 원래 우리가 있었던 시골로 돌아갑니다. 저는 해방됐습니다. 뉴스 안 보는 것만 해도 어디인가요."라고 했다.

대통령 전용열차인 KTX 특별동차가 대기중인 서울역 플랫폼에는 민주당 송영길 서울시장 후보와 정의용 외교부 장관이 기다리고 있었다. 문 전 대통령을 모신 열차가 12시 20분 서울역을 천천히 빠져나갔다.

문 전 대통령과 김 여사는 열차 안을 돌며 동승자들에게 일일이 감사 인사를 하고 일부와는 기념사진을 촬영하기도 했다. 충북지사 선거전에 나간 노영민 전 비서실장이 보였다.

KTX 열차는 2시간 남짓 달려 울산 통도사역에 도착했다.

통도사역 역사에도 1천여 명의 지지자들이 파란색 풍선 등을 흔들며 문 전 대통령과 김정숙 여사의 귀향을 반겼다.

문 전 대통령이 환영에 대한 인사말을 했다. "이제야 무사히 잘 끝냈다는 것을 실감합니다. 약속드린 대로, 빈손으로 갔다가 빈손으로 돌아왔지만 훨씬 부유해졌습니다. 나이도 더 먹었고, 제가 살 집은 마당도 넉넉하고 텃밭도 넓습니다. 반려견 5마리, 반려고양이 1마리를 잘 돌보고, 농사도 열심히 짓고, 마실도 다니며 아름답게 잘 살아보겠습니다."

김 여사는 "김정숙!", "김정숙!"을 연호하는 지지자들을 향해 손하트를 만들어 답례했다.

문 전 대통령과 김정숙 여사는 곧바로 차량에 올라 오후 2시 50분쯤 평산마을 마을회관 앞에 도착했다.

하북면장을 비롯해 동네 어르신들이 문 전 대통령 내외를 맞이했다.

문 전 대통령이 인사말을 했다. "드디어 제 집으로 돌아왔습니다. 제 집으로 돌아오니 '이제야 무사히 다 끝냈구나' 하는 안도감이 듭니다. 내려오는 기차간에서 제가 살 집 위로 햇무리가 뜬 사진을 봤습니다. 저를 축하해주는 것이었고 여러분 모두를 환영해주는 것이라고 생각합니다. 이제 주민들과 농사도 짓고, 막걸리도 한잔 나누고, 경로당도 방문하고 잘 어울려 살아보겠습니다."

동네 어르신들에게 인사말을 마친 문 전 대통령은 김일권 양산시장 등과 400m 가량을 걸어 사저로 향했다. 이날 귀향에는 앞으로 문 전 대통령 내외를 옆에서 도와줄 오종식 전 기획비서관이 동행했다.

자유인 문재인과 김정숙의 귀거래사가 시작되고 있었다.

후기: 왕들의 무덤, 청와대

서울시 종로구 청와대로 1.

청와대는 이제 문화해설사와 동행하는 역사기행 1번지가 됐다.

청와대를 거쳐간 역대 대통령들은 집권과정과 재임 중 공(功)과 과(過)가 있다. 하지만 당대 최고의 국정책임자로서 성공한 한국 현대사에 일정 부분 기여했다. 그 총합이 세계 10대 경제강국, 문화대국, 선진 자유민주주의 국가인 오늘의 대한민국이다.

반면 그림자도 짙게 드리워져 있다.

박정희 대통령은 1979년 10월 부하의 총격으로 쓰러졌다. 최규하는 신군부의 무력 앞에 대통령직을 내놔야 했다. 전두환, 노태우 대통령은 퇴임후 백담사와 감옥을 전전하다 앞서거니 뒤서거니 외롭게 숨졌다. 노무현 대통령은 임기가 끝난뒤 2009년 5월 스스로 목숨을 끊었다. 이명박 대통령은 수감중이다. 박근혜 대통령은 탄핵후 감옥에 있다 사면됐다. 문재인 대통령은 자연인으로 돌아갔다. 하지만 집권과정과 재임중 정치 스캔들과 관련해 참모들이 수감중이거나 검찰 수사를 받고 있다.

왜, 청와대는 '왕들의 무덤'이 됐을까. 왜 성공한 대통령은 없을까.

우리 국민들은 5년마다 민주주의의 꽃이라는 선거를 통해 결과적으로 제왕적 대통령을 뽑았다.

역대 대통령들은 한 인간으로서 과거의 포로거나 과거의 죄수였다. 문재인 대통령의 많은 생각들은 2009년 5월 23일 언저리를 서성이는 것처럼 보였다. 친구이자 동지인 노무현 대통령이 스스로 목숨을 끊은 날이다.

박근혜 대통령은 1979년 10월 26일 주위를 맴도는 것처럼 느껴졌다. 아버지 박정희 대통령이 신복의 총격으로 쓰러진 날이다.

문재인 대통령은 취임후 퇴임하는 순간까지 5년 내내 '검찰개혁'을 외쳤다. 검찰개혁의 당위성과 필요성 때문으로 보였다. 하지만 노무현 죽음과는 아무런 상관이 없다고 할 수 있을까? 문 대통령 재임중 구속 수감된 이명박 대통령의 긴 수감생활은 단지 이 대통령의 범죄사실 때문만일까?

2009년 5월 29일 경복궁 앞뜰 노무현 대통령 국민장.

영결식에는 이명박 대통령을 비롯한 김대중, 김영삼 전 대통령 등 장의위원 200여 명이 참석했다. 공동 장의위원장을 맡은 한명숙 전 국무총리와 한승수 국무총리가 추도사를 읽어 내려갔다. 기독교, 천주교, 불교, 원불교 순으로 종교의식도 있었다. 천주교 의식은 노무현과 문재인 대통령의 멘토로 알려진 송기인 신부가 집전했다. 뒤이어 헌화가 이어졌다.

이명박 대통령이 고 노무현 대통령 영정 앞으로 걸어나가 헌화를 하려는 순간, 민주당 백원우 의원이 자리를 박차고 일어나 앞으로 나오며 "어디서 분향을 해? 이명박!!"이라고 소리를 질렀다. 반사적으로 이 대통령과 김윤옥 여사가 백 의원을 향해 고개를 돌렸다. 동시에 청와대 경호원들이 백 의원에게 달려들어 입을 틀어막고 장례식장에서 끌고 나갔다. 국민장 분위기는 하루종일 전국적으로 폭발 직전의 긴장이 팽팽했다.

2017년 5월.

문재인 대통령은 집권하자마자 청와대 민정비서관에 백원우 전 의원을 기용했다. 제17대와 제18대 국회의원을 지낸 재선의 정치인이 민정비서관으로 발탁되자 인사 의도와 향후 그의 역할이 관심을 모았다. 그리고 10개월 뒤인 2018년 3월 22일 이명박 대통령이 뇌물수수와 배임, 횡령 및 직권남용 등의 혐의로 구속됐다. 헌정사상 4번째 전직 대통령 구속이다. 이명박은 이날 자정을 조금 남기고 영장이 집행돼 3월 23일 0시 18분 서울 동부구치소 12층에 수감됐다. 백원우는 그리고 2019년 1월 청와대를 나갔다. 이명박과 백원우, 백원우와 이명박의 악연은 우연일까. 필연일까.

검수완박. 검찰 수사권 완전 박탈?

문재인 대통령은 퇴임을 일주일 여 남겨둔 2022년 5월 3일 오후 2시 재임중 마지막 국무회의를 주재했다. 그리고 검찰 수사권을 완전 박탈하는 검찰청법과 형사소송법 개정안을 공포했다. 막강 167석을 '전가(傳家)의 보도(寶刀)'처럼 휘둘러온 더불어민주당은 국민 다수가 반대하는 검수완박 법안을 다양한 전략과 전술을 동원해 가결 처리했다. 민주당 안팎에서는 "검수완박이 입법화되지 않으면 문재인 청와대 사람들 20명은 감옥에 간다"는 이야기가 공공연하게 나돌았다. 천기(天機)는 누설(漏洩)됐다. 야권은 물론 여권에서도 검수완박은 문재인과 이재명 지키기 법안이라는 소리도 있었다. 제2, 제3의 노무현을 막기 위한 검수완박이라는 얘기로 들렸다.

박근혜 대통령 시절 발탁된 인사 중에는 박정희 유신정부에서 일했던 인물들이 유독 많았다.

김기춘 비서실장은 박정희 정부에서 서울중앙지검 검사와 중앙정보부 대공수사국 부장 등을 역임했다. 그는 2013년 8월 박근혜 청와대 비서실장을 맡은후 춘추관을 찾았다. 소감을 묻는 기자에게 "어르신을 잘 보필하겠다"고 했다. 그 순간, 기자의 머리를 스친 단어는 '근왕(勤王)'. 임금이나 왕실을 위하여 충성을 다함.

공직(Public Service)을 맡은 공인이 아니라 왕과 신하의 주종관계라는 생각도 들었다. 그뒤 김기춘 비서실장은 2015년 2월 청와대를 떠날 때까지 박근혜 대통령을 왕(王)처럼, 주군(主君)의 공주(公主)처럼 모신다는 생각을 했다. 제왕적 대통령제에서 공직 시스템은 주종관계의 사적 시스템으로 전락했다. 대통령의 실패와 청와대의 실패는 예고된 참사였다.

박근혜 청와대의 또 다른 비서실장인 이원종 전 충북지사도 공직 인생 초반을 박정희 대통령과 같이 한 인물이다. 1966년 행정고시(제4회)에 합격해 유신정부에서 다양한 공직 경험을 축적했다. 그리고 격동의 세월이던 1980년을 전후해 청와대 내무행정비서관도 역임했다. 이 비서실장은 박근혜 정부 출범후 대통령직속 지역발전위원장을 역임하고 2016년 5월 비서실장에 발탁됐다. 하지만 박근혜-최순실 국정농단 사건이 불거져 거대한 파도가 서서히 청와대를 덮쳐오자 같은 해 10월 인사에서 6개월만에 청와대를 떠났다. 이 비서실장은 공직의 달인답게 조용하게 청와대 안팎을 성실하게 챙겼다. 하지만 박근혜 대통령을 가운데 두고 주위를 맴도는 십상시(十常侍)라는 측근 세력의 공고한 벽을 넘지는 못해 보였다.

취임후 박근혜 대통령이 2013년 봄 춘추관 기자실을 찾았다. 악수를 나누는데 대다수 정치인들과 달리 손끝을 가볍게 맞잡고 악수를 했던 기억이 있다. 선거 기간 중 악수를 너무 많이 해 손이 부었다는 얘기를 들은 적이 있어 그러려니 했다. 하지만 한편으론 중세시대 여왕이나 왕비가 기사에게 손등에 키스를 허락하는 영화 속 한 장면이 떠올랐다. 대통령과 언론의 수평적 만남이 아니라 왕의 성은(聖恩)을 입는 의례처럼 여겨졌다. 박근혜는 유신정권의 공주이자 과거의 포로라는 평가가 나왔다.

이명박 대통령은 임기 중 '얼리버드'로 알려진 것처럼 매사 열정적으로 일했다. 2009년 9월 11일 홍천 제11기계화 보병사단 신병교육대를 방문해 훈련 3주차 훈련병들을 격려했다.

신교대 체력단련장, 노래방, 생활관 등을 차례로 둘러본 뒤 이날 오전 입교해 관물대 정리 요령을 교육받고 있던 훈련생들과 일일이 악수하며 "건강하게 군복무를 잘 해달라"고 당부했다. 또 각개전투 훈련장을 찾아 훈련병들에게 준비해 간 간식을 전달했다. 손자같은 훈련병들은 이 대통령을 가운데 두고 타원형으로 둘러 앉아 대통령과 대화를 나눴다. 그리고 얼마후 간식으로 준비한 빵을 주는 시간이 됐다. 이 대통령은 저 앞에 앉아 있던 어린 병사들에게 빵을 던져줬다.

이듬해. 이 대통령은 춘추관 기자들과 청와대 뒷산인 북악산을 등반했다. 그리고 산위에서 잠시 휴식을 취하며 갈증을 푸는 시간이 됐다. 이 대통령은 직원들이 준비한 간식을 기자들에게 나눠줬다. 역시나 다시 던져줬다. 그 간식을 받아 먹지 않았던 기억이 있다.

두 가지 일을 겪으며 이 대통령의 이같은 행동 패턴은 어디에서 나왔을까 생각해 봤다. 건설사 현장소장 등을 두루 거치며 현장 노동자들과 어울리며 몸에 밴 경험의 유산이라는 결론을 내렸다. 대통령도 다른 사람처럼 축적된 행동이 습관으로 굳어진 결과였다.

누구나 과거로부터 자유로울 수 없다. 그런 점에서 한 인간으로서 대통령도 '과거의 포로', '과거의 죄수'로 전락하는 순간 국정은 왜곡되거나 파국에 직면할 수도 있다는 생각을 한다.

성공신화의 부메랑도 대통령을 실패의 길로 인도했다.

현대건설의 신화, 청계천의 신화는 이명박 대통령에게 과도한 자기 확신과 거침없는 일방통행식 국정운영의 단초가 된 것은 아닐까.

이명박 대통령은 경제인, 기업가 출신답게 매사 사안의 본질을 관통하는 능력이 있었다. 그리고 설득해야 할 상대방의 마음을 사로잡는 힘도 뛰어났다.

2011년 7월. 이명박 대통령과 함께 공군1호기를 타고 IOC 총회가 열리는 남아프리카공화국 더반을 찾았다. 총회 개막에 앞서 이 대통령은 IOC 위원 한 명 한 명에게 직접 맞춤형 손편지를 보냈다. 또 총회 참석을 위해 더반을 찾은 IOC 위원들을 따로 한 명씩 만나 평창동계올림픽 개최의 당위성을 홍보하고 지지를 당부했다. 그리고 마침내 노무현 대통령이 유치에 실패했던 2018년 동계올림픽 평창 유치를 성공시켰다. 목표 달성을 위한 승부사 기질과 디테일한 비즈니스 능력이 빛을 발하는 순간이었다.

이 대통령은 하지만 기업과 국가, 비지니스와 국정을 혼동한다는 평가를 받았다. 시장경제를 신봉한 나머지 경쟁에서 밀려 나가거나 소외된 사람들에 대한 배려는 부족해 보였다. 치열한 경쟁을 극복하고 연전연승한 사람답게 자신감은 늘 넘쳤지만 뒤쳐져 있는 사람들을 돌아보지 않았다. '야망의 세월' 주인공처럼 기업가로서 큰 성공을 성취하고 서울시장으로 재직하며 창조한 '청계천 신화'에 힘 입어 거둔 2007년 압도적인 대선 승리는 어쩌면 그에게 독이 됐다.

2010년 봄 청와대 녹지원 기자단 및 가족초청 행사.

헤드 테이블에 앉았던 필자를 비롯해 기자단 대표들은 이명박 대통령과 현안을 놓고 대화를 이어갔다. 이 대통령은 대화 중 4대강 사업에 대한 시중의 반대 목소리를 거론했다. 그리고 인천국제공항 건설 당시에도 야당과 시민단체들은 공항을 지으면 공항이 바다 밑으로 가라 앉는다는 터무니 없는 주장과 시위를 했다고 했다. 하지만 오늘날 인천국제공항은 세계 제1의 국제 관문으로 우뚝 섰다고 말하며 웃었다. 또 광우병 시위에 나섰던 전 정부 모 장관은 얼마전 미국으로 건너가 미국산 소고기로 요리한 스테이크를 잘 먹고 왔다고 전했다. 그러면서 4대강은 야당과 시민단체의 반대가 있지만 결국은 물과 환경을 지켜낸 녹색성장의 대표 브랜드로 역사에 기록될 것이라고 했다. 얘기를 들으며 수긍하면서도 자기 확신과 자신감이 넘쳐 국정에서 반드시 필요한 반대세력과의 소통과 설득 노력은 부족하다는 인상을 받았다.

대통령도 한 인간인 이상 과거로부터 자유롭지 못하고, 잊을 수 없는 아픈 과거는 앞으로 나가는 발목을 잡기도 한다. 동시에 화려했던 과거는 대통령이 되는 순간 영웅담이 신화가 되고 미신이 된다. 결국 참모와의 정상적인 소통을 막고 일방통행의 고속도로만 깔아준다. 불통. 우리나라 대통령을 망친 이유 중 하나다.

망가진 참모 기능과 고장난 공직 시스템도 실패한 대통령을 만들었다.

수직적 국정운영 시스템과 만기친람, 무소불위의 제왕적 통치구조는 청와대를 왕들의 공동묘지로 만들어 갔다.

문재인 정부는 '청와대 정부'였다. 국무회의에 청와대 비서실장을 비롯한 수석비서관과 보좌관들이 모두 배석해 국무회의를 지켜봤다. 매주 월요일 오후 2시 여민관에서 열리는 문 대통령 주재 수석보좌관 회의가 더 주목을 받았다. 부처 장관들은 매사 청와대 방향으로 안테나를 세워 기류를 살펴야 했고, 사람 한 사람도 청와대의 오케이가 떨어져야 쓸 수 있었다.

2021년 하반기. 코로나 상황에서 한 장관으로부터 전화를 받았다.

사흘 앞으로 다가온 만찬 약속을 다음으로 연기하자는 요청이었다. 왜요? 청와대가 장관들의 사적모임 금지령을 내렸다는 설명이었다. 청와대 한 마디에 장관들은 밥자리도 한 번 편하게 가질 수 없었다.

2020년 5월. 문재인 청와대 전직 비서관의 전언이다. 친문 인사이자 대선 공신으로 청와대 비서관이 됐는데 정부산하 공공기관에서 사람 하나 마음대로 갔다 쓸 수 없었다고 토로했다. 왜요? 인사기준이 대선당시 기여도였다고 했다. 공직 후보자가 가진 해당 분야의 전문성이나 능력보다 정권에 대한 충성도가 최고의 인선기준이었다.

청와대 민정수석실은 권력기관의 정보를 틀어쥐고 인사검증과 공직기강을 무기로 공조직을 통제하고 민간 영역까지 영향을 미쳤다. 1980년 전두환 군사독재정권이 국정 운영의 '키 스테이션'으로 만든 무소불위의 민정수석이 김대중, 노무현, 문재인 정부까지 이어졌다.

박근혜 정권이 서서히 흔들리기 시작하던 2016년 7월 무렵. 우병우 민정수석이 처음이자 마지막으로 청와대 춘추관을 찾았다. 그리고 처가 부동산 매각과 관련해 자신에게 제기된 의혹은 사실이 아니라며 기자들이 빙둘러 앉아 있는 티-테이블을 서류뭉치로 내리쳤다. 언론을 윽박지른다는 생각이 들었다. 나는 새도 떨어 뜨리는 권력자의 힘은 공조직은 물론 언론도 사시나무처럼 떨게 했다. 그랬던 절대권력의 종말은 박근혜 탄핵이었다.

문재인 청와대에서 조국 민정수석이 2018년 3월 기자들 앞에 들고나와 흔들던 문재인 정부 개헌안도 '청와대 정부'의 상징적 모습이다.

당시 김동철 바른미래당 원내대표는 대통령 개인 비서에 불과한 민정수석 주도로 이벤트하듯 개헌안 주요 내용을 발표하는 것은 국민에 대한 우롱이고 야당을 무시하는 제왕적 대통령의 폐해라고 했다.

나경원 자유한국당 의원도 라디오 방송에 나와 일방적으로 발의된 대통령 개헌안은 국회에서 통과되기 어렵다. 이는 선거용 개헌이자 압

박용 개헌 발의다. 형식도 조국 민정수석이 발표했다. 이게 바로 제왕적 대통령제를 보여주는 것이라고 했다.

채찍이 권력의 힘이라면 정무직 자리는 권력의 당근이었다.

청와대가 장관 등 고위 정무직 후보에게 임명장을 전달하는 날이면 장관들의 머리는 대통령 앞에서 90도로 꺾어졌다. 코는 땅에 처박았다. 임명장 수여후 열리는 환담장은 공직을 맡은데 대한 무거운 책임감보다 임명권자에 대한 개인적인 감사인사가 앞섰다. 공(公)은 없고 사(私)만 있었다. 공직 위임이라는 공적관계가 아니라 충성에 대한 댓가로 엮인 사적관계, 주종관계로 읽혔다. 공직의 무게를 충분히 인식하고 자신의 사명감을 대통령 앞에서 소신껏 밝혔던 공직자 중 한 명으로 윤석열 검찰총장을 기억한다.

2019년 7월 25일 10:40 청와대 인왕실. 임명권자의 당부 발언에 대한 윤 검찰총장의 답변은 이랬다. "저도 그렇고 주변 분들도 그렇고 지내온 것보다 더 어려운 일들이 많이 놓일 거라고 말씀하시지만 원칙에 입각해서, 마음을 비우고 한 발 한 발 나가겠습니다. 검찰권도 국민에게서 나온 권력인 만큼 국민을 잘 받들고, 국민의 입장에서 우리가 고쳐 나가고 어떤 방식으로 이 권한행사를 해야 되는지 헌법 정신에 비춰서 고민을 하겠습니다. 헌법과 국민을 생각하는 마음가짐으로 열심히 해나가겠습니다."

대통령에 대한 무한한 헌사는 현직은 물론 현직을 떠나는 사람들 입에서도 주옥처럼 쏟아졌다. "대통령과 함께 국정에 참여하고 동행할 수 있어서 영광이었다. 비록 청와대는 떠나지만 멀리서나마 성공한 대통령으로 남길 빌겠다. 등등등." 천편일률적인 용비어천가였다.

최고 권력자가 퇴임자에게 줄 수 있는 것은 무궁무진했다. 비록 권력과 멀어지지만 후일을 보장받아야 했다. 국정을 함께 운영해 가는 참모와 동료가 아니라 왕과 신하 그리고 자리를 주고 받는 이익 공동체였다. 만족할 줄 알면 가난하지 않고, 구하는 것이 없으면 당당하다는 교훈은 잊혀진지 오래됐다.

공천을 구하는 정치인과 자리와 명예을 탐하는 공직자에게 최고 권력자는 왕이고 제왕이다. 이런 상하관계에서 건전한 참모기능과 건강한 보좌기능은 작동하지 않는다. 상명하복과 일사불란의 수직적 국정운영은 결국 대통령을 제왕적 대통령으로 만들고 청와대를 왕들의 무덤으로 만들어 갔다.

헌법기관인 국회의원도 대통령 수하(手下)이기는 마찬가지다.

대통령이 국회의원에게 줄 수 있는 자리가 차고 넘치기 때문이다. 장관직, 다음 선거 공천권, 국회직이나 당직 등등. 입법기관으로 행정기관에 대한 견제는 기대하기 어렵다. 여당은 청와대의 여의도 출장소이자 거수기를 자처한다.

역대 정부마다 친문(親文), 친박(親朴), 친이(親李)를 사칭해 금뱃지를 단 정치인들에게 청와대는 범접할 수 없는 성채다. 더구나 사정권한과 수많은 정보를 움켜쥐고 있는 절대권력에게 일 많고 탈 많은 일개 국회의원은 나약한 존재에 불과하다.

청와대 출신이라는 후광으로 공천을 받아 여의도에 입성한 국회의원들은 임기 내내 자신들이 헌법기관인지, 청와대 대변인인지를 구분하지 못한다. 줄곧 주군(主君)의 주위만을 맴돌며 혹은 애완견 혹은 사냥개로서 제몫을 하다가 주군이 청와대를 나가면 본인도 배터리 수명이 다한 강아지 인형처럼 작동을 멈춘다.

소통과 토론을 통한 건강한 참모 시스템이 고장난 상황에서 헌법기관인 국회의원마저 제왕적 권력에 절대적으로 복속되면서 청와대는 외로운 섬이자, 왕들의 공동묘지로 전락했다.

여기에 지식인 집단과 언론의 감시견 역할도 사라지면서 감시받지 않는 권력, 통제되지 않은 절대권력은 절대적으로 부패해 갔다.

시민단체가 제2의 여당이자 권력진출의 창구가 된지 오래다. 2018년 4월 한 일간지는 '문재인 정부는 참여연대 정부'라는 분석 기사를 보도했다. 청와대 정책실장, 민정수석에 이어 공정거래위원장, 금융감독원장, 여성가족부 장관 등등. 하도 많아 표를 따로 만들어 보도할 정도로 시민단체 대표들이 권력의 최고 정점인 청와대 등에 포진했다. 정치권력과 경제권력을 감시하고 견제해야 할 시민단체가 권력을 만들고 권력을 거머쥤다.

그리고 그들이 집권하는 기간 내내 권력의 일탈, 정권의 부패, 그리고 상식과 공정이라는 보편적 가치에 대한 배반과 배신이 이어졌지만 그들은 입을 닫고 침묵했다. 지식인 집단과 시민단체가 권력을 양분하면서 견제기능과 감시기능은 사라졌고 국민들은 지식인들과 시민단체에 보냈던 신뢰와 존경을 철회했다.

대학과 교수들도 마찬가지다. 대학 형편이 어렵고 지식인들이 지식인으로 살아갈 수 없는 환경이 부른 슬픈 현실이라고 할까. 대학교수들은 여의도와 광화문을 기웃되기 십상이다. 그리고 장이 서면, 여야 캠프에 줄을 대 '곡학아세'의 길을 걷는 모습이 자주 목격됐다.

대선을 앞두고 진영을 나눠 이쪽은 여당 후보를, 저쪽은 야당 후보를 지지하는 모습은 이제 익숙하다. 정치권이 요구하는 그림과 청사진을 만들고 대선 승리후에는 인수위를 거쳐 정부 기관이나 대통령소속 위원회에 명함을 얻어 호가호위하던 인물들의 면면이 눈앞을 스쳐간다.

언론과 언론단체도 사정은 마찬가지다.

견제와 감시 그리고 저널리즘 과정의 건전한 토론은 없다. 진영만 있을뿐이다. 정부 통제 하에 있는 언론, 정부가 사장의 임면권을 갖고 있는 언론사들은 정권에 따라 언론사 간부들도 부침을 반복했다.

노조도 1노조, 2노조, 3노조 등으로 갈라져 있다. 1노조가 득세하면

2노조, 3노조는 바짝 엎드려 와신상담 재기를 기다린다. 지하층 한 구석에 전화도 없는 책상 하나를 부둥켜 앉고 마늘과 쑥을 씹어야 한다.

필자가 대학원을 다니던 2016년부터 2018년 초반까지 2년 반은 박근혜 정부 후반기와 문재인 정부 전반기가 겹친다. 대학원 동기생들 중 유별나게 친노조 성향의 기자들이 많았다. 그들은 변변찮은 자리에서 넉넉한 시간을 공부에 투자하며 '새 시대'를 기다렸다.

2017년 5월 소위 '촛불혁명정부'가 들어서자 벼락 출세하는 동문들이 줄을 이었다. 모 방송국 보도국장, 모 공영 방송국 정치부장, 모 공영방송 이사 등등.

그리고 얼마후 중도 보수성향의 기자들이 대학원 문을 하나 둘 두드리기 시작했다. 정권교체가 만들어낸 언론계의 해묵은 교대식이었다.

문재인 정부시절 한 언론사 간부는 모 공영방송의 보도국장을 거쳐 방송사 사장으로 갔다. 그는 청와대 국민소통수석실 모 비서관의 남편이었다. 상식적으로 이해할 수 없는 일들이 참 많았지만 우리 진영이라는 논리 속에 있을 수 없는 일은 묵인됐다.

세금이 투입되는 모 언론사의 독자위원회는 친정부 성향 교수와 친여 성향 시민단체 인사들로 채워졌다. 자유로운 토론과 건전한 의사교환이 부담스러울 정도로 운동장은 기울어져 있었다. 조국 사태당시 한 인사는 왜 야당의 입장을 보도하느냐고 언론사 간부들에게 호통을 쳤던 기억이 있다. 웃지 못할 일이 참 많았다. 언론의 ABC도 모르는 이들이 자리를 차지하고 앉아 정권을 비호하고 언론을 왜곡하는 댓가로 돈을 받아 챙겼다. 그들은 가치 공동체의 일원일까, 아니면 비즈니스 공동체 혹은 캐시(현금) 공동체의 일원일까? 하는 생각이 들었다.

권언유착도 일상화됐다.

채널A 기자와 한동훈 검사 간 소위 '검언유착' 의혹 제기는 권력과 관제언론이 국민들을 상대로 무슨 일까지 벌일 수 있나를 잘 보여준 사건이다. 2년뒤 실체가 서서히 드러나며 진실은 권력과 권력에 부역하는 일부 부패언론이 합세한 '권언공작(權言工作)'이라는 평가가 나왔다.

1970~80년대 정보기관들의 전유물이었던 공작정치가 2020년 언론계 안팎에서 자행된 셈이다.

윤석열 검찰총장 '성접대' 오보사건도 권언유착 사건의 한 사례로 기록된다. 해당 신문이 나중에 오보를 인정하고, 고개를 숙여 사과했지만 보도 과정에서 여권의 유력 정치인 이름이 거명됐다. 권력과 언론의 부적절한 관계가 잉태한 한국 언론의 부끄러운 민낯이라는 평가가 힘을 얻었다.

감시견 역할은 차치하고 저널리즘을 왜곡하고 정치적 목적을 달성하기 위해 정보기관의 구습을 재현하는 언론 현실에서 민주공화정이 건강하게 성장할 수 없다.

이념적으로 1970년~80년대에 발목이 잡혀 한발 짝도 미래로 나아가지 못하는 사람들, 개인의 일천한 경험과 얄팍한 생각을 집권후 국정철학으로 미화하고 국정과제로 밀어붙이는 인물들, 그 중에 대통령이 있었고 주요 정책 결정자들이 있었다.

대통령을 정점으로 그 아래 민정수석이라는 매니저를 축으로 권력은 수직적으로 운영됐다. 그 과정에서 소통이나 견제는 없었다. 공직자는 장관이나 차관 등 더 높은 곳을 향해, 정치인은 다음 공천과 다음 출마를 위해 입 닫치고 거수기를 자처하며 자기들만의 꿈을 향해 뛰었다. 그 가운데 국민과 국가는 없어 보였다. 지식인이나 언론의 경고음도 사라진지 오래다. 대통령은 필패의 길로 갈 수 밖에 없어 보였다. 그리고 청와대는 대통령의 무덤이 됐다. 대통령은 5년 내내 자신이 무슨 일을 하는지도 모르고 왔다 실패한 대통령으로 국민들의 냉소 속에 청와대를 나섰다. 여기에 삼류 얼치기 이념까지 끼어 들어 진보타령, 보수타령하다 보면 나라와 서민들은 절단이 났다.

5년전 문재인 대통령의 취임식장으로 가보자.

문 대통령은 박근혜 대통령 탄핵후 실시된 제19대 대통령 선거에서 승리해 2017년 5월 10일 국회에서 취임식을 갖고 청와대에 들어갔다. 취임사에 귀를 기울여 보자.

"존경하고 사랑하는 국민 여러분. 감사합니다. 국민 여러분의 위대한 선택에 머리 숙여 깊이 감사드립니다. 저는 오늘 대한민국 제 19대 대통령으로서 새로운 대한민국을 향해 첫걸음을 내딛습니다. 지금 제 두 어깨는 국민 여러분으로부터 부여받은 막중한 소명감으로 무겁습니다. 지금 제 가슴은 한번도 경험하지 못한 나라를 만들겠다는 열정으로 뜨겁습니다. 그리고 지금 제 머리는 통합과 공존의 새로운 세상을 열어갈 청사진으로 가득 차 있습니다.

우리가 만들어가려는 새로운 대한민국은 숱한 좌절과 패배에도 불구하고 우리의 선대들이 일관되게 추구했던 나라입니다. 또 많은 희생과 헌신을 감내하며 우리 젊은이들이 그토록 이루고 싶어 했던 나라입니다. 그런 대한민국을 만들기 위해 저는 역사와 국민 앞에 두렵지만 겸허한 마음으로 대한민국 제 19대 대통령으로서의 책임과 소명을 다할 것임을 천명합니다.

함께 선거를 치른 후보들께 감사의 말씀과 함께 심심한 위로를 전합니다. 이번 선거에서는 승자도 패자도 없습니다. 우리는 새로운 대한민국을 함께 이끌어가야 할 동반자입니다. 이제 치열했던 경쟁의 순간을 뒤로하고 함께 손을 맞잡고 앞으로 전진해야 합니다.

존경하는 국민 여러분. 지난 몇 달 우리는 유례없는 정치적 격변기를 보냈습니다. 정치는 혼란스러웠지만 국민은 위대했습니다. 현직 대통령의 탄핵과 구속 앞에서도 국민들이 대한민국의 앞길을 열어주셨습니다. 우리 국민들은 좌절하지 않고 오히려 이를 전화위복으로 승화시켜 마침내 오늘 새로운 세상을 열었습니다. 대한민국의 위대함은 국민의 위대함입니다. 그리고 이번 대통령 선거에서 우리 국민들은 또 하나의 역사를 만들어주셨습니다. 전국 각지에서 골고른 지지로 새로운 대통령을 선택해주셨습니다.

오늘부터 저는 국민 모두의 대통령이 되겠습니다. 저를 지지하지 않았던 국민 한분한분도 저의 국민이고, 우리의 국민으로 섬기겠습니다. 저는 감히 약속드립니다. 2017년 5월 10일 이날은 진정한 국민 통합이 시작된 날로 역사에 기록될 것입니다.

존경하고 사랑하는 국민 여러분.

힘들었던 지난 세월 국민들은 이게 나라냐고 물었습니다. 대통령 문재인은 바로 그 질문에서 새로 시작하겠습니다. 오늘부터 나라를 나라답게 만드는 대통령이 되겠습니다. 구시대의 잘못된 관행과 과감히 결별하겠습니다. 대통령부터 새로워지겠습니다.

우선 권위적인 대통령 문화를 청산하겠습니다. 준비를 마치는 대로 지금의 청와대에서 나와 광화문 대통령 시대를 열겠습니다. 참모들과 머리와 어깨를 맞대고 토론하겠습니다. 국민과 수시로 소통하는 대통령이 되겠습니다. 주요사안은 대통령이 직접 언론에 브리핑하겠습니다. 퇴근길에는 시장에 들러 마주치는 시민들과 격이 없는 대화를 나누겠습니다. 때로는 광화문 광장에서 대토론회를 열겠습니다.

대통령의 제왕적 권력을 최대한 나누겠습니다. 권력기관은 정치로부터 완전히 독립시키겠습니다. 그 어떤 기관도 무소불위의 권력을 행사할 수 없도록 견제장치를 만들겠습니다. 낮은 자세로 일하겠습니다. 국민과 눈높이를 맞추는 대통령이 되겠습니다. 안보위기도 서둘러 해결하겠습니다. 한반도의 평화를 위해 동분서주하겠습니다. 필요하면 곧바로 워싱턴으로 날아가겠습니다. 베이징과 도쿄에도 가고 여건이 조성되면 평양에도 가겠습니다. 한반도의 평화정착을 위해서라면 제가 할 수 있는 모든 일을 다 하겠습니다. 한미동맹은 더욱 강화하겠습니다. 한편으로 사드문제 해결을 위해 미국 및 중국과 진지하게 협상하겠습니다. 튼튼한 안보는 막강한 국방력에서 비롯됩니다. 자주국방력을 강화하기 위해 노력하겠습니다. 북핵문제를 해결할 토대도 마련하겠습니다. 동북아 평화구조를 정착시킴으로써 한반도 긴장완화의 전기를 마련하겠습니다.

분열과 갈등의 정치도 바꾸겠습니다. 보수와 진보의 갈등은 끝나야 합니다. 대통령이 나서서 직접 대화하겠습니다. 야당은 국정운영의 동반자입니다. 대화를 정례화하고 수시로 만나겠습니다. 전국적으로 고르게 인사를 등용하겠습니다. 능력과 적재적소를 인사의 대원칙으로 삼겠습니다. 저에 대한 지지여부와 상관없이 유능한 인재를 삼고초려해서 이를 맡기겠습니다.

나라 안팎으로 경제가 어렵습니다. 민생도 어렵습니다. 선거과정에서 약속했듯이 무엇보다 먼저 일자리를 챙기겠습니다. 동시에 재벌개혁에도 앞장서겠습니다. 문재인 정부하에서는 정경유착이라는 낱말이 완전히 사라질 것입니다. 지역과 계층과 세대간 갈등을 해소하고 비정규직 문제도 해결의 길을 모색하겠습니다. 차별없는 세상을 만들겠습니다.

거듭 말씀드립니다. 문재인과 더불어민주당 정부에서 기회는 평등할 것입니다. 과정은 공정할 것입니다. 결과는 정의로울 것입니다.

존경하는 국민 여러분.

이번 대통령 선거는 전임 대통령의 탄핵으로 치러졌습니다. 불행한 대통령의 역사가 계속되고 있습니다. 이번 선거를 계기로 이 불행한 역사는 종식되어야 합니다.

저는 대한민국 대통령의 새로운 모범이 되겠습니다. 국민과 역사가 평가하는 성공한 대통령이 되기 위해 최선을 다하겠습니다. 그래서 지지와 성원에 보답하겠습니다. 깨끗한 대통령이 되겠습니다. 빈손으로 취임하고 빈손으로 퇴임하는 대통령이 되겠습니다. 훗날 고향으로 돌아가 평범한 시민이 되어 이웃과 정을 나눌 수 있는 대통령이 되겠습니다. 국민 여러분의 자랑으로 남겠습니다.

약속을 지키는 솔직한 대통령이 되겠습니다. 선거과정에서 제가 했던 약속들을 꼼꼼하게 챙기겠습니다. 대통령부터 신뢰받는 정치를 솔선수범해야 진정한 정치발전이 가능할 것입니다. 불가능한 일을 하겠다고 큰소리치지 않겠습니다. 잘못한 일은 잘못했다고 말씀드리겠습니다. 거짓으로 불리한 여론을 덮지 않겠습니다.

공정한 대통령이 되겠습니다. 특권과 반칙이 없는 세상을 만들겠습니다. 상식대로 해야 이득을 보는 세상을 만들겠습니다. 이웃의 아픔을 외면하지 않겠습니다. 소외된 국민이 없도록 노심초사하는 마음으로 항상 살피겠습니다. 국민들의 서러운 눈물을 닦아드리는 대통령이 되겠습니다.

소통하는 대통령이 되겠습니다. 낮은 사람 겸손한 권력이 되어 가장 강력한 나라를 만들겠습니다. 군림하고 통치하는 대통령이 아니라 대화하고 소통하는 대통령이 되겠습니다. 광화문 시대 대통령이 되어 국민들과 가까운 곳에 있겠습니다. 따뜻한 대통령 친구같은 대통령으로 남겠습니다.

사랑하고 존경하는 국민 여러분.

2017년 5월 10일 오늘 대한민국이 다시 시작합니다. 나라를 나라답게 만드는 대역사가 시작됩니다. 이 길에 함께해주십시오. 저의 신명을 바쳐 일하겠습니다. 감사합니다."

5년전 문 대통령이 밝혔던 "2017년 5월 10일, 이날은 진정한 국민통합이 시작되는 날로 역사에 기록될 것"이라는 약속이 지켜졌는지는 국민과 역사가 판단할 것이다.

또 "문재인과 더불어민주당정부에서 기회는 평등할 것입니다. 과정은 공정할 것입니다. 결과는 정의로울 것"이라는 다짐이 이뤄졌는지도 역사와 국민이 평가할 것이다.

'공정한 대통령', '소통하고 대화하는 대통령', '광화문 대통령', '따뜻한 대통령', '친구같은 대통령'이 됐는지는 국민과 역사가 응답할 것이다.

〈BH 청와대, 마지막 15일〉은 한편에선 검수완박이, 다른 한편에선 집무실 용산이전이 완결됐던 시기다.

검수완박과 용산이전은 이 시기 논란의 한 가운데 있었다. 그러나 논란을 해석하는 가치 판단의 기준은 간단했다. 검수완박으로 누가 안위를 보장받는가. 당시 '문재명 지키기 법'이라는 얘기가 야권은 물론 여권에서도 나왔다. 대통령 집무실 이전은 10년전 '광화문 대통령 시대' 공약에서 출발했다. 예고된 약속의 이행이었다. 다만, 속도와 추진과정의 충분한 의견수렴 절차가 문제였다.

이명박, 박근혜, 문재인 청와대의 공과는 서 있는 위치와 바라보는 입장에 따라 달리 보일 수 있다. 또 지난 14년 동안 많은 혼란과 논란에도 불구하고 한국 현대사는 성장하고 발전해 왔다. 실패가 있고 좌절이 있었다면 대통령을 비롯해 그 시대를 담당했던 정치인, 관료, 지식인, 언론인들의 책임도 적지 않다. 한 시대의 공과는 그 시대를 책임졌던 사람들의 노력과 과오의 결과이기 때문이다.

이제 공간적으로 '왕들의 무덤'에서 탈출한 윤석열 대통령이 역사에서 교훈을 얻고 자유, 인권, 공정, 연대의 가치를 기반으로 국민이 진정한 주인인 나라, 국제사회에서 책임을 다하고 존경받는 나라를 국민들과 꼭 만들어 가기를 소망한다.

〈이상〉

참고자료

(1) 언론보도

청와대 e춘추관

청와대 출입기자단 단톡방

제20대 대통령직인수위원회 보도자료

제20대 대통령직인수위 출입기자단 단톡방

강원도민일보 2022년 3월9일~5월10일자 정치뉴스

연합뉴스 4월25일~5월10일 보도 정치뉴스

중앙일보 4월28일자 보도 정치뉴스

YTN 라디오 4월27일 인터뷰 방송

불교방송 4월28일 인터뷰 방송

한국갤럽 4월29일 발표 여론조사

중앙일보 5월2일자 보도 정치뉴스

한국사회여론연구소(KSOI) 5월2일 발표 여론조사

국민일보 5월3일자 보도 인터뷰

한국갤럽 5월6일 발표 여론조사

(2) 단행본 서적

제임스 C 스콧 저, 전상인 역, 『지배, 그리고 저항의 예술』, 후마니타스, 2020년.

제임스 볼 저, 김선영 역, 『개소리는 어떻게 세상을 정복했는가』, 다산초당, 2020년.

강준식, 『대한민국의 대통령들』, 김영사, 2017년.

박지향, 『정당의 생명력 - 영국 보수당』, 서울대 출판문화원, 2017년.

이광재, 『대한민국 어디로 가야 하는가』, 휴머니스트, 2014년.

E.H. 카아 저, 길현모 역, 『歷史란 무엇인가』, 탐구당, 1990년.

N. 할라즈 저, 황의방 역, 『드레퓌스 사건과 지식인』, 한길사, 1982년.

동아일보사, 『세계의 인권선언』, 동아일보 출판부, 1975년.